本书是安徽省高校学科（专业）拔尖人才学术
资助项目（项目编号：gxbjZD31）成果

淮河历史文化丛书　吴海涛　李良玉　主编

淮河流域早期文明

吴海涛　王方领　著

黄山书社

图书在版编目(CIP)数据

淮河流域早期文明 / 吴海涛，李良玉主编； 吴海涛，王方领著．— 合肥： 黄山书社，2021.6
（淮河历史文化丛书）
ISBN 978-7-5461-5515-9

Ⅰ．①淮… Ⅱ．①吴… ②李… ③王… Ⅲ．①淮河流域—远古文化—文化史 Ⅳ．① K210.3

中国版本图书馆 CIP 数据核字（2021）第 115958 号

淮河历史文化丛书 · 淮河流域早期文明
HUAIHE LISHI WENHUA CONGSHU HUAIHE LIUYU ZAOQI WENMING

吴海涛　李良玉　主编
吴海涛　王方领　著

出 品 人　贾兴权
责任编辑　周振华
责任印制　李晓明　李　磊
装帧设计　观止堂_未　氓
出版发行　黄山书社（http：//www.hspress.cn）
地址邮编　安徽省合肥市蜀山区翡翠路 1118 号出版传媒广场 7 层 230071
印　　刷　合肥锐达印务有限责任公司
版　　次　2022 年 4 月第 1 版
印　　次　2023 年 3 月第 2 次印刷
开　　本　700mm × 1000mm　1/16
字　　数　230 千字
印　　张　15.25
书　　号　ISBN 978-7-5461-5515-9
定　　价　63.00 元

服务热线　0551-63533706
销售热线　0551-63533761
官方直营书店（https://hsss.tmall.com）

总序

淮河，是我国中原腹地的一条古河流，自古就与黄河、长江、济水并称为“四渎”，在早期中国的地位举足轻重，在当代仍被列为我国七大江河之一。用“源远流长，博大精深，兼容并包，影响深远”来形容淮河文化，绝不为过。淮河流域在我国数千年的文明发展史上，始终占有极其重要的位置。淮河流域不但在地形、降水、气候上表现出明显的过渡性质，而且具有相对封闭又便于交流的地域形态，独流入海的淮河使得该流域成为一个相对完整的文化体系。淮河流域东部面向大海，西部深入中原腹地，涵盖中原文化区、海岱文化区，其南又有宁镇文化区，正处在东、西、南、北文化交汇之处，因此形成了十分复杂的古文化面貌，表现出特有的多元性、过渡性和开放性。淮河流域在5000多年的中华文明史中孕育了灿烂辉煌的文化遗产，这些丰富多彩的历史文化不仅代表了中华文明的卓越成就，还彰显了淮河流域在古代社会的重要地位，更对中华文明的形成产生了重要作用。

“说史自省，研古鉴今。”研究传统文化是为了更好地造就新文化、服务新文化，为今天大力发展社会主义精神文明服务。本套丛书以淮河流域历史文化为研究对象，以“淮河文化的历史溯源”“淮河历史文化的纵向传承与变迁”“淮河历史文化的横向内涵与外延”“淮河历史文化的自身特征”为四个子系统，运用“全息史观”理论，多角度、全方位系统考察淮河文化的历史发展与演变，探讨淮河流域历史文化的内涵、外延。同时，通过与其他区域文化的比较，细致研究淮河流域历史文化的特征。该研究可以进一步促进和深化淮河历史文化的研究，拓展我国区域社会历史文化研究的空间，丰富区域社会文化史研究的内容，进一步推动我国文化史研究向前发展。

学术界对淮河流域历史文化的研究取得了相当不错的成绩。然而，今天看来，淮河流域历史文化研究还存在一些比较薄弱的环节，主要表现在：其一，淮河历史文化整体性研究不足，研究深度有待提高，系统性的资料挖掘和整理还比较缺乏。其二，相对于经济史研究而言，淮河流域文化史研究有待加强。一方面，各个时期、各专题研究存在不平衡的现象；另一方面，就研究角度而言，对历史时期淮河流域治乱兴衰与文化传承间的关系研究涉及较少，对淮河流域文化传承与变迁的深层次原因等问题研究不够深入。其三，研究成果资鉴性不明显。淮河流域文化变迁史昭示着中国文明的兴衰。淮河流域文化传承与变迁是一个漫长过程，而影响这种变迁的因素又是至为复杂和不断变化的。在种种因素中寻找出某些有规律性的现象，总结经验教训，找出症结所在，并为该地区今后文化的可持续发展提供历史借鉴，是既有学术价值又有现实意义的课题。其四，影响不足。碎片化、个案化、学术化较强，使得关心、关注淮河流域的读者对其缺乏整体性、连贯性、易接受性的了解。

本套丛书共包括《淮河流域早期文明》等八本书，分别是：

《淮河流域早期文明》：淮河流域地处我国东部之中，气候温和，土地肥沃，雨量适中，物产丰富，人杰地灵，开发历史悠久，是我国经济、文化较早繁荣发达的地区之一，也是中华文明的早期起源地之一。沂源人、许昌人化石是我国较早的猿人化石。该流域也以发达的稻作农业和丰富的礼乐文化而著称于世，从史前到夏商周三代，都成为中华文明的重要源头之一。在中华文明的形成过程中，作为三大集团（华夏、东夷、苗蛮）之一的东夷集团扮演了不可或缺的角色。先秦时期东夷文化产生、发展、繁荣直至融入华夏文明的过程，其实质是与中原华夏文明及其周边诸文化之间相互交流、碰撞、融合的过程。春秋时期淮河流域就有了水利开发的历史，而且还取得了很大的成就。楚庄王时，孙叔敖在淮河流域兴修水利。吴王夫差开挖邗江，沟通江淮。邗沟连同后来修建的菏水、鸿沟运河，都是中国早期运河。淮河流域在先秦时期就处在政治、经济、文化的中心地位，史前时期的农业、手工业、家畜饲养以及历史遗存（如聚落、建筑）是其物质文化的重要基础；文字、音乐、思想等则是精神层面的典型表现。淮河流域还是中华思想的发源地。孕育于淮河流域的这些文化因素，不但起源时间早，而且发展程度较高，为早期中华文明的形成作出了重要贡献。

《淮河流域民俗风情》：淮河流域生产习俗是民众在长期的生产实践中

创造、享用的物质文化事象。生产习俗具有周期性、延续性、区域性特征。迎春活动隆重，农业的禁忌、祭祀多样。手工业尊崇行业祖师爷，师徒关系严格。商业开张敬财神、重禁忌，庙会活动兴盛，会馆与商会较多。淮河流域服饰官民有别，贫富悬殊。日常米面同食，以面食为主，日常菜肴贫富有差异，饮酒在饮食中占有重要地位。建房有禁忌，喜聚族而居。民众远行多择吉日、晴日，出行的禁忌风气较浓。淮河流域有幼儿诞生庆贺的习俗，满月、百天、周岁都要庆贺。给长者祝寿是中华民族尊老敬老的传统之一，民间甚为重视且气氛祥和。婚姻重礼仪，重视贞节观，下层民众的婚姻困难较多。丧葬讲究礼仪，贫富人家丧葬有差异。淮河流域对岁时节日极为重视，并形成自己的特色。初一吃素饺意为素素净净过年。正月十五吃元宵意谓和和美美。清明节给坟“添土”延续着怀念故人的思绪。端午节吃粽子、佩带香袋等既是对屈原的纪念，也是对饮食文化的沿袭。七夕节是我国传统节日中最具浪漫情调的。中秋节讲究团圆，体现了亲情最重。重阳节敬老、爱老成为全社会共识，传承了自古以来中华民族尊老的美德。淮河流域祈求城隍神保佑民众风调雨顺、安居乐业。宗族建立祠堂，希冀先祖护佑。淮河流域与水患、蝗灾、民生有关的神灵如龙王、刘猛将军、河（湖）神、风神等祭祀之风兴盛。祭祀名宦实际上是对正直、业绩突出官员的崇拜。民间信仰有诸多功利性、实用性。流域内崇武风气长期盛行，至近代尤为突出，传承至今。

《淮河流域名家大族》：一个家族如若保持数十年甚至数百年而不衰，与该家族重视家训、家风以及家谱有着极为密切的关系。正如钱穆先生指出的：“一个大门第，决非全赖于外在之权势与财力，而能保泰持盈达于数百年之久；更非清虚与奢汰，所能使闺门雍穆，子弟循谨，维护此门户于不衰。当时极重家教门风，孝弟妇德，皆从两汉儒学传来。”本书选取曲阜孔氏家族、龙亢桓氏家族、亳州曹氏家族、颍川钟氏家族、淮南廖氏家族、凤阳汤氏家族、寿县孙氏家族、淮安丁氏家族、太邱刘氏家族、颍州程氏家族等历史时期淮河流域较为具有代表性的十个家族，梳理其发展脉络，阐释其家训、家风，归纳其繁衍不衰的内在原因，研判其在社会历史发展中的作用。这不仅有助于人们了解这段历史，传承弘扬中华民族传统家庭美德，也可为当前社会主义精神文明建设提供有益的借鉴。

《淮河流域灾害与治理》：人和自然关系的和谐，经济发展和人口、资源、环境之间的互相适应，生产发展，生活幸福，生态美丽已经上升为国家战略。这些正是环境变迁史或灾害史关注和研究的重要内容。12世纪以前，淮河是独流入海的，尾闾也十分通畅，水旱灾害比较少，民间也流传着“走千走万，不如淮河两岸”的赞誉。12世纪以后，由于黄河夺淮的影响，淮河水系遭到巨大的破坏，下游入海河道逐渐变为地上河，无法排泄淮河洪水，许多支流发生了变迁或淤废，造成淮河流域经常河水泛滥，受灾严重，尤其是中下游地区。面对灾害，历代统治者虽然也采取过一些治理的措施，实施了一些应对之策，但未能扭转淮河对人民危害巨大的局面，灾害反而愈演愈烈，致使淮河成为一条名声在外的害河。新中国成立后，尽管淮河的灾害仍在持续，但在党中央治淮方针的指引下，数千万淮河儿女几十年如一日艰苦奋斗、团结治水，淮河的治理取得了举世瞩目的伟大成就。新中国在治理水灾方面已经走出了历史上经常出现的因灾致荒、由荒致乱、因乱而水利失修、因水利失修而易生灾害的怪圈。淮河既是中华民族多灾多难的缩影，同时也是中华民族团结奋斗、战天斗地大无畏精神的展现，更是新时代党和人民政府为民造福、改造自然的一座永恒的丰碑。

《淮河流域历史人物》：淮河流域是我国古代著名的帝王之乡，蚌埠怀远诞生了夏后帝启，江苏宿迁孕育了西楚霸王项羽，沛县是西汉开国皇帝刘邦的故乡，亳州为三国曹魏政权曹丕的发迹之所，凤阳则走出了布衣皇帝朱元璋。伴随着这些君主帝王而建功立业的文臣武将也如群星璀璨，如张良、萧何、韩信、英布、鲁肃、吕蒙、诸葛亮、李善长、徐达、常遇春等。淮河流域历史悠久，人文荟萃，开放、包容的社会环境，使各种思想文化在此交流碰撞、混生杂融，并不时迸发、孕育出影响中华文明进程、改写中国历史的深刻思想与睿智哲学。涡水流域是道家文化的肇兴地，道家的创始人老子、庄子都诞生于淮河流域的涡水蒙地。此外，这里还诞生了管子、曹操、华佗、嵇康等一代先哲。近代以来，淮河流域风云激荡，英雄人物辈出。晚清时期，捻军首领张乐行在雉河集起义抗清，军阀始祖苗沛霖割据淮上，盘踞一方。这里还涌现出一批朝廷重臣，诸如两广总督徐广缙、光绪帝师孙家鼐、清末名将马玉昆、长江水师提督程文炳、新疆巡抚袁大化。民国时期淮河流域也孕育出一批致力革命的仁人志士，比如同盟会元老柏文蔚、程恩普，开国元勋周恩来总理。作为将军摇篮的鄂豫皖苏区也横跨淮河流域，许世友、李德生、洪学智、皮定均等一百多位将军都是从这里走出来的。近代以来的淮河流域也是多姿多彩的，银行家周作民、实业家倪道杰、亦官亦商的孙多森、史学家萧一山、考古学家罗振玉、文学家蒋光慈、画家李可染、新闻学家戈公振，等等，他们都用精诚、睿智与努力书写着人生的传奇。

《淮河流域名城古镇》：本书选取淮河流域的安徽、江苏、河南、山东四省近 30 个历史名城古镇，分上、下两编，分别介绍。全书在充分调研的基础上，对这些名城古镇的建置沿革、水陆交通、城镇变迁、历史遗迹、历史名人、民风民俗、传统美食以及文化艺术等进行较为翔实的介绍。该研究可以丰富淮河流域名城古镇历史文化的研究，有利于读者了解淮河流域名城古镇深厚的历史文化，也为地方政府合理利用名城古镇丰富历史文化资源以及保护名城古镇文化的多样性与独特性提供理论参考。

《淮河流域战争风云》：淮河流域独特的社会经济条件，受到各类政治集团的关注，成为各类政治力量争相控制的地区，也成为中国历史上战争多发地。据统计，中国历史上较为著名的战役有两百余次，发生在淮河流域的约占四分之一。有些战役规模之大，影响之远，深刻改变了中国历史的发展，推动了王朝的更替。淮河流域战争多发频发的原因是多方面的，既有自然地理因素，也有社会阶级因素，同时也与淮河流域所处的战略经济地位密切相关。本书从四个方面介绍了淮河流域发生的著名战役战争，根据其影响、性质将其分为部落之战与诸侯争霸、王朝争战与南北相持、农民起义与农民战争、抗日烽火与解放战争，以点带面，以战役发生、经过为论述角度、节点，辅之背景及影响、意义、后果等，来考察这一时期战争的性质及历史地位。在此基础上，探讨淮河流域战争多发的因素及其战略地位与影响，给人们提供一个观察、了解、评价这一区域历史发展与历史地位的新角度，推动淮河流域历史研究向多视角、多维度纵深发展。

《淮河流域非物质文化遗产》：淮河流域的非物质文化遗产有着悠久的历史和深厚的文化底蕴，有民间文学、传统美术、传统技艺、戏剧曲艺、武术医药等多种文化类型。这些文化遗产不仅种类繁多，内涵丰富，还具有独特的地域特征。淮河流域的非物质文化，有自己的脉络，有自己古老的阵势，它与祖祖辈辈生活在淮河两岸人民的生活紧密结合，同我们血脉中的基因难以割舍，是与生俱来的原真性、原生性文化。非物质文化遗产和自然遗产、物质文化遗产一样具有突出意义和普遍价值。非物质文化是一种具有特殊价值的人类文化活动，以文化形式存在于人类的活动、表现之中。作为一种精神活动，非物质文化遗产如果没有人继承，就会随着掌握它的特定人群甚至特定个人的放弃、灭失而消亡。作为遗产，非物质文化必须有人继承才能得以传承。我们要保护、传承非物质文化遗产，让它成为我们民族文化的巨大资源。

本套丛书由吴海涛和李良玉教授策划，由阜阳师范大学历史文化与旅游学院历史学专业骨干教师分工编写。我们力求将知识性、学术性、通俗性、可读性融为一体，期望更多读者加深对淮河历史文化的了解。淮河历史源远流长，淮河文化博大精深，这是我们编写组短时间内无法完全涉及的。本丛书一定有诸多不足之处，敬请读者指正！

目录

第一章　概论 / 1

第一节　自然地理概况……………………………………………………1

第二节　社会经济概况…………………………………………………… 15

第二章　考古发现及出土文明

——以史前考古为中心 …………………………………………………… 27

第一节　石器文明………………………………………………………… 28

第二节　早期石器文明的价值…………………………………………… 45

第三节　史前文明对早期中国的贡献…………………………………… 51

第三章　方国部族 / 61

第一节　古国族…………………………………………………………… 62

第二节　“东夷”探源…………………………………………………… 74

第三节　冲突与融合：淮河流域先民的文明历程……………………… 86

第四章　水利开发与利用 / 102

第一节　治淮传说和早期水利开发…………………………………… 102

第二节　早期的农田水利工程……124
第三节　人工运河——人类水利史上的奇迹……134
第四节　先秦时期淮河流域的水利盟约……143

第五章　文化遗产 / 152

第一节　聚落古迹……152
第二节　神话传说……159
第三节　古国乐韵……180
第四节　中华思想源地……207

参考文献 / 224

第一章
概　论

淮河，是我国中原腹地的一条古河流，自古就与黄河、长江、济水并称为“四渎”，在早期中国的地位举足轻重，当代仍被列为我国七大江河之一。淮河流域地处我国东部之中，气候温和，土地肥沃，雨量适中，物产丰富，人杰地灵，开发历史悠久，是我国经济、文化较早繁荣发达的地区之一，也是中华文明的早期起源地之一。淮河流域在我国数千年的文明发展史上，始终占有极其重要的地位。

第一节　自然地理概况

一、地理区位、地形地貌

1. 地理区位

淮河发源于河南省南部的桐柏山，流域西起伏牛山，东抵黄海，北临黄河南堤和沂蒙山脉，南部以大别山和皖山余脉与长江流域为界，位于北纬 31°—36°，东经 112°—121° 之间。学界将该流域分为淮河水系和泗沂沭河水系[①]，全流域东西长约 700 公里，南北宽平均约 400 公里。淮河干流全长 1000 公里，流经河南、湖北、安徽、江苏、山东等 5 省，跨 35 个地市，182 个县区，域内人口约 1.8 亿（2017 年统计），耕地 2 亿余亩，耕地和人口均约占全国的 1/8，流域面积约 27 万平方公里，其中淮河主干水系 19 万

① 另有学者将该流域分为七个小区域。详见李宗新、吴宗越《淮河的治理与开发》，上海翻译出版公司 1990 年版。

平方公里，泗沂沭河水系 8 万平方公里。

2. 地形地貌

淮河流域大部地处我国第三阶梯，地形总趋势是西高东低。该流域在长期的地质作用演变过程中，塑造了多种地貌类型，根据海拔和地势划分为山地、丘陵、平原等地貌类型。该流域除西部、南部和东北部是山区丘陵以外，其余为广阔富饶的大平原，也是华北平原的重要组成部分。其中，山区面积约为 31700 平方公里，占流域面积的 17%；丘陵区约为 32800 平方公里，占流域面积的 17.5%；平原约为 122500 平方公里，占流域面积的 58.4%；低洼地、湖泊约为 13250 平方公里，占流域面积的 7.1%。该流域内多低山丘陵，少有高山大川。西部的伏牛山、桐柏山区，一般高程多为 200—500 米，南部大别山区一般高程在 300—500 米，而东北部的沂蒙山区一般高程都在 200—500 米。丘陵主要分布在山区的延伸部分，西部高程一般为 100—200 米，南部高程为 50—100 米，东北部一般在 100 米左右。

上述区位和地形地貌，易于淮河流域单元文明的形成和发展。

二、河流湖泊

1. 淮河干流

淮河，是一条古老河流，《尚书·禹贡》《山海经》《周礼·职方》《汉书·地理志》《水经注》都有关于淮河水系的记载。《禹贡》记载了淮河干支流的轮廓："导淮自桐柏，东会于泗、沂，东入于海。"翻阅地图时我们会发现，淮河是一条多支流的河流，且南北分布很不对称。较大支流多分布在淮北冲积平原，呈西北—东南走向，且与淮河干流走势基本平行，河网密度大。淮河以南的平原、丘陵狭窄，支流少而短小，不如淮北的河网密度大。

《水经注》记载："淮水出南阳平氏县胎簪山，东北过桐柏山，东过江夏平春县北，又东过新息县南，又东过期思县北……又东至广陵淮浦县，入于海。"《尔雅》曰："江、河、淮、济为四渎。四渎者，发源注海者也。"据此可知，古淮河与长江、黄河一样，都是从发源地一直流向大海的河流，也说明古淮河至迟在战国末年或者汉代初年[①]，已经有了很重要的地位。

古淮河干流在洪泽湖以西大致与今淮河相似，据学者考证，古淮河下游还没有形成洪泽湖。淮阴与盱眙之间，是一块地势低洼的冲积平原，有许多小的湖泊分布在淮河两岸，如破釜塘、白水塘、万家湖等，各湖间都有水道相通，分布于淮河左右岸。淮河在我国自然地理上是一条重要的分界线，不仅是湿润与半湿润的分界线、亚热带季风气候与温带季风气候的分界线，还是河流结冰与不结冰的分界线、800 毫米年等降水量线、水田旱田的分界线，足见其意义重大。

淮河干流发源于河南桐柏山，流经河南、安徽后，进入江苏的洪泽湖，再经洪泽湖调蓄后分两路汇入江和海。由于多流经平原地区，故其落差很小，总落差仅 196 米，平均比降约为 0.2‰。根据流域内地形、河道的特性，可将淮河分为上、中、下游三段，从桐柏山源头到豫、皖两省交界的洪河口为上游，流域面积约为 3.06 万平方公里，河长 364 公里，落差 174 米，约占全河总落差的88%。上游的支流，大都从南岸以接近平行的流向从西南向东北汇入干流，如浉河、寨河、白露河等，这一段多穿行于山地和丘陵之间，具有山间小溪的性质特点，河道比降较大，平均为 0.5‰，流域内河水涨幅较快，水流湍急，洪水暴涨暴落。从洪河口到洪泽湖出口处的中渡为中游，流域面积 15.8 万平方公里，河长 490 公里，河道平缓，平均比降只有 0.03‰，落差仅 16 米，是淮河平均比降最小的河段。淮河北岸与黄河之间为淮河平原，地面向东南倾斜，海拔高程在 20—50 米。淮河主要支流有颍河、涡河、洪汝河、池河、东淝河等。各支流入淮口，又多有湖泊洼地存在，致使许多地方出现河湖不分的景观。此外，沿淮河干流两侧，还有一连串的湖泊、洼地等，如焦岗湖、董峰湖等，这些湖泊洼地大都是黄河泛滥夺淮时带来的大量泥沙沉积于干流河床，抬高了洪水水位而形成的。目前，这些湖泊洼地大都成为淮河的行蓄洪区。从洪泽湖出口处的中渡到三江营为下游，这段河道也就是通常所说的

① 《尔雅》的成书时间，主要有“西周说”“战国初期说”“战国末年说”“西汉初年说”“西汉中后期成书说”。胡奇光、方环海先生认为，“以战国末年成书说和西汉初年成书说较为合理……《尔雅》的初稿成书于战国末、秦代初，到西汉初期，《尔雅》经全面修改而定稿”。据此可知，在汉代之前，淮河已经与长江、黄河、济水并列“四渎”之一。

入江水道，长约156公里，落差6米，区间流域面积6 000多平方公里。河道平均比降为0.04‰，大都借道湖泊洼地，少有较大支流汇入。

2. 淮河主要支流

淮河南岸支流因较少受黄河夺淮的影响，河道的变化古今不大；淮河北岸的主要支流，除洪汝河没有受到黄泛影响外，大都遭遇其害。

汝河

“水自河出为灉，济为濋，汶为瀾，洛为波，汉为潜，淮为浒，江为沱，涡为洵，颍为沙，汝为濆。”[①]——从黄河流出来的支流叫作灉，从济水流出来的支流称为濋……从颍水流出来的支流称为沙，从汝水流出来的支流称为濆。由此可知，早在先秦时期就有了关于汝水（亦今汝河）的记载。《山海经·海内东经》载：“汝水出天息山，在梁勉乡西南，入淮极西北。”

清代学者郝懿行在《山海经笺疏》中又考证了汝水及其来源问题。《说文解字》中云：“汝水出弘农卢氏还归山，东入淮。”《汉书·地理志》云：汝南郡，定陵，“高陵山，汝水出，东南至新蔡入淮”。《水经》云：“汝水出河南梁县勉乡西天息山。”注云：“《地理志》曰：‘出高陵山。’即猛山也。亦言出南阳鲁阳县之大盂山，又言出弘农卢氏县还归山。《博物志》曰：‘汝出燕泉山。’并异名也。”《史记正义》引《括地志》云：“源出汝州鲁山县西伏牛山，亦名猛山，至豫州郾城县名溎。”按，《山海经》云“在梁勉乡西南”者，梁，县名也，汉、晋《地理志》并云梁属河南郡，今汝州也，西南与鲁山接。经云“入淮极西北”者。《水经》云汝水“东至原鹿县，南入于淮”。注云：“所谓汝口，侧水有汝口戍，淮、汝之交会也。”《文选·枚乘〈七发〉》云：“北望汝海。”李善注引此郭注云：“汝水出鲁阳山，东北入淮海。”与今本异，今本无“海”字。李善又云：“汝称海，大言之也。”由此可知，汝水作为淮河支流发源于河南梁县勉乡西天息山，亦即今汝州鲁山县西伏牛山。此外，汝水在唐前又称“海”，可知其范围在唐前是相当大的。

北魏时期的《水经注》对汝水系、流经地点做了更为详细的叙述：“汝水出河南梁县勉乡西天息山，东南过其县北，又东南过颍川郏县南，又东南过定陵县北，又东南过郾县北……又东南至原鹿县，南入于淮。”古汝河的

① 胡奇光、方环海：《尔雅译注》，上海古籍出版社2004年版，第275页。

支流很多，西岸有沙水、灰河、澧水、臻头河；东岸有渍水、洪河。今天的洪河入淮口，古称汝口。汝河分南汝河与北汝河，南汝河上游称沙河，发源于泌阳县，至牛蹄会柳沙河东北行，经板桥、沙河店入遂平县境。由于汝河上承伏牛山区的大量洪水，具有山洪河道的特点，历史上很少受黄泛的影响，后历经各代的改道，河道上游变化很大。

颍河

《山海经·海内东经》载："颍水出少室，少室山在雍氏南，入淮西鄢北。一曰緱氏。"《水经注·汝水》也说："颍水出颍川阳城县西北少室山。"郝懿行在《山海经笺疏》中说："《说文》云：'颍，水。出颍川阳城乾山，东入淮。'《地理志》云：颍川郡，阳城，'阳乾山，颍水所出，东至下蔡入淮'。《水经》云：'颍水出颍川阳城县西北少室山。'注引此经云云，'今颍水有三源奇发……故作者互举二山也'。案二山谓少室及阳乾山也。云'入淮西鄢北'者，《地理志》云：颍川郡，'傿陵'。《晋书·地理志》同，'傿'作'鄢'。"据此可知，颍水发源于今（河南）少室山一带，是淮河的一条重要支流，"入淮西鄢北"。

关于颍水的发源地问题，郦道元在《水经注》中也作了较为细致的考证。此外，郦道元还介绍了与颍水有关的奇闻异事：

> 秦始皇十七年，灭韩，以其地为颍川郡，盖因水以著称者也。汉高帝二年，以为韩国，王莽之左队也。《山海经》曰：颍水出少室山。《地理志》曰：出阳城县阳乾山，今颍水有三源奇发，右水出阳乾山之颍谷。《春秋》颍考叔为其封人，其水东北流。中水导源少室通阜，东南流径负黍亭东，《春秋》定公六年，郑伐冯、滑、负黍者也。冯敬通《显志赋》曰：求善卷之所在，遇许由于负黍。京相璠曰：负黍在颍川阳城县西南二十七里，世谓之黄城也。亦或谓是水为瀡水，东与右水合。左水出少室南溪，东合颍水，故作者互举二山，言水所发也。《吕氏春秋》曰：卞随耻受汤让，自投此水而死。张显《逸民传》、嵇叔夜《高士传》，并言投洞水而死。未知其孰是也。[①]

① 郦道元著，陈桥驿注释：《水经注》，浙江古籍出版社 2001 年版，第 334 页。

郦道元在这里不仅交代了颍水的发源地，而且还告诉我们颍川郡一名的由来——“因水以著称者也”。不仅如此，该书还提到了很多与颍水有关的人物、掌故逸事：如《左传》中之“纯孝”颍考叔、归隐负黍之许由、耻受汤让遂投水而死的卞随等。郦注不仅丰富了《水经注》关于颍水的记载，而且为我们全面了解、研究颍水提供了较为原始的素材。

颍河，是淮河的最大支流，河长 624 公里，流域面积为 36641 平方公里。跨河南、安徽两省。《水经注》记载：“颍水出颍川阳城县西北少室山，秦始皇十七年，灭韩，以其地为颍川郡，盖因水以著称者也。”因上游分颍河、沙河两支，在周口市汇合后称沙颍河，到了安徽省境称颍河。《汉书·地理志》曰：“出阳城县阳乾山，今颍水有三源奇发，右水出阳乾山之颍谷。”周口以上为上游，长约 324 公里；周口至阜阳为中游，长 174 公里；阜阳至入淮口为下游，长 126 公里。颍河流域的地形地势为西北高、东南低，京广铁路以西为山丘区，周口以东为平原区，至入淮口处仅为高出地面 22 米左右的沙丘地。

涡河

涡河地跨河南、安徽两省，是淮河的第二大支流，由于受黄河南泛的侵扰，上游河道发生了很大的变化。涡河流域属于豫东和皖北平原，地势由西北向东南倾斜，从河源至亳州两河口地面高差 42 米，地形平缓。《汉书·地理志》记载：“扶沟县涡水，首受狼汤渠，东畔至向入淮。”现行的涡河发源于开封市贾鲁河东边西姜寨乡郭厂村，后流经尉氏、通许、杞县、柘城、亳州、涡阳、蒙城，在怀远县注入淮河。全长 408.4 公里，河南省境内长 185 公里，安徽省境内长 223.4 公里；总面积约 15905 平方公里，河南省境内面积 11565 平方公里，安徽省境内面约 4340 平方公里。涡河有众多的小支流，只有惠济河的流域面积大于 1000 平方公里。

史河

史河，古名“决水”，淮河南岸一级支流，在安徽西部，流域跨河南、安徽两省。发源于安徽省金寨县西南，大别山之北麓，豫、皖两省交界的伏牛岭（三省垴和棋盘石山系），其上源有沙沟、银山沟及八道河汇入，至梨花尖始称史河，流经安徽省丁埠、金家寨、梅山、叶集及河南省固始等地，至三河尖入淮河。河流长 220 公里，安徽省境内长 110 公里，流域面积 6889 平方公里，其中安徽省境内 2685 平方公里。

淠河

淠河，古称沘水、白沙河，是淮河南岸的主要支流之一，位于安徽省西南部，发源于岳西和金寨县境内的大别山北麓。流经霍山县、岳西县、六安市，于正阳关入淮河。淠河全长 253 公里，流域面积 6000 平方公里。

3. 泗沂沭水系

沂河、沭河、泗河水系位于流域东北部，三条河流均发源于山东省沂蒙山区，主要流经山东、江苏两省。集水面积约为 8 万平方公里，其中山区面积占 31%，平原面积占 67%，湖泊面积占 2%。

泗河

泗河，古称泗水，《水经注》对其发源地和径流等有较为详细的记载。《水经注》记载："泗水出鲁卞县北山，西南过鲁县北，又西过瑕丘县东，屈从县东南流，漷水从东来注之。又南过平阳县西，又南过高平县西……又东南入于淮。"

古泗水是淮河下游最大的支流，也是沟通黄淮的河道。洙水、小沂水、菏水、濉水都是它的支流。《兖州府志》记载："泗水出泗水县城东五十里陪尾山之阳。"[①] 该河流经鲁、皖、苏三省的 12 个县，于今淮阴市注入淮河。据学者统计，古泗水的总长度约为 850 公里，流域面积约为 75800 平方公里。

泗河历史悠久，流域内名胜古迹很多。曲阜是国务院批准的全国 24 个历史文化名城之一，我国古代著名的思想家、教育家孔子就诞生在这里。孔府、孔庙、孔林、周公庙、少昊庙等一批名胜，每年有大批中外游客到此参观游览。

沂河

沂河，古称沂水，"沂水出泰山盖县艾山，南过琅邪临沂县东，又南过开阳县东，又东过襄贲县东，屈从县南西流，又屈南过郯县西，又南过良城县西，又南过下邳县西，南入于泗"（《水经注》）。关于该河的发源地及流经地区，古代典籍多有论述，为我们了解该河的历史文化，提供了很多线索。

据《水经注》载，沂水向东流向东莞县故城西。汉武帝元朔二年，封城

---

① 于慎行：《兖州府志》，明万历二十四年刻本，齐鲁书社 1985 年版。

阳共王子吉为东莞侯。“小沂水出黄孤山，西南流径其城北，西南注于沂。沂水又南与闾山水合，水出闾山，东南流，右佩二水，总归于沂。沂水南径东安县故城东，而南合时密水，水出时密山，春秋时莒地……时密水东流径东安城南，汉封鲁孝王子强为东安侯。时密水又东南流入沂，沂水又南，桑泉水北出五女山，东南流，巨围水注之，水出巨围之山，东南注于桑泉水。桑泉水又东南，堂阜水入焉，其水导源堂阜。《春秋》庄公九年，管仲请囚，鲍叔受之，及堂阜而税之。”沂水又南与蒙山水合，“水出蒙山之阴，东北流，昔琅邪承宫，避乱此山，立性好仁，不与物竞，人有认其黍者，舍之而去。其水东北流入于沂，沂水又南径阳都县故城东……齐同盟，齐利其地而迁之者也。汉高帝六年，封将军丁复为侯国。沂水又南与蒙山水合，水出蒙山之阴，东流径阳都县南，东注沂水。沂水又左合温水，水上承温泉陂，而西南入于沂水者也”。

沭河

沭河，发源于沂山南麓泰薄顶，有东西两源，西源较长。《水经注》记载：“沭水出琅邪东莞县西北山，又南过其县东，又东南过莒县东，又南过阳都县，东入于沂。”据此我们得知，沭河发源于山东沂山的西北部，曲折南流，最后注入沂河。上游山地丘陵段，河槽稳定，郯城以下平原地区经历代治理，沭河走向流势变化较大。沭河水系流经鲁、苏两省的五莲、日照、沂水、莒县、莒南、郯城、赣榆等，共计 12 个县市。

沭河水域面积在 1000 平方公里以上的只有蔷薇河，流域面积在 100 平方公里以上的支流 18 条，大型水库 6 座，中型水库 9 座。“合流入川”，始称沭河，泰薄顶是沂水县境第一高峰，海拔 916.6 米。沭河穿行在海拔 300 米以上的高山峻岭中，蜿蜒曲折向东南流。

4. 现代主要湖泊

淮河流域湖泊众多，水域总面积约为 7000 平方公里，占流域总面积的 2.6%，总蓄水能力为 280 亿立方米。淮河水系的湖泊主要分布在中、下游，较大的有城西湖、城东湖、洪泽湖、高邮湖等；沂沭泗水系的湖泊，主要有南四湖和骆马湖等。本书仅概述几个因黄河南泛和人为保运河而形成的主要湖泊。

洪泽湖

洪泽湖，是我国五大淡水湖之一，排居第四位，在唐代之前又叫破釜塘、破釜涧，地理位置在北纬 33° 06′ —33° 40′ 与东经 118° 10′ —118° 52′ 之间。南岸为低山丘陵，东临高邮、宝应、白马湖，西接冈波状平原，北岸为淮北平原。洪泽湖湖盆呈浅碟形，湖底平坦，其海拔一般在 10—11 米，最低凹的湖底在 7.5 米左右，水下淤滩海拔一般在 11—12 米，西部海拔一般在 11 米以上，东部大部分为 9—10 米，形成了西高东低、北高南低且湖盆由西北向东南倾斜的形势。洪泽湖的集水面积为 16 万平方公里，流入该湖的河流有淮河、濉河、新汴河、安河、池河等。另外，在周边各县还有 10 多条引排小河道入湖。淮河是最大的水量补给源，其来水约占入湖总量的70%以上。洪泽湖水位的变化，与年降雨量和季节降雨量多少密切相关。湖水位的升降，湖泊的面积和容积就会发生较大变化。

洪泽湖的历史，在我国五大淡水湖泊中，算是最年轻的一个，不过 800 多年。洪泽湖域在早期是一个广袤的冲积平原，地势低洼，湖泊众多。该地区开发历史悠久，春秋时期徐国便在此建都。吴国也在此开发了邗沟运河，“昔吴将伐齐，北霸中国，自广陵城东南筑邗城，城下掘深沟，谓之韩江，亦曰邗溟沟”①。东汉末年，陈登曾在洪泽湖的北面兴办农田水利，“巡土田之宜，尽凿溉之利，秔稻丰积”②。后代流传陈登兴修水利的事迹不少，如修高家堰等。

曹魏时邓艾修白水塘，立三堰，该时期的白水塘面积很大，“阔三十里，周二百五十里”③。此外，该塘西面又与破釜塘相接，邓艾“开八水门，立屯溉田万二千顷”④，规模亦是非常大。白水塘历魏晋南北朝而不废，南北朝时刘宋元嘉二十七年（450）北魏拓跋焘南侵，山阳太守萧僧珍利用白水塘蓄水攻魏，白水塘遭受了一次重创。到隋大业年间，池塘已经破败，塘水向北流入淮河，白水塘也因之大部分干涸。此时，隋炀帝杨广“游幸”扬州，船经破釜涧，“宿时亢旱，至是降雨，流泛，因改破釜为洪泽（浦）”，洪泽湖由此得名。唐代该地区的屯田事业很发达，证圣年间开置白水塘、羡塘以屯

① 郦道元著，陈桥驿：《水经注》，浙江古籍出版社 2001 年版，第 481 页。
② 陈寿撰，裴松之注：《三国志》卷七，中华书局 1971 年版，第 230 页。
③ 郑祖禹：《读史方舆纪要》卷二三。
④ 乐史撰，王文楚等点校：《太平寰宇记》卷一二四，中华书局 2007 年版，第 2463 页。

田。羡塘在白水塘的北面，两塘相连。大历三年（768），洪泽、射阳置官屯，长庆中（821—824），又扩大白水塘屯田，调发扬、徐、青三州人民，开了青州泾、徐州泾、扬州泾等几条干渠，借此来灌溉塘东的大部农田。南宋时，因受战乱破坏，白水塘破废。元代，白水塘又重新得到开发，大兴洪泽屯田。此时的洪泽湖虽然获得较大开发，但是仍不与淮河相通。洪泽湖的进一步扩大和最后形成，与黄河长期夺淮和明清两代治水政策有着直接的关系。学界对此已有专题论述，不再赘述。

南四湖

南四湖是微山、昭阳、独山、南阳四个相互串连湖泊的总称，因在济宁之南而得名。它们主要分布在鲁西南黄河冲积平原和鲁中南山丘西麓两斜面相交的低洼处，湖泊成带状，是淮河流域的三大淡水湖之一，也是中国北方最大的淡水湖。

湖面南北长约 125 公里，东西宽 5.6 公里至 30 公里，总面积约 1266 平方公里，汇集苏、鲁、豫、皖 4 省 3.17 万平方公里的来水，入湖河流 40 多条，汇水面积达到 30434 平方公里。经调蓄后，湖水由韩庄运河、伊家河和不牢河三个口流出。上下两级湖总库容 63.7 亿立方米，环湖大小支流汛期洪水汇集后，南出韩庄运河与不牢河泄入中远河。

在元代以前，南四湖大体上是古泗水流经的一片平原洼地。南四湖之中的昭阳湖形成时间最早，元时已经称为山阳湖或刁阳湖。史书记载，该湖在当时已经有了运河的功能，“湖口置石闸，放水入薛河，由金沟口以达旧运河。后以河决弃沽头，于湖东开新河。则南阳在东，昭阳在西，去黄水益远，运河乃安”①。到了明代，昭阳湖又屡受洪水冲积，水面不断扩大。明代为了蓄水济运，就把它与安山、南旺、马场三湖并列，成为济运的四大水库之一。同时，为了防止昭阳湖水冲击航道，宣德四年（1429），陈瑄督运时已开始在刁阳湖（即今昭阳湖）兴筑长堤。“自淮安城西管家湖，凿渠二十里，为清江浦，导湖水入淮，筑四闸以时宣泄。又缘湖十里筑堤引舟，由是漕舟直达于河，省费不訾。”② 嘉靖年间，由于黄河屡侵沛县、鱼台一带，洪水越

① 《明会典》卷一九七。

② 张廷玉：《明史》卷一五三，中华书局 1974 年版，第 4207 页。

过运河灌入昭阳湖，湖底抬高，水面进一步扩大，“北属滕，南属沛，周围八十余里”。

南阳湖

南阳湖，又称独山湖，初现于明朝初年，形成于清雍正年间，因其位于独山脚下而定名。明成化年间循明初耐劳坡与塌场口之间的运河旧迹开永通河，引南旺西湖水东南流，抵鱼台东北南阳闸北入运河，与汶泗二河交汇于闸下，积水潴成南阳湖。南阳湖开始并不大，“周围七十六里，引沙河经其中，入新河”，当时其只有七十六里，可见不是很大。南阳湖在南四湖中成湖最晚，它是由明代赤山、微山、吕孟、张庄等相连的几个小湖不断扩展而形成的。隆庆元年南阳新河修成后，曾在薛河上筑坝，引薛水南下入吕孟湖，经地浜沟至徐州境山注入运河，逐步使这四个小湖扩大。治河总督万恭认为：“夫可柜者，湖高于河；不可柜者，河高于湖故也。然而昭阳可柜，不能大济，盖洪沟之出涓涓耳，无足恃也。若独山、赤山、微山、吕孟，原非柜也，新河障田成湖，而马家桥诸口决之大济运，无柜之名，有柜之实，盍捐田税，毋病民，而柜焉以益运乎！余盖尝请之，不报。”[①] 隆庆六年（1572），已正式把独山、微山、吕孟等湖列为水柜。万历三十二年（1604）开泇河，运道自沛县夏镇李家口引水，合彭河、永河、泇河诸水，出邳州直河口，注入黄河。这些小河被隔在运河之西，上承南阳、独山、昭阳三湖来水，而下泄不畅，再加黄水和东西坡河水交相灌注，致使微山等湖泊迅速扩大，四湖合一，统称微山湖。这时，南阳、微山、昭阳、独山已经相连，形成了南四湖。不过，由于这里地处苏、鲁交界地带，湖面浩淼，历来是淮河流域水利矛盾最突出的地方。在旧中国，每当洪水来临时，江苏则紧闭湖口、蔺家坝等闸，不让湖水下泄；大旱少水时，山东则又堵住湖水，涓滴不漏。因此，这里水利纠纷异常激烈，为治理南四湖增加了很大的困难。

骆马湖

骆马湖位于江苏省北部，地跨宿迁、新沂，是沂河、泗河下游的蓄水调洪综合利用的大型水库，又是保护徐、淮、连三地 1000 万亩耕地、700 万人民生命安全、500 万农田灌溉的水利枢纽。

---

① 万恭著，朱更翎整编：《治水筌蹄》（下册），水利电力出版社 1985 年版，第 85 页。

骆马湖在明代以前，是沂水注入泗水的一片平原洼地。据学者考证，该湖是典型的滞积湖，“骆马湖地处淮北平原，跨宿迁、新沂两县……该湖原是沂河干流上的一个季节性的滞积湖，汛期蓄水，冬涸种麦”①。1958 年，当地人民在原来已经淤涸的湖盆上，重新筑堤建闸、拦洪蓄水，这里才成为一个大型的人工控制湖。

该湖面积为 296 平方公里（水位为 22.67 米），它汇集了沂河、中运河的来水，集流面积达到了 49000 平方公里。入湖水量受嶂山闸、皂河闸与洋河滩闸的调蓄控制后，分别泄入新沂河、中运河及六塘河。该湖湖底高程一般为 18—21 米之间，整个湖盆是由西北向东南倾斜，而且该湖盆的东南部分水深较大。此外，沂河携带的泥沙又导致了河口淤积，所以在湖盆北部还形成了洲滩。进入 6 月份以后，该流域进入雨季，入湖径流开始增多，湖泊水位明显上升，到了 8 月份水位将会达到最高值。到了 8 月份以后直至次年 4 月，入湖水量虽然明显减少，但是，这一时期为湖泊的蓄水阶段，农业灌溉方面用水相对较少，所以水位仍然相对较高且变动很小。4—6 月份是该流域的旱季，入湖水量少，而农业用水需求量又相对较大，所以湖泊水量降到很低，甚至降到最低值。中国科学院南京地理研究所湖泊室在对 1962—1975 年间湖泊水位观测后认为，骆马湖年平均水位为 21.53 米；历年最高水位为 25.47 米（出现在 1974 年 8 月 16 日），历年最低水位为 17.61 米（出现于 1976 年 6 月 23 日）；年内最大变幅为 5.33 米，最小变幅为 1.91 米（出现于 1971 年）。

但是，这一原始湖盆成为骆马湖，跟历史上黄河夺泗入淮及沂河与运河的泄洪有很大的关系。明代以后，这一带黄河河床日益淤高，沂水南下入泗受到阻碍，水流不畅，遂潴蓄成湖。骆马湖形成以后，特别是泇河与中运河相继开通，起初在骆马湖行运，后又利用骆马湖济运，致使湖面不断扩大，到清代已经成为淮北大地的一个“周两万五千八百三十丈，南北长七十里，东西宽三四十里”的大湖。明末，骆马湖北受沂河等来水，水面辽阔，虽可济运，但是一遇洪水暴涨，则四处决溢。康熙十九年（1690），骆马湖淤塞，河道总督靳辅开皂河四十里，由皂河口上至窑湾，接泇河行运。康熙二十六年（1687）开挖中运河以后，骆马湖口有十字河，其口门北通湖，南通黄，

① 中国科学院南京地理研究所湖泊室：《江苏湖泊志》，江苏科学技术出版社 1982 年版，第 124 页。

运河横贯其间。为了调节黄、湖、运之间的水量，又于康熙二十八年（1689）在骆马湖口和支河口筑竹络坝。康熙三十九年（1700），总河督齐苏勒在宿迁西宁桥西筑三合土坝五座，两年后又于坝上挑引河五道，是为骆马湖尾闾。“（五坝）秋冬堵闭，收蓄湖水，重漕入境，开放王柳二闸，引河济运，过竣之后，开放尾闾，预腾湖面水，由六塘河下注入海。”①乾隆初年，堵闭十字河临黄、临运二口，后又添建柳园头三孔闸，并开引河，引骆马湖水济运。此后，直到咸丰初年的100年间，骆马湖与六塘河虽经多次修理，但基本保持现在的这种形式。沂河洪水进入骆马湖，黄河洪水有时也窜入骆马湖。骆马湖洪水除中运河排泄部分以外，大部分经六塘河下泄，宿迁成了骆马湖排水的总枢纽。

三、气候水文

淮河流域地处我国南北气候的过渡地带，气候特点为四季分明、春温多变、夏雨集中、冬季干冷。淮河以北属暖温带，淮河以南属于亚热带。年平均水面蒸发量为90—150厘米，无霜期200—240天。自古以来，淮河就是我国南北方的一条重要的自然分界线，《晏子春秋》就有“橘生淮南则为橘，生于淮北则为枳”的记载。

淮河流域受季风影响显著，冬季盛行东北季风，夏季盛行西南季风，春秋两季为东北季风与西南季风的相互转变时期。12月上旬到3月中旬是东北季风全盛时期，即平常所说的隆冬季节。3月中旬到4月下旬，东北季风开始减弱，西南季风夹带暖湿气流开始北进，流域降水开始增多。连阴雨天气会影响各地日照升温，延缓气温的回升，导致北方内陆气温反比流域内高的反常现象。5月上旬至6月上旬为春末初夏过渡期。6月中旬中期到7月中旬前期是江淮地区的梅雨期（梅雨期一般维持15—18天）。暴雨相对集中，雨区广，历时长，江、河、湖、库水位迅速上升，是淮河流域防汛的一个重要阶段。7、8两月是盛夏季节，同时也是西南季风的全盛期，该时期同时也是防汛的又一重要阶段。这段时期，海上台风活动频繁，路径偏北。

① 傅泽洪主编，郑元庆纂辑：《行水金鉴·续行水金鉴》卷七〇，凤凰出版社2011年版。

此时的台风一般不会造成流域大范围洪涝灾害，有时对解除夏季干旱有所帮助。9 月至 11 月上旬为秋季，西南季风逐渐减弱，东北季风开始增强南下，大气垂直结构稳定，常出现秋高气爽或者秋旱天气。东北季风与西南季风的进退，形成四季的明显差异：冬季寒冷少雨雪；夏季炎热，雨水集中，易发生洪涝灾害；春季气温适中，降水分布不均，干旱时有发生。这是淮河流域季风气候的主要特点之一。6—8 月是淮河流域的重点防汛时期，常由于降水的突发性、集中性以及人类对生态环境的破坏，给人们的生产生活带来严重影响。

降水

淮河流域的水汽主要来自我国东面的太平洋、南中国海和西南部的印度洋。淮河流域的降水在时空分布上有以下三个特点：一是地区分布上南部大，北部小；山区大，平原小；沿海大，内地小。二是年分配上是夏季多，冬季少。三是年降雨量变化也很大，山区多雨年降水量是少雨年降水量的 3—4 倍，平原区甚至 4—5 倍。该流域的洪水主要来自暴雨，常发生在 5—8 月，淮南最大 4 个月的降雨量稍早于北部。从全流域来讲，大暴雨主要集中在 7—8 月份，因此淮河南岸支流，一般从 6 月开始涨水，淮河北岸支流则推迟到 7 月上旬，由于淮北和淮南洪水在干流交汇，因此淮河干流中游常在 7 月下旬和 8 月上旬出现洪水的最高峰，到 9 月份开始消退。

气温

淮河流域年平均气温为 14.5℃，淮河以北为 14.2℃，淮河以南为 15.1℃。年最冷月 1 月份多年平均气温为 0℃左右，最热月 7 月份多年平均气温为 27℃左右。

降雪

全流域年平均降雪日数为 10 天左右。降雪，山东东部最少，平均仅为 6 天；河南信阳最多，为 15.3 天。降雪初日平均为 12 月 5 日至 12 月 15 日，终日为 3 月 7 日至 3 月 12 日，最早为 11 月中旬，结束最晚为 4 月上旬。一年降雪平均 5—10 次，一次降雪厚度一般为 3—10 厘米，最大 30—50 厘米。

径流

淮河上游河道多年平均流量仅为 278 立方米 / 秒，淮河中游下段蚌埠就增加到852立方米/秒，全河总流量多年平均仅为1334立方米/秒。夏季来水量占全年水量60%多，冬季来水量只占全年的7.8%。淮河流域在汛期内，多因暴雨产生洪水，往往峰高量大，如淮河干流的王家坝，1968年出现最大洪峰流量达17600立方米/秒；中游正阳关1954年最大洪峰流量12700立方米/秒，30天洪水量达327亿立方米；下游洪泽湖出口三和中渡，1931年最大洪峰流量达16200立方米/秒，30天洪水量达513亿立方米。而在枯水期，大多数河流则面临断流的境况。

水资源

淮河流域的水资源包括地表水和地下水两部分，两者互相补给，地表水的分布与降水量大体相似。全流域平均年径流深24厘米，多年平均天然径流量645亿立方米。平原地区土壤含水层较厚，净储量较大，由于受雨水补给的限制，淮河以北平原地区地下水的资源量，多年平均为245亿立方米。全流域地表水与浅层地下水合计水资源总量为890亿立方米。该流域人口平均每人占有水量680立方米，是全国人平均占有量的1/4，干旱年份每人占有水量更少，可见本流域是一个水资源存储量不丰富的地区。

水土流失

淮河流域的水土流失情况，根据山区、丘陵森林覆盖面积的不同而不同。大体上南部大别山区森林覆盖率高，水土保持的状况较好，侵蚀及含沙量较小；西部伏牛山区次之，东部沂蒙山区最差。淮河蚌埠以上流域面积12万多平方公里，年输沙量为1410万吨，多年平均含沙量为0.55‰；沂、沭河上游多年平均含沙量为1.3‰—1.73‰，水土流失相对较为严重。

第二节 社会经济概况

淮河流域气候温和，土壤肥沃，物产丰富，交通便利，自古以来就是我国经济开发较早的地区之一，也是中华民族灿烂辉煌文化的发祥地之一。淮河流域又是我国南北交通的必经之地，这里经济状况的好坏，对全国有着极为重要的影响。

一、早期社会

淮河流域经济开发历史悠久，据考古发掘资料证实，在距今 60 万—1 万年前的旧石器时代，淮河流域就出现了人类活动。考古工作者在这里相继发现了南召猿人、沂源猿人、新泰乌珠台人、泗洪下草湾人等古人类化石和许多旧石器时代遗址。流域内新石器时代遗址的分布更为密集，以河南新郑裴李岗文化遗址、山东滕州北辛文化遗址和大汶口文化类型的安徽蒙城尉迟寺遗址为代表的新石器文化，反映了早在六七千年以前淮河流域的原始农业和原始手工业已经发展到了相当成熟的阶段。

近年来考古发现证实，最晚在距今四五十万年前，淮河流域就有了沂源猿人。到了旧石器时代中晚期，人类活动的遗迹已遍布整个淮河流域。据学者考证，目前所知的淮河流域新石器时代文化遗存约始于距今 7000 年前，而且一直延续到距今 4000 年前，与中原地区的新石器时代文化结束的时间相当。该流域的新石器时代文化类型多种多样，内涵丰富，大约经历了早期阶段的裴李岗文化、北辛文化、石山子文化、侯家寨文化、双墩文化等类型，以及大汶口文化阶段与龙山文化阶段，逐步形成了具有鲜明地域特色的文化。

淮河流域的史前文化，与同时期的中原文化相比不算落后，有些方面还居于同步或者领先的地位。该流域的文化与长江流域、黄河流域的诸多新石器文化类型不断交流、融合、贯通，共同为早期中国文明的形成、发展奠定了坚实的基础。

1. 人类活动

考古发现的这些遗址，大多建筑在河流与湖泊附近的台形高地上，这样不仅便于农业耕作和渔猎，还能防止洪水的侵袭。经过旧石器时代向新石器时代的漫长历史演变，农业生产已逐渐替代狩猎和采集。新石器时代遗址出土的文物证明，淮河流域早在数千年以前就有了农业和畜牧业，陶器的广泛使用和图形文字的出现，说明该流域的先民们已经逐渐脱离了野蛮时代的低级阶段。

淮河流域早在远古时期，就有了人类祖先活动。由原始社会进入奴隶社会以后，夏王朝首先在颍水岸边的登封告成建都，商朝部族也在淮河流域得到发展。夏商两个王朝的兴起，创造了代表东方文明的灿烂文化。旧石器时代早期，人类生活于山脉、丘陵地带，活动范围相当狭小。淮河流域最早的人类活动，据考古资料证实，是山东省的“沂源人”，名称源于1981年在沂河上游沂源县骑子鞍山的一个石灰岩裂隙中发现的猿人化石。据考古专家鉴定，与北京猿人时代大致相当①。旧石器时代早期，在淮河上游南段的南召县云阳镇附近的伏牛山南坡发现了南召猿人，化石材料是一颗猿人右下第三前臼齿，时代约为更新世中期，与北京猿人时代相当。

2. 社会组织形态

淮河流域人类活动是中华民族发展的重要组成部分，在华夏族的形成过程中发挥了重要的作用，更是早期东方文明的杰出代表。

在我国古代，传说中三皇之首的太皞，又称太昊，人称伏羲氏。《左传·昭公九年》记载：“陈，太皞之虚也。”陈，在今河南淮阳一带，地处淮河流域中上游，应为该流域氏族部落的祖居地。《易·系辞传》也说：“古者庖牺氏之王天下，仰则观象于天，俯则观法于地，观鸟兽之文与地之宜，近取诸身，远取诸物，于是始作八卦，以通神明之德，以类万物之情。作结绳而为网罟，以佃以渔，盖取诸《离》。”《尸子》里说：“伏羲氏之世，天下多兽，故教民以猎。”唐代柳宗元《观八骏图说》亦说：“伏羲曰牛首，女娲曰其形类蛇，孔子如俱头，若是者甚众……何以异于人哉，尧、舜与人同耳。”这些传说反映出，太皞氏之世渔猎经济得到了较大的发展。随着经济、社会的进步，婚姻形态也产生了向一夫一妻制的转变。《纲鉴易知录》记载：“人生之始也，与禽兽无异，知有母而不知其父，知有爱而不知其礼。卧则呿呿，起则吁吁，饥则求食，饱则弃余，茹毛饮血而衣皮革。太昊始作网罟，以佃以渔，以赡民用，故曰伏羲氏。养牺牲，以充庖厨，故又曰庖牺氏。”传说他的妻子就是女娲氏，女娲氏手拿短尺，炼石补天，用芦灰以止淫雨，是我国远古时期第一位治水女英雄。

与太皞氏相关的是少昊氏的传说，“少昊之墟”传说在今山东省曲阜市。据学者研究，少昊氏以鸟来命名自己的官吏，相传有“凤鸟氏”“玄鸟氏”“赵伯氏”“青鸟氏”“丹鸟氏”“祝鸠氏”“雎鸠氏”“鸤鸠氏”“爽鸠氏”“鹘

---

① 裴涛：《南召猿人与小空山洞穴新发现》，《中州今古》1990年第3期。

鸠氏”“五雉”“九扈”等二十四种。这其实是二十四个氏族，合起来就是一个完整的部落。《左传》记载，随着农业生产的发展，先民们对历法已经有了初步的认识。《左传》中记载有“五雉”——贾逵云：“西方曰鷷雉，攻木之工也。东方曰鶅雉，抟埴之工也。南方曰翟雉，攻金之工也。北方曰鵗雉，攻皮之工也。伊、洛而南曰翚雉，设五色之工也。”[①]同样，该书在文中也提到“九扈”——贾逵云：“春扈分循，相五土之宜，趣民耕种者也。夏扈窃玄，趣民耘苗者也。秋扈窃蓝，趣民收敛者也。冬扈窃黄，趣民盖藏者也。棘扈窃丹，为果驱鸟者也。行扈唶唶，昼为民驱鸟者也。宵扈啧啧，夜为农驱兽者也。桑扈窃脂，为蚕驱雀者也。老扈鷃鷃，趣民收麦，令不得晏起者也。”这里是说，已经出现了管理手工业的人，不但提高了产品质量，而且又注意统一规制，安抚老百姓。所有这些文献记载及历史传说，无不反映了淮河流域大汶口和龙山文化父系社会的部落生产、经济发展状况。

远古时代的中国，氏族社会分为华夏、东夷、苗蛮三个聚落。据著名历史学家徐旭生先生考证，三大集团的分布大致如下：河南省淮河以北临近黄河的地方为华夏氏族所在地；淮河以南的豫南和皖西南大部分地区属苗蛮集团；其余的地区均为东夷部落。其中，淮河中下游沿岸地区又称淮夷，属于东夷的一个分支。这三大部落在漫长的历史岁月中，往来交流，逐渐融合，一起创造了灿烂辉煌的华夏文明。

二、早期经济

1. 原始农业

在古代社会中农业决定着一个地区发展的命脉。农业起源，也是我们人类社会发展史中的最重要一个阶段。在农业出现之前，人类只能是被动地接受、适应大自然；农业出现之后，我们人类就有了主动改造自然的能力，人类文明的步伐进一步加快了。农业和畜牧业的兴起，对人类摆脱野蛮状态起到了决定性作用，也推动了人类文明的进步。有了充足的粮食，人们可以进行更细致的社会分工，一部分人脱离基本生活需求的生产活动，从而从事更为高

① 洪亮吉：《春秋左传诂》（下册），中华书局 1987 年版，第 727 页。

级的社会活动，如有些人成了社会管理者、手工艺人、打仗的士兵等。

在世界文明发展史上，农业、定居聚落的出现起了重要的作用。从目前世界各地所见新石器时代文化的情况来看，除草原、沿海以及高寒区的遗址具有放牧和渔猎以外，其余大部都以原始农业为主要经济生活的遗存。原始农业的出现具有重要意义，它使人类逐渐摆脱了对大自然的绝对依赖关系，同时也使先民们的生活来源有了比较可靠的保证。

淮河流域的地理条件和气候条件都很适宜粮食等农作物的生长，使得这里成为农业较早发展的地区之一。“在近五千年的最初二千年，即从仰韶文化到安阳殷墟，大部分时间的年平均温度高于现在2℃左右，一月份温度大约比现在高3—5℃。”[①] 据此可知，新石器时代的淮河流域普遍要比现在湿暖湿润。更有考古资料证实，早在7000年前该地区的原始农业经济已经发展到了相当成熟的水平。

到了夏代，淮河流域在大禹治水的基础上，原始农业较之此前有了一定程度的发展。此时的淮河流域包括今天的河南南部、中部与苏皖以及山东的中部等地。出土文物及历史记载均证明，该时期淮河流域的商、葛等地都已经开始了农业生产。在夏代农业初步发展的基础上，淮河流域先民辛勤劳动、不辞辛苦，再加上受北部商文化、东夷文化的影响，该流域的农业又得到进一步的发展，出土了很多农业类生产工具。如江苏徐州铜山丘湾遗址就出土有石杵、石臼、石斧、石刀、石锛、石镰、蚌镰、鹿角镐等，而且所有石器都经过了细致的打磨加工[②]；1960年江苏省文物考古队在新海连市锦屏山九龙口附近发现了石锛、石刀[③]；淮河上游的莽张墓地出土有石镰、石刀、铜锛等；淮河下游也相继出土了石斧、石铲、石镰、蚌刀、骨镰、骨凿等。铜镰、铜铲、铜锛的发现，说明该流域已经部分使用青铜工具，反映了该地区农业的进一步发展。

根据出土文物、甲骨卜辞、气候条件及学者考证可以得知，淮河南部的粮食作物大多以种植水稻为主；淮河北部以种植黍、稷等旱粮为主。淮河以

① 竺可桢：《中国近五千年来气候变迁的初步研究》，《考古学报》1972年第1期。

② 南京博物院：《江苏铜山丘湾古遗址的发掘》，《考古》1973年第2期。

③ 江苏省文物工作队：《江苏新海连市和东海县新石器时代、商、汉遗址》，《考古》1961年第6期。

南为春雨型气候，适合种植水稻；淮河以北为春旱型气候，适合种植粟、小麦之类的粮食作物。如在安徽寿县斗鸡台遗址出土了炭化稻谷和稻谷壳。

2. 养殖业、畜牧业

尽管农业获得了一定程度的发展，但是限于农业生产力水平，畜牧和家畜饲养仍具有重要意义。多处遗址及考古资料均证明，猪骨是最常出现的兽类骨骸。此外，牛、羊、马、狗也较为常见。这与文献记载的“六畜”是相吻合的，“豫州……其畜宜六扰”①。这里的六扰，黄公渚解释为“六扰，六畜，马、牛、羊、豕、犬、鸡也”。

《夏小正》就是夏代的小政，记载的是其某方面的政治。学界普遍认为，它是现存最早的农书，“《夏小正》是以夏历记时的，在夏历的十二个月中，分别注明物候、气象以及其应实行的政事”②。夏纬瑛先生又接着考证出《夏小正》描述的上述物候、气象等是在淮河流域一带：

> 在《夏小正》的经文里，有两个“王”字出现：一曰“王始裘”；一曰“王狩”。这就可以知道他们的最高奴隶主是称王的。当然也是具有国家形式的王。这个王国在什么地方呢？它在淮海地区。在《夏小正》的经文里有“雀入于海为蛤”和“玄雉入于淮为蜃”两条，这不就说出他们在淮海地区了吗！他们若是看不见淮河海河，又怎么能说出淮海的话来呢？正月的经文里有“梅、杏、杝桃则华”，这些植物开花时期较早，不是黄河流域的情形，在淮河流域是可以的。在二月的经文里有“剥鱓”一条，这个鱓就是如今的扬子鳄。扬子鳄是一种古老爬行动物的遗存，它居住在长江的中下游，在长江支流的岸边生活，其他地区没有这种动物。淮河流域有它的踪迹，这就有力的证明，《夏小正》和淮海区域有关。

既然《夏小正》经文中有鱓这种动物，是不是可以把这个淮海地区延伸到江南呢？我认为不可。因为《夏小正》七月有“时有霖雨”的话，就是说它的雨季在夏历七月，这正合于淮北大平原的情形。江南是有梅雨的，经文

① 黄公渚选注，朱经农编：《周礼》，商务印书馆 1936 年版，第 76 页。

② 夏纬瑛：《夏小正经文校释》，农业出版社 1981 年版，第 73 页。

不记梅雨，可见它的分布地区不在江南。这个地区在淮海，毫无疑义。

同时,《夏小正》记载了一些喂养牲畜方面的信息,正月“鸡桴粥”、二月“初俊羔”、四月“执陟攻驹”、五月“颁马”。“鸡桴粥”，朱骏声先生解释曰“粥也者，相粥粥呼也。或曰：桴，妪伏也；粥，养也”[①]，记载的是鸡下蛋之意。“鸡桴粥”即鸡呼卵，鸡产卵，这里记载了孵化鸡的大致过程。“初俊羔”是指在月初就应该把羔羊养得肥美，以祭祀祖先。“执陟攻驹”指的是给马配种繁育后代。“颁马”指的是，把那些已经受孕的母马分开进行放牧。该书记载了淮河流域畜牧业的大致情况，每个月份都记载得如此详细，更反映出农牧业的发达。此外，据学者统计该书记载了动物条有 37 处，植物条有 18 处，非生物物候条 5 处，涉及该流域的 11 种兽类、12 种鸟类、11 种虫类、4 种鱼类,在一定程度上反映了该地当时渔猎、采集的有关情况,更说明了渔猎、采集在人们生产生活中的重要地位。《师寰簋铭》记载：“征淮夷……殴俘士女牛羊，俘吉金。”淮夷原本是向西周交纳赋税财帛的臣属，而淮夷不遵守王道，竟使众奴隶闲暇不事劳作，所以周王命令师寰征伐淮夷。在这次战争中，周王朝取得胜利，斩获了淮夷头领，俘虏了无数的淮夷步兵和骑乘将士、青壮年男子、妇女等；值得一提的是，还缴获了淮夷的羊、牛。

考古出土大量的猪、鹿、牛、羊、鸡、鱼、龟等遗骸，强有力地说明了该地农业、畜牧业发展之早。此外，古典文献中亦有大量的关于这方面的记载：《诗・召南・羔羊》讽刺身穿羔羊皮的官吏“羔羊之皮，素丝五纶”；《周礼・职方氏》记载“扬州……其畜宜鸡狗鸟兽”。20 世纪 60 年代在河南信阳孙砦遗址发掘出一面积约 670 平方米、呈长方形的鱼苗养殖池遗迹——更证明了当时的淮河流域一带已经出现了鱼苗养殖基地：“坑口下 2 米深处的池中有一道纵隔梁将大池分为两个单元，而纵隔梁两边又各有四个小隔梁，共将大池划分为 10 个小池。从坑底青灰色淤泥中发现有完整的鱼骨架并伴有很多鱼苗遗骸，同时发现有大量种类复杂、编制精致的编织物，以及木制桨、橹、草鞋等物。这些发现表明，该区不仅能进行鱼类的人工养殖，而且已熟练地掌握了鱼苗繁殖过程中的防暑、御寒和‘鱼巢’的设置……孙砦遗址的这座长方形的坑池，应是西周时期养殖淡水鱼类的生产基地……这个自古以

① 夏纬瑛：《夏小正经文校释》，农业出版社 1981 年版，第 19 页。

来盛产水稻的地区的人们，到西周时期大体已由渔捞生产转向有目的鱼类养殖的历史阶段。”①

3. 原始手工业

夏代淮河流域手工业发展水平不平衡，在靠近夏文化中心的汝水、颍水一带，手工业发展相对较快，如河南登封告成镇王岗城遗址、河南淮阳平粮台遗址等。在这些遗址里出土了小件青铜器及青铜斝残片，还有陶制的水管、石制生产工具；特别是河南临汝煤山龙山文化晚期遗址出土的冶铜坩埚残片，说明该地区的手工业已经达到一定水平，基本进入冶铸青铜器的阶段。

安徽江淮地区同时代的斗鸡台类型文化遗址中出土多件石制生产工具和一件铜铃。此地还出土了侧三角足罐形鼎、单把鼎、细把浅盘豆等反映岳石文化的陶器，尤其是附加堆纹花边罐、鸡冠耳甑、宽肩瓮等反映二里头文化因素文物的出土，更说明了该地手工业地位的重要性——可能成为当时制陶的中心之一。另外，在淮河流域的遗址中，还发现骨锥、骨针、陶纺轮等，在一定程度上反映了该地区手工纺织业的发展进步。

商代淮河流域位于长江铜矿带和商王朝之间，出土了很多的青铜器。如河南罗山莽张息国墓地三次共发掘出土200多件青铜器，器形有鼎、罍、斝、爵、甗、斗、戈、镞、铃、凿、锛、锥等，大多还铸有铭文②。在安徽江淮地区也出土了一大批的铜器，主要包括礼乐器、兵器、车马器和生产工具等；礼器包括觚、爵、斝、尊、盉、角、鼎、簋、甗等。不过，据学者研究，在出土的青铜器中有一些锈色发灰或发蓝，与中原青铜锈色不尽相同。安徽颍上出土的青铜器，特别是阜南出土的龙虎尊，其时代约为殷墟一期，代表了该地区青铜铸造的最高水平。值得一提的是，六安市在2000年发现迄今为止全国最大的商式青铜尊，再次彰显了该地区青铜铸造业在早期中国的地位。玉器制作也有了进步，在上述遗址中出土的各种玉饰，制作精良，时至今日仍品相良好。妇好墓出土的石磬上刻有“妊竹入石”字样，说明早在泗水流域的任国曾向商王朝进贡石磬制品，足见玉石制造业的繁荣③。而且，这与《尚

---

① 河南省文物研究所：《信阳孙砦遗址发掘报告》，《华夏考古》1989年第2期。

② 安金槐：《十年来河南夏商考古的发现与研究》，《华夏考古》1989年第3期。

③ 中国科学院考古研究所：《殷墟妇好墓》，《文物》1972年第11期。

书・禹贡》中所记载的“泗滨浮磬”是吻合的。与此同时，该流域也出土了漆器制品。河南罗山莽张息国墓葬出土的墓棺檄就有很明显的漆器痕迹，滕州前掌大薛国墓地出土的嵌蚌漆牌，以兽面纹饰为中心，颇为精致。

西周实行分封制，给诸侯国土地和人民，同时也会将一部分手工业者分封给淮河流域的诸侯。《左传》记载，这些被分封到淮河流域的诸侯国中有本来就擅长手工业生产的，如有虞氏世代以制陶为业。

这一时期发现了很多冶铜遗址，如曲阜鲁国故城的北部、西北部都曾出土西周时期的大型冶铜遗址。其中有一处东西约为350米，南北约为250余米，遗址内有大量的铜炼渣、炭灰以及许多的碎范[①]。青铜器不论在数量还是器形种类上都较之前代有了显著发展。西周时期出现了方彝、编钟，而且这一时期的一些礼器，铸造工艺考究，纹饰精美，大部分都刻有铭文。值得一提的是，这一时期的青铜器带有明显的地方特色，多以江淮间铜器的地方特色较为明显。

纺织业也有所进步。随着纺织技术的成熟，达官贵人可以在腰间佩带华美的丝带。《尚书・禹贡》里也有相应的记载：“兖州……厥贡漆丝，厥篚织文。”“徐州……厥篚玄纤缟。”“豫州……厥贡漆、枲、絺、纻，厥篚纤、纩。”

皮革制品也得到了进一步的发展。“羔裘逍遥，狐裘以朝……羔裘翱翔，狐裘在堂……羔裘如膏，日出有曜。”[②]这里描写了桧国国君在宴会、上朝之时所穿的华丽服装，这些美丽的服装彰显了羊羔皮袍油光闪亮、温暖舒适的优点。《尚书・费誓》记载：“善敹乃甲胄，敿乃干，无敢不吊。备乃弓矢。锻乃戈矛，砺乃锋刃，无敢不善。”《费誓》一章，是追述西周初年鲁国讨伐徐戎的。“善敹乃甲胄”，就是说在打仗时青铜甲要用皮革来裹包。淮河流域先民充分利用该地区兽类资源丰富的优势，皮革制造业在当时取得了长足的进步。皮革制品不仅对提升、改善先民的生活有重要意义，更在一定程度上加速了早期中国的文明化进程。

春秋时期是淮河流域手工业加速发展的阶段。“郑之刀，宋之斤，鲁之

① 山东省文物考古研究所：《曲阜鲁国故城》，齐鲁书社1982年版，第49—50页。

② 程俊英：《诗经译注》，上海古籍出版社2004年版，第215页。

削，吴越之剑，迁乎其地而弗能为良，地气然也。”郑地的刀、宋国的斧子、鲁国的削刀、吴越等地的剑不仅闻名天下，而且也都形成了各自独特的手工业产品。《吕氏春秋·召类》记载：“南家，工人也，为鞔者也。吾将徙之。其父曰：‘吾恃为鞔以食三世矣。今徙之，是宋国之求鞔者不知吾处也。吾将不食。’”这里记载了宋国司城子罕的邻居是“制鞔”的人，而且他们世代以制鞋为生，还有他们自己固定的销售场所，这大致上可以证明他们已成了自由身份的手工业者。该时期，青铜器更是大量出现，其中以楚国为最。寿县西门内蔡昭侯墓地出土铜器486件，其中以结构复杂、气派雄伟、高大华丽的莲瓣方壶为代表。

生产桑麻等纺织原料已经成为淮河流域先民的重要副业。宋地的社稷名叫“桑林”，足见其在该地域的重要性。《说苑·辨物》记载：“王子建出守于城父，与成公乾遇于畴中。问曰：‘是何也？’成公乾曰：‘畴也。’‘畴也者，何也？’‘所以为麻也。’‘麻也者，何也？’曰：‘所以为衣也。’……今吾子不知畴之为麻，麻之为衣。吾子其不主社稷乎？”这里记载了楚子建在城父（今安徽亳州谯城区）与成公乾的一番对话，从楚子建“麻也者何也”的疑问推测其难以胜任国家社稷——足见麻织品在当时之普遍，也可以看出丝麻已经成为关乎国家大计的农作物。

纺织技术也获得了长足的发展。《左传》记载了宋平公的妾夫人“馈之锦与马”给左师作为报酬，说明宋国此时也已经能生产贵重的锦缎，其纺织技术可见一斑。

到了战国时期，手工业得到了很大的发展，冶铁业在这一时期也得到了较快的发展，不少地区成了产铁基地，远近闻名。《山海经·中山经》记载了不少冶铁的山脉：“少室之山……其上多玉，其下多铁。”“役山，上多白金，多铁。”“大騩之山，其阴多铁、美玉。”[①]《战国策》也记载：“韩卒之剑戟，皆出自冥山、棠溪、墨阳。”[②]墨阳是有名的铸剑之地，《淮南子》曾把它与莫邪剑并称：“服剑者期于铦利，而不期于墨阳、莫邪。”[③]

---

① 陈成：《山海经译注》，上海古籍出版社2012年版，第124页。

② 刘向：《战国策》，齐鲁书社2005年版，第295页。

③ 刘安：《淮南子》，岳麓书社2015年版，第209页。

与此同时，该时期还相继出土了很多的原始青瓷。1974 年安徽淮南谢家集红卫轮窑厂战国墓出土原始青瓷釉瓷罍，胎质呈灰白色且较为坚硬，造型美观，是一件不可多得的原始瓷器，在我国瓷器史上具有重要意义。

4. 原始商业

商业活动是生产力发展到一定阶段的产物，原始社会初期，由于生产力低下，人们不得不群居，靠集体的力量才能得以生存，采集和渔猎所得仅够果腹，没有剩余的东西可以和别人交换，因此还没有形成商业活动。到了新石器时代，随着磨制石器、陶器的发明，原始农业的出现以及生产力的发展，人们在维持自身的生存所需外，生产物有了剩余，可以用来互通有无，商业活动也于此时萌芽了。这种交换活动中，食物的交换是一个重要方面。据出土文物和学者考证，中国历史上最早的市出现在郑州，“商人”等商业名词最初形成于郑州，中国最早的“自由商人”也出现在郑州，郑州在先秦时期不愧为一个重要的商业中心。

20 世纪 70 年代，考古工作者在对郑州东北郊大河村仰韶文化遗址进行大面积发掘时，发现了一批成套的房基遗迹以及与其共存的生产生活用品。这个发现，证明了个体家庭和私有财产的存在[①]。

与商业发展同步的还有货币的产生。而且，还由最初的贝币、石币、蚌币，发展到铜币、金币、刀币等。货币的出现，说明早在商初，郑州的商业已突破了物物交换的原始阶段，进入了较快的发展阶段。同时，随着交通的发展，一大批商业都会也随之兴起。当时山东的定陶，地处天下之中，交通便捷，地理位置优越，成了天南海北的货物汇集中心。寿春附近因为运河的开凿、通运，也成了当时的商业都会，特别是楚都由郢迁至寿春后，寿春更成为一大商业都会。此外，大梁（今开封）、阳翟（今禹县）、睢阳（今商丘）、安阳（今曹县）、彭城（今徐州）等地也成了著名的商业城市。

总的来看，淮河流域的商业文化发轫于距今约 7000—8000 年前的裴李岗文化时期，兴起于距今约 5000—6000 年前的仰韶文化时期，在商代初期实现了初度繁荣，西周初年再度繁荣，终于在春秋时期达到高峰。出土文物和学者研究证实，中国历史上最早的市出现在淮河流域的郑州市；“商人”

① 廖永民：《大河村遗址的发掘与研究》，《中原文物》1989 年第 3 期。

等商业名词最初形成于该流域的商丘市；中国最早的“自由商人”如陶朱公等也出现在该流域。可以说，淮河流域早期的商业不仅促进了各地区的物品流通，更在中国经济史上具有里程碑意义。

第二章
考古发现及出土文明
——以史前考古为中心

淮水流域不仅在地形、降水、气候上表现出明显的过渡性质，独流入海的淮河还使得该流域成为一个相对完整的文化体系。高蒙河先生认为，淮河流域地势西南和东北较高，是早期文明的理想发源地[①]。早在新石器时代，淮河流域的先民们，就繁衍生息在这方神奇的热土上。而且，该流域也以其发达的稻作农业和丰富的礼乐文化而著称于世。淮河流域东部面向大海，西部深入到中原腹地，涵盖中原文化区、海岱文化区，其南又有宁镇文化区，正处在东、西、南、北文化交汇之处，形成了十分复杂的古文化面貌，表现出特有的多元性、过渡性和开放性。从史前到三代，淮河流域都是中华文明的重要源头之一，在中国古代社会文明化进程中居于举足轻重的地位。

长期以来尤其是近代以来，在中国考古学的相关研究中，大多数的学者都把中国的新石器时代文化简单地分为黄河流域和长江流域两大系统，把介于黄河、长江的淮河流域一分为二——淮河以北的黄淮地区归入黄河流域，淮河以南的江淮地区归入长江流域。一些权威的学术著作也持此说[②]。20 世纪 70 年代，著名考古学家苏秉琦先生曾经指出：“淮河流域的古文化的渊源、特征及其发展道路诸问题……在中国考古学当中确实具有不可低估的重要性。”[③]苏先生又指出：“徐夷、淮夷在我国古代历史上起过重要作用。如

① 高蒙河：《苏皖平原地区新石器时代遗存的研究》，《文物研究》第 7 辑，黄山书社 1991 年版，第 108—133 页。

② 中国社会科学院考古研究所：《新中国的考古发现和研究》，文物出版社 1984 年版；中国大百科全书总编辑委员会《考古学》编辑委员会：《中国大百科全书・考古学》，中国大百科出版社 1986 年版。

③ 苏秉琦：《七十年代初信阳地区考古勘察回忆录——追记一篇下落不明的考古调查记》，《中原文物》1981 年第 4 期。

果把山东的西南一角、河南的东北一块、安徽的淮北一块与江苏的北部连在一起，这个地区出土的新石器时代遗存确有特色，这可能与徐夷、淮夷有关……不能把黄河流域、长江流域的范围扩大到淮河流域来，很可能在这个地区存在着一个或多个重要的原始文化。”[①]近年来，豫鲁苏皖的考古工作者在淮河流域进行了很多次的考古发掘，一些学者还取得很多成就。1990 年，在合肥召开的“苏鲁豫皖考古座谈会”上，许多专家学者提出在学术上应确立淮河流域考古的地位。2003 年 10 月，在济南举办了“中国东方地区古代社会文明化进程国际学术研讨会”，会议提出并且探讨了淮系文化的概念。2004 年 10 月，在徐州举行了“淮河流域古代社会文明化进程学术研讨会”，再次提高了淮河流域在考古学界的地位。此后，中国社科院高广仁先生就“淮系文化”作了深入的研究，并且先后发表了很多具有指导意义的成果。

第一节　石器文明

淮河流域是古史传说中东夷集团的主要分布区，也是中华文明的主要创造者华夏、东夷、苗蛮三大部族交叉、碰撞和融合的主要舞台。旧石器时代以来，各个时期的先民在此留下了丰富的遗迹和遗物，近几十年来有不少重要的考古发现。

一、旧石器时代

考古学根据生产工具的变革将人类古代社会分为石器时代、青铜器时代和铁器时代。石器时代又分为旧石器时代和新石器时代，有的地区在旧石器时代和新石器时代之间，还有一个所谓的“中石器时代”。有的地区在新石器时代和青铜器时代之间，还有一个作为过渡阶段的铜石并用时代，或称金石并用时代。中国的石器时代、青铜器时代和铁器时代，基本上是和人类社会发展的三个阶段（原始公社制社会、奴隶制社会、封建制社会）相并行的。旧石器时代大约从 300 万年前开始，结束于距今 1.2 万年至 1 万年之间。旧

① 苏秉琦：《苏秉琦文集》，文物出版社 2009 年版，第 220 页。

石器时代的人类以采集和渔猎为主，只能以现成的产物作为食物，还没有出现生产经济。旧石器时代的这种经济，又被称为“掠夺性经济”，或称“攫取性经济”。旧石器时代人类的劳动工具，以打制石器为主，有些遗址内也发现了骨器、蚌器、角器、木器等。

淮河流域人类开发历史悠久，特别是近年来一批旧石器时代遗址的相继发现，更彰显了该流域对中华文明的起源和发展产生的重要作用。在该流域发现了很多的旧石器遗址遗存，如河南南召小空山、临汝张湾、新蔡诸神庙、舞阳大岗、许昌灵井，江苏东海大贤庄、连云港桃花涧，山东沂源千人洞、沂水南洼洞、日照竹溪村、郯城黑龙潭等。旧石器时代中晚期，人类化石和旧石器地点在淮河流域的分布比之前更广泛、更集中。

南召小空山旧石器遗址

1980年，中国科学院古脊椎动物与古人类研究所和南阳地区文管会在南阳地区进行旧石器时代考古调查时，在南召县小空山发现了旧石器遗址。

据专家鉴定，在小空山的上洞，共分布有三个地质层[①]。第一层为扰土层，土质松软，呈灰黑色，其中含有数量较多的动物化石，主要分布有牛、鹿、鬣狗以及獾等动物化石。第二层是黄褐色砂土，含有基岩碎屑，而且碎屑大多呈片状。该层含有较多的哺乳动物化石及少量的石制品。第三层中上部含有较少量的动物化石，均较零碎。下部几乎不见化石，但石制品则分布较集中。上洞的文化遗物主要是石制品，主要有石片、刮削器、雕刻器等。值得一提的是，此时的刮削器还形成了多种形制——弧刃刮削器、直刃刮削器、凹刃刮削器、带尖刮削器等。下洞出土石制品共计55件。在这些出土的文物中，尤以石核居多，“其中石核25件，占总数的45.5%；石片12件，占总数的21.8%；断块4件，占总数的7.3%；石料1件，占总数的1.8%；石器共13件，占总数的23.6%”。石器的种类有刮削器、砍砸器和石球。其中以砍砸器居多，共6件；其次为刮削器，共5件。由此可见，下洞分布的遗存还是比较丰富多样的。对比上洞可以得知，小空山下洞在优质石料的选择、打片方法的规范以及石核选用的多样化方面还是有进步的。

《南召县小空山发现旧石器时代文化》一文，介绍了该遗址发现的旧石

① 小空山联合发掘队：《1987年河南南召小空山旧石器遗址发掘报告》，《华夏考古》1988年第6期。

器时代遗存及其具体情况。该文介绍，在小空山发现的石制品共获 102 件，另外尚有 20 块砾石料。考古工作者在这百余件石制品中经过挑选，认为可以称为打磨石器的共有 45 件。而这些石料大部分为石英岩砾石，个别也有燧石、砂岩等，它们中的大部分相对较为圆润。下面根据该文来对小空山遗址的具体情况做一梳理：

石核：该遗址出土的石核共计 31 件。主要有石英砾石 29 件，燧石质砾石 1 件，细沙岩砾石 1 件。这类石核加工简单，石料都较小，一般重量为 350—540 克，个别重量超过 700 克，少数重量在 250 克左右。因石料相对较小或因石质太硬，从打击的疤痕上看，石核中很少留有相对较为完整的石片。

石片：该遗址出土的石片共计 13 件。相对较为特殊的典型石片不多，打磨、加工修理过的石器也相对较少。

砍砸器：该遗址出土的砍砸器共计有 25 件。其中有 21 件是以砾石为原料，用锤击法直接加工的。这些砍砸器在加工时具有一个鲜明的特点——集中在砾石的一侧或者一端。此外，考古研究者还发现该遗址出土的这些简单加工的石器都有使用过的痕迹。

尖状器：该遗址出土的尖状器共计 7 件，这些尖状器全部是用石英砾石石片打磨而成。它们虽然大小差别很大，但都有相同的加工顺序，保存有一定的砾石面，也都有使用过的痕迹。考古工作者还发现，这些尖状器有多种用途，可以用来挖掘、切割、刮削、砍砸等。

刮削器：该遗址出土的刮削器共计 7 件。它们是用石片加工而成的，全为石英质。考古工作者依据加工技术及其形状的不同，分成了盘状刮削器、凸刃刮削器、直刃刮削器。

石球：该遗址出土的石球共计 2 件。它们均是用石英岩砾石简单加工制作，打制方法为锤击法。砾石经过打击后，两端大致相似，而在砾石的四棱中间稍内凹，更可缚绳索，可作为一个原始的、粗糙的投掷工具。

石锤：该遗址出土的石锤共计 2 件。我们知道，石锤是加工石料的工具，在选材及制作上有相对较高的要求——选择结实、硬度较高的自然石块作锤子用，是先民们长期实践经验积累的结果。

考古工作者在小空山遗址所发现的百余件石制品，强有力地说明了先民在当时已经能制作、使用打制石器。值得一提的是，这些经过打制的石器都有一个显著的特征——绝大部分是用锤击法。锤击打制石器的方法，是我国旧石器时代早期加工石制品普遍采用的一种方法。所以，这时期的石器大多不予修理或稍加修理即可使用，显得粗糙、原始。出土的这些石器正好可以佐证，该遗址类型属于旧石器时代早期。

在小空山遗址内，考古人员还在哺乳动物化石中发现了普氏野马的存在，表明这一带在上古时期曾经是草原。牛、鹿化石的出现，也可说明该地区曾有丛林出现。这样的自然景观和今天淮河流域的自然景观有所不同，如今草原已经消失，丛林已不复存在。这一旧石器时代遗址的发掘对研究淮河流域气候变化、地质演变等有重要意义，更有力地证明了该流域悠久的历史。

淮河流域与黄河流域、长江流域一样，是我国华夏文明的发祥地之一，南召猿人化石和沂源猿人化石即是证明。

南召猿人化石发现于淮河流域上游河南省南召县伏牛山南坡，化石时代约为更新世中期，与周口店北京猿人时代相当，距今约五十万年。

“南召猿人遗址”位于河南省南阳市南召县云阳镇西北 3.5 公里的杏花山上。根据伴生动物化石及地层等综合分析，认定这里发现的古人类与“北京猿人”所处的时代大体相当，距今约五十万年，并正式把这种古人类定名为“南召猿人”。

1980 年，国家和河南省科学工作者在杏花山附近的小空山和大空山上，发掘出约 1 万—3 万年前旧石器晚期猿人会用火和管理火的洞穴遗址。火的使用，标志着“南召猿人”已步入了人类文明的新纪元。

“南召猿人”的发现，是继北京猿人、蓝田猿人、元谋猿人之后的又一重要发现。杏花山猿人遗址是中原人类文明的发祥地，是中原人类的鼻祖。它填补了中原地区古人类分布的空白，对研究人类的起源、分布和发展，对古代气候的变化以及中原地区第四纪地质和生物研究提供了新的资料与依据①。

许昌灵井文化遗存

河南省文物考古研究所在 2005 年、2006 年相继在许昌灵井旧石器遗址

① 裴涛：《南召猿人与小空山洞穴新发现》，《中州古今》1990 年第 3 期。

进行考古发掘，发掘面积达 218 平方米。尤其是在 2006 年的发掘中，不仅出土了 5690 余件石制品，还出土了数百件可以鉴定的动物化石标本、100 多件骨器和近万件动物骨骼碎片，为考古工作者从事淮河流域上游史前文化研究，提供了不可或缺的重要材料①。

该遗址共出土石制品 2415 件，主要包括脉石英和石英岩两种材质——脉石英石制品 2341 件，类型有石核、石片、石器、断块和废料，石器有刮削器、尖状器、雕刻器和钻器，数量最多的是刮削器，有 158 件之多；石英岩制品有石核、石片、石器、断块，石器有砍砸器、手镐和球形器②。

该遗址还出土了很多骨器，有 113 件之多。这些骨器包括刮削器、尖状器、尖刃两用器和雕刻器等，一般用动物长骨打制的骨片制作，骨骼风化程度较轻，多数棱角较为锐利。

刮削器 63 件，占骨器总量的 56%，可分单刃刮削器、双刃刮削器和端刃刮削器三种类型。单刃刮削器有 34 件，它们是刮削器中最多的一类，占骨器总量的一半以上。双刃刮削器有 19 件，这类器物比单刃类稍大，它们除了有较长的主刃以外，还有一个短的附刃。端刃刮削器有 10 件，由骨片顶端修理成刃或修理后又有使用痕迹，也有个别直接设置在骨片的顶端。

尖状器 25 件，占骨器总量的 22%，它们一般为正尖尖状器，角尖尖状器较少。尖状器在加工制作上和雕刻器有些类似，都是在左右两侧各打下一块骨片来形成尖刃。但和雕刻器不同的是，在骨器的表面和髓腔面有加工过的痕迹——加工的结果使得尖端截面呈三角状。除尖部以外，在骨髓腔部分也作了适当的修理，以便于手握。

尖刃器 9 件，占骨器总量的 8%，包括修理尖刃器和使用尖刃器两种类型。6 件是修理尖刃器，它们的特点是在凸出的地方刻意加工出尖和刃，以构成多用途的工具。3 件是使用尖刃器，同修理尖刃器的显著区别是，刃部的修理已经变得难以分辨清楚，没有直接使用后而显示非常光滑的尖刃，而在低倍镜下观察呈现大量的使用痕迹。

雕刻器 16 件，占骨器总量的 14%，它们类似于石器雕刻器的制作方法，

① 李占扬：《许昌灵井旧石器时代遗址 2006 年发掘报告》，《考古学报》2010 年第 1 期。

② 李占扬：《许昌灵井遗址 2005 年出土石制品的初步研究》，《人类学学报》2007 年第 2 期。

有的选用合适的骨料，直接在边缘上加工。不过也有些雕刻器，除加工刃部之外，对其他部位也进行了适当的修整，以提高器物的实用性。

考古学家在化石材料中发现了两段人类股骨，就其程度和本身形态判断，认为属于两个人类个体。另外，其骨体比较粗壮沉硕，股骨明显突起，属于男性成年个体。限于材料，目前还不能对灵井人的体质有更多的认识。不过，专家达成了比较一致的看法，那就是该遗址发现的人类化石，其股骨虽仍具一定的原始性，但和现代人的股骨已经很接近，没有较大的差异。

现代人类“非洲起源说”得到学界很多支持。主持发掘灵井许昌人遗址的李占扬教授于 2017 年 3 月 3 日在美国《科学》杂志发表论文称，“在中国许昌发现更新世晚期古老型人类头骨”，距今约 10.5 万至 12.5 万年。许昌人的发现意义重大。2018 年 2 月底，中国科技部发布了“2017 年度中国科学十大进展”，其中一项“中国发现新型古人类化石”引起关注。这就是 2007 年被发现的许昌人遗址，2008 年被正式命名为“许昌人”。正如北京大学吴小红教授所说，中国人正在改写人类起源的历史。有人提出许昌人很可能代表着华北地区早期现代人的直接祖先中的一支。更有人提出，许昌人可能就是“炎黄子孙”的祖先。

沂源猿人遗址

沂源猿人化石发现于沂源县土门镇九会村东北 1000 米处，骑子鞍山东山根、下崖洞南 60 米处。出土有猿人头盖骨化石 2 块，顶骨 1 件，眉骨 2 块，牙齿 8 颗，肱骨、股骨、肋骨各 1 段及伴生动物骨骼化石 10 余件。与人类化石同时发现的还有两处古脊椎动物化石点，“化石中有肿骨鹿、李氏野猪、梅氏犀、三门马、洞熊、居氏巨河狸、鬣狗、猕猴等。化石群的主要种属同周口店第一地点的动物群较接近，地质时代为中更新世”①。

在发现骑子鞍山化石地点的同时，沂源县文物部门还在骑子鞍山东面相邻的柏坪山西侧上崖洞内发现一处旧石器时代的洞穴遗址。洞内堆积已多被移除，东面洞壁可见残缺不全的约 8—9 平方米的剖面。壁上灰层约厚 1 米，下部为数米厚的灰黄色粉砂质土夹石灰岩角砾。层上有石英岩制石器，层下含有破碎肢骨的哺乳动物化石。上崖洞中的旧石器遗存与 1965 年土门山东千

① 徐淑彬：《山东沂源县骑子鞍山发现人类化石》，《人类学学报》1986 年第 4 期。

人洞中发现的旧石器很接近，其地层地质年代为晚更新世，属旧石器时代晚期的文化遗存。

沂源县属于淮河流域下游地带，这一旧石器时代遗址的发现更加证实了该流域人类活动的悠久，且对研究淮河流域下游地带史前文化具有重要意义。

东海县大贤庄遗址

大贤庄位于东海县西北角，与山东省的郯城县交界，处于鲁中南低山丘陵区的南部边缘。该遗址内发现的石器，多以石英岩砾石为原料，主要制品有石核、石片、石锤、砍砸器、单刃刮削器、圆头刮削器、尖状器等。石器加工较为简单，没有特别之处，在进一步确定时代上意义不大。值得一提的是，在这里发现了船底形石核（仅一件）。该石核规制为 13.6 毫米 ×28 毫米 ×11.5 毫米，顶平而长，底窄锐呈龙骨状。一端较小，似为台面，一面似为破裂面；另一端似为石片的远端，由平顶向窄底连续打下窄长的细石叶，台面角为 64° —74° ①。

大贤庄遗址发现的石制品，从分布范围看有的接近山顶，大部分在山坡上，分布不太均匀。另外，山顶、山坡的年代是否为同一时期，学者仍未取得一致意见。不过，东海大贤庄发现的石制品在考古学上很有意义：首先，船底形石核的存在，对加强认识这类石制品的发展和分布范围增加了新的资料。其次，随着这批石制品的相继发现，也给考古工作者提出了进一步研究该地区旧石器时代遗物的新任务，对深入研究淮河流域下游人类发展的历史具有重要意义。

二、新石器时代

张居中先生根据出土资料及多年研究，将淮河流域新石器时代分为三个区域和四个阶段。张先生认为，三个区域是指以河南中部、东部和南部为代表的上游地区，以安徽中北部为代表的中游地区，以苏北、鲁中南为代表的

① 葛治功、林一璞：《大贤庄的中石器时代细石器——兼论我国细石器的分期与分布》，《东南文化》1985 年第 1 期；徐淑彬：《鲁东南旧石器考古的新收获——兼谈鲁东南与苏北地区旧石器文化的关系》，《东南文化》1988 年第 2 期。

下游地区。第一阶段为距今9000—7000年间。上游地区有舞阳贾湖为代表的贾湖文化和以新郑裴李岗、密县莪沟为代表的裴李岗文化，中游地区以小山口文化为代表，下游地区尚未发现这个阶段的遗存。第二阶段为距今7000—5000年间。该阶段考古发现非常丰富，上游地区以大河村文化为代表；中游地区以侯家寨文化为代表等；下游地区分为南北两部分，北部黄淮地区以北辛文化、大汶口文化为代表，南部江淮地区以龙虬庄文化为代表。过去有学者曾将下游地区这个阶段的遗存称为青莲岗文化。第三阶段为距今5000—4500年间。上游地区以谷水河三期文化为代表；中游地区以大汶口文化尉迟寺类型为代表；下游地区这个阶段北部黄淮地区以大汶口文化花厅类型为代表，南部江淮平原区为文化间歇期。第四阶段为距今4500—4000年间。上游地区以龙山时代王成岗类型为代表；中游地区以造律台文化为代表；下游地区这个阶段北部黄淮平原区以龙山文化为代表，南部江淮平原区仍为文化间歇期，仅发现有少量良渚文化和造律台文化遗存分布，被称为“文化走廊”①。

新石器时代早期文化遗存比较复杂，由于各地环境面貌的不同，文化也呈现出较大的差异。近年来大规模发掘的较有代表性的遗址有河南新郑裴李岗、密县莪沟、山东滕州北辛、江苏邳州大墩子、安徽濉溪石山子、定远侯家寨、蚌埠双墩遗址等。

新郑裴李岗遗址

杨育彬、孙广清先生根据文献记载及考古材料指出，淮河流域最早的古文化是裴李岗文化类型，其距今约9000—7000年。该类型文化遗址仅在河南境内已经发现了150处之多。

裴李岗文化已成为孕育于淮河流域优越地理环境中的最先进的农业文化，到了裴李岗文化时期，农业生产已经固定为以年为周期、有计划的长期活动。这种改变不仅是一种生产经验和知识的积累，更是一种与人类生存密切相关的行为，是促进古代文明产生与发展的基础。贾湖遗址还出土了中原地区最早的原始水稻，结合该遗址发掘出的石铲、石刀、石镰、石磨盘、石磨棒等农业种植、收获和加工的工具，无不说明该地当时的农业生产已有了一定规

① 张居中：《略论淮河流域新石器时代文化》，《郑州大学学报（哲学社会科学版）》2005年第2期。

模的发展。

该遗址位于新郑市西北约7.5公里的裴李岗村西地①。遗址高出地面3—4米，高出河床约25米。该遗址总面积约两万平方米。

考古工作者在该遗址共清理出八座成人墓，墓穴均为长方形，南北朝向。墓坑一般长1.42—2.55米、宽0.83—1.22米、深1—1.35米。在这些墓坑内，未发现有葬具的痕迹。此外，该遗址也出土了为数不多的生产工具、生活用具，主要有石铲、斧、镰、刀、陶壶、罐、鼎等。值得注意的是，随葬的石器多放在墓主人的腰部，也有个别的放在足部；陶器多放在头部左右两侧②。

考古工作者在发掘过程中，共发现比较完整的石器25件，陶器21件，骨器1件，兽骨2件。

该遗址出土的生活用具主要为陶器，考古工作者修复了有24件。这些生活用具的材质主要是泥质红陶、夹砂红陶两类。在制作手法上全部是手制，多采用泥条盘筑法——在某些陶器的内部可明显看到泥条的痕迹。器底因为没加修削，所以相对较厚、不太光滑。在器形上有壶、罐、鼎等类别：陶壶11件、陶鼎4件、陶罐4件。

值得注意的是，在遗址中还发现了两枚绿松石珠，放于人骨颈下，很明显是墓主人的佩戴品（直径1.1—1.3厘米，厚0.7—0.8厘米）。此外，还出土有动物骨骼鹿角1件、猪下颌骨1件和猪肢骨1节。绿松石珠、动物骨骼的发现，对研究史前丧葬史、农业发展演变史都具有重要意义。

裴李岗遗址的发现，以新的资料证明了中原地区是我国民族文化的重要发祥地之一，同时也证明了我国农业起源有着十分悠久的历史。

蚌埠双墩遗址

双墩遗址位于淮河中游的安徽省蚌埠市境内，是20世纪80年代一次重要的考古发现，进一步证明了淮河流域是中华文明的重要组成部分和发祥地之一。

1985年全国文物大普查时，蚌埠市博物馆工作人员发现了双墩遗址。后来安徽省文物考古研究所阚绪杭等为解决淮河流域中游地区新石器考古问题，

① 任万明、王吉怀、郑乃武：《1979年裴李岗遗址发掘报告》，《考古学报》1984年第1期。

② 开封地区文管会、新郑县文管会：《河南新郑裴李岗新石器时代遗址》，《考古》1978年第2期。

配合国家文物局“苏鲁豫皖先秦考古重点课题”，对双墩遗址进行两次发掘。双墩遗址丰富的内涵和文化特征引起考古界与历史学界的重视。

双墩遗址位于台地上，面积约12000平方米，出土文物有陶器、石器、骨角器、红烧土块建筑遗存、动物骨骼等。这些文物既有生产工具、生活用具，也有大批的有刻画符号的泥塑艺术品。在出土的许多陶器上，多刻画有十分罕见的符号。这些符号涉及捕猎、捕鱼、网鸟、养蚕、种植等，反映了当时生产、生活、宗教、艺术等广泛内容。这些符号有单体符号、复合符号、组成符号，有的多次出现，使用频率高，已具有明显的记事性质和表意功能。这些符号与西安半坡、大汶口、良渚等新石器时代遗址的刻画符号相比，既有相似处，又有自己的明显特征。

2005年11月12日至13日，在蚌埠市召开的双墩遗址暨双墩文化研讨会上，专家们认为：在双墩出土的7000多年前600多件种类繁多的陶器上的刻画符号是中国文字起源的重要源头之一。双墩刻画符号虽比最早的刻画符号晚1000多年，但在丰富性和复杂性上远远超过，这在世界考古史上也是罕见的。这些符号对探讨中华文明的起源和中国文字的起源，具有重大的意义。

以前考古学界认为淮河流域是黄河流域文化向南渗透与长江文化向北渗透的交汇地，通过对双墩遗址的发掘与研究，专家们认为淮河流域新石器时代中期存在一个与周边不同的新的文化。在研讨会上，北京大学中国古代文明研究中心主任李伯谦教授认为，淮河流域文化的丰富性、先进性可以比肩长江、黄河流域。

在双墩遗址发掘和研究之前，淮河流域发现了上游的贾湖和下游的龙虬庄两个一早一晚的考古文化。双墩考古文化的确立，对建立淮河流域文化体系起到了关键作用，即形成了贾湖—双墩—侯家寨—龙虬庄文化体系。

考古学界以双墩遗址器物群为标尺，将淮河中游地区新石器时代中期文化遗存，分为早、中、晚三个连续发展的文化序列，即小山口文化遗存—双墩文化遗存—侯家寨二期文化遗存。这个文化序列的主要文化特征是：（1）遗址多位于台地上，既可以利用丰富的动植物资源，又利于防水。（2）适宜水稻农业的发生与发展，遗址发现的经济形态是以水稻农业和渔猎为主，采集和家猪饲养为辅。（3）陶器以红褐色和外红内黑色陶为主。陶器的制作手法，早中期均为手制，晚期出现轮修和轮制。早期的彩陶多表现为红衣、红口和少数彩绘纹，晚期彩陶大量增加，多为彩绘图案。（4）石器不发达，打磨结合制作粗糙，也有磨制精致的石圆饼等。蚌器和骨、角器较多，特别是大量的蚌器和鹿角钩形器在这一地区比较流行。（5）这一文化序列的中期发现大量相同的陶器刻画符号，主要在双墩遗址和侯家寨遗址，符号内容丰富、结构复杂，是独立的早期符号系统。（6）有圆形或椭圆形灰坑和可能与房子有关的红烧土堆积，晚期发现有红烧土房子和窝棚式房子的遗迹①。

尉迟寺遗址

尉迟寺新石器时代遗址位于安徽省蒙城县许疃镇毕集村东约200米处，是国内保存较大、以大汶口文化为主的原始社会聚落遗址。中国社会科学院考古研究所安徽工作队自1989年以来，先后进行了13次发掘，在一万平方米的范围内，共清理出房迹78间，墓葬300余座及大量的灰坑、祭祀坑等，出土各种石器、陶器、骨器、蚌器等珍贵文物近万件，为研究皖北地区原始社会中、晚期的历史提供了十分重要的资料。

遗址呈四周低中间高的凸形地貌，遗址中的红烧土排房是我国迄今为止已发现的最完整、最丰富、规模最大的史前建筑遗存。该遗址是国内保存最为完整、规模最大的原始社会新石器晚期聚落遗存，东西长约370米，南北宽约250米，总面积约为10万平方米。

尉迟寺遗址成为考古界公认的“中国原始第一村”，最重要的原因是在这里首次发现了新石器时代规模最大、规格最高的房屋遗址。这里出土的红烧土房，为当时人类最豪华的住宅。每间房子均由墙体（主墙和隔墙）、房门、室内桩、房顶、居住面、灶址等部分组成，建造时均经过挖槽、立柱、抹泥、烧烤等工序。红烧土房制作工艺复杂，先用粗木和泥土混合物搭建出墙体和屋顶，再用火烘烤，直至整个房屋变成红色。红烧房是原始人烧制的最大最硬的一件陶制品，这样的房屋冬暖夏凉，坚固美观②。

2001年考古专家对“中国原始第一村”进行了第二阶段发掘，出土了大量的儿童瓮棺葬、陶杯、陶器、红烧土排房等文物，并在村落中央发现一个

① 参见阚绪杭等编著：《蚌埠双墩新石器时代遗址发掘报告（上）》，科学出版社2008年版，第416页。

② 中国社会科学院考古研究所安徽工作队：《安徽蒙城尉迟寺遗址发掘简报》，《考古》1994年第1期。

总面积达1300平方米的大型中心广场，圆形，用红烧土粒铺设而成，表面光滑，厚10厘米，从剖面可明显看出人工铺垫的迹象。这次清理出的15间红烧土房，面积从2平方米到20多平方米不等，总长度达75米，与先前出土的几间红烧土房相对接。整个村落呈现为由3排平行主体房屋组成的“丰”字形格局，表明这个村落在建设前有过统一规划，加上村落中央的大型广场和外围大型的环形壕沟，形成一个宏大的整体格局。

在原始社会中、晚期，古老的居民使用原始工具进行刀耕火种，发展生产，同时也进行采集、渔猎和家畜饲养，与生活密切相关的各种器皿在这里应有尽有，碗、钵、盆、罐、豆、瓶、杯、鼎、甑、鬶等生活用具，充分展现了当时人们丰富的饮食文化。

这里出土的大型红烧土排房式建筑，是我国原始建筑史上的瑰宝，无论是规模还是建筑形式，均为国内罕见。通过科学的发掘，这座埋藏在地下数千年的大型聚落遗存，终于破土而出，向世人诉说我们的祖先营建这座大型房屋的壮观场面。

一条宽20余米、深4米多、南北跨度为230米、东西跨度为200米的大型壕沟，把遗址的中心部分团团围住，说明当时人们在长期居住过程中营造了必需的防御设施。

大片的氏族公共墓地，是原始居民在意识形态方面的反映，成人实行土坑葬，儿童实行瓮棺葬，形成了迥然不同的埋葬方式，但头向一致，说明当时存在着浓厚的原始宗教信仰。

房迹、围沟、瓮棺葬的发现，填补了大汶口文化史前聚落考古研究的空白。

谢端琚先生说，该遗址在研究史前聚落上具有十分典型的意义，“尉迟寺遗址发现一批完整的排式房子遗迹，不仅是大汶口文化的重要发现，而且，对皖北地区来说，也是首次发现，这就填补了该地区史前时期完整聚落遗址的空白。这个遗址文化内涵丰富，既有房子与墓葬遗迹，又有很多遗物。因此，它的发现，可作为研究聚落遗址的典型单位，在学术上具有重要的意义”[①]。

北辛遗址

北辛文化是在黄淮地区发现的最早的新石器时代遗址。北辛遗址位于滕

① 王吉怀：《专家座谈安徽蒙城尉迟寺遗址发掘的收获》，《考古》1995年第4期。

州市官桥镇东南北辛村北首薛故河南岸，面积约5万平方米，遗址距今约7300至8400年，被国家命名为北辛文化。在1978年秋至1979年春，中国社会科学院考古所山东队与滕州市博物馆联合进行了两次较大规模的发掘，清理了一批灰坑、窖穴、墓葬，发掘面积共计2583平方米，出土了大量石器、陶器、骨器、蚌器和角器。

北辛遗址的石器种类很多，分打制和磨制两种。打制石器制作虽较简单，但器形相当完整，有斧、铲、刀、敲砸器和盘状器等。其中数量最多的是器身扁薄、平面略成梯形、横剖面为扁椭圆形的石斧，用于砍伐树木或开垦耕地，是一种用途较广泛的工具。磨制石器通体磨光，制作比较精致，有铲、刀、镰、斧、锛、凿、磨盘、磨棒、磨饼、杵和匕首等。磨制石器中铲的数量最多，形状各异。石铲器形较大，以硅质灰岩为主要石材，质地较软，容易打磨。这种石铲安柄后成为一种翻土工具，有的刃部长有约7厘米的纵直磨痕，说明这时期的翻土深度还是相当浅的。

其他出土的生产工具也颇丰富，如骨器、角器、牙器，还有蚌器，制作精致，形式复杂，制作过程一般经过截、劈、削、刮等方法制成器物雏形，最后打磨表面。器形除镞、鱼镖、鹿角锄、蚌铲、蚌镰等与农业、渔猎有关的器物外，还有凿、锥、匕、针、笄、梭形器等。这说明当时的生产力低下，只靠农业不能满足人们的生活需要，还要靠狩猎、捕捞、采集来补充食物，这些食物也是生活资料的重要来源。农耕已比较发达了，在定居的聚落中，人还可以进行狩猎、养殖等。

北辛文化遗址，是中华大地上人类生活的最早的地域之一。

从出土的石铲、石斧、磨盘、磨棒、鹿角锄、蚌镰和窖藏的谷物来看，当时的农业生产从耕作、播种到收割、加工，已有一套较为完备的工具，原始农业初具规模，农业生产已是他们生活资料的重要来源，也是定居生活得以巩固的重要保障。通过出土的家猪动物骨架和鸡狗等遗骸来看，当时的家畜驯化已经开始，畜牧养殖业已近雏形。从出土的陶网坠、鱼镖来看，当时的捕鱼技术已相当高超。从出土的骨针、石纺轮来看，当时开始用野生纤维和动物绒毛进行纺线和编织，北辛先民从身披兽皮过渡到穿衣的文明阶段。从出土的骨器、牙器、蚌器来看，当时的生产工具中截、削、劈、刮等器物已初步成形，手工业已较为发达。从出土的盖鼎、红顶钵、指甲印纹钵、红陶壶来看，当时的制陶技术已比较先进，这些器物不仅讲究生活的实用性，而且还讲究审美的艺术性，特别是红顶钵，据考古学家说，为东方的彩陶找到了渊源。从出土的一件陶器的底部发现了一对酷似鸟足的刻画符号，被文字学家和历史学家誉为“文字的起源”“文明的曙光”。从出土的居住区的柱础来看，当时的房屋结构已较为合理。从北辛遗址地层堆积上来看，北辛先民在这里经历了三个阶段，生活了一千多年。他们之所以选择这块山前平原、三面临河、土地肥沃的地方定居，说明这里自然资源丰富，地理环境优越，是最适宜人类居住的地方。

北辛遗址的堆积层厚 1.5 米以上，反映了当时的居民在这里生活了相当长的时间。他们以石铲、鹿角锄等工具翻松土地，从事农业生产。制陶处在较原始阶段，器类较简单，手制痕迹比较明显，却发现了使用单彩的“红顶碗”，为其后东方原始文化中出现的彩陶追溯到了渊源。北辛遗址的发现和“北辛文化”的命名是中国史前考古的重要收获①。

大墩子遗址

大墩子遗址位于江苏省邳州市四户镇竹园村东的高地上。1963 年 11 月 12 日由南京博物院尹焕章领队，纪仲庆、张正祥、黎忠义随从，进行第一次发掘，共清理出墓葬 44 座，还有窑穴等遗迹。南京博物院为获得更多的资料，在尹焕章教授带领下于 1966 年 3 月 17 日至 5 月 5 日，结合厦门大学历史系考古组毕业班学生实习，又对大墩子进行了第二次发掘，又清理出三百座墓葬及居住遗迹等。出土石器 56 件，角、骨、牙器 168 件，陶器 197 件，发现墓葬 44 座，随葬品 206 件。其中，彩陶为江苏省地区首次发现。文化层为早、中、晚三期，经碳化测定距今约 4500—6000 年，为进一步研究这一文化内涵的各类特点以及其相互关系等问题提供了一批重要资料。发掘报告发表后，引起了国内外历史界、考古界的极大反响。

1976 年南京博物院配合南京大学历史系二年级考古班学员开门办学，由南博考古部主任纪仲庆同志领队，一行 16 人再次来邳发掘，发掘五个探方计 250 平方米，发现墓葬 211 座，平均 1.24 平方米就有一座，出土器物 1500 多件，

① 中国社会科学院考古研究所山东队等：《山东滕县北辛遗址发掘报告》，《考古》1984 年第 2 期。

较重要的有玉雕猪头和兽头，禽身陶塑象等数件。鹿角镰也是这次重要的发现。

先后三次发掘，获得了6000余件器物和554座墓葬资料。通过实物资料，弄清了大墩子远古先民各时期社会性质和发展，是研究长江流域和黄河流域之间文化关系重要依据，是沿海地区和中原文化之间相互关系的例证。

大墩子遗址古文化堆积层厚达5米，分上中下三层。下层为青莲冈期。中层为刘林期。上层为花厅期（新沂市花厅古文化遗址），这一层彩陶居多，其中带角状把手三足小口罐，从中层过渡而来，与花厅出土的实足规相同。这层出土的彩陶可分两类：其一施白底绘红黑二彩，或施红底绘黑白二彩，皆三色组成，图案美观，器形和彩绘风格与中原庙底沟类型的仰韶彩陶极为相似，甚至完全相同。另一类施红底，绘黑色直线和曲线，表现出浓厚的地方色彩，并有东夷族网纹图案，具有夷族文化风格烙印。

墓葬以猪、狗随葬为主，墓主人仰身直肢，头向西北，头上方放狗或猪；也有用人殉葬现象，为中国最早的人殉葬例。以狗随葬为东夷族的葬俗，人殉则是黄帝族的习俗，大墩子先民兼而有之。随葬品有多有少，多的有100多件，少的仅两三件，贫富现象相当分明。男女合葬墓刘林子发现8座，大墩子发现两座，表明一夫一妻制当时已经形成①。

侯家寨遗址

侯家寨遗址位于安徽省定远县七里塘乡，为单一的新石器时代台形遗址，面积3万余平方米，1977年春发现，1985年5月进行过试掘。迄今已发掘375平方米，文化堆积可分为四个自然层次。出土较完整陶器、骨器、石器300多件，并收集了大量的骨骼标本，还发现了居住硬面和灰坑等遗迹。出土的陶器以夹砂粗红褐色陶、红陶为主，手制，素面，有少量的堆纹、划纹、刺点纹、指纹等。器形有鼎、签、钵、豆、壶、支座、盂形器、勺、弩、器盖、陶塑、弹丸等，重要的是红色彩绘陶器的使用及圈足钵底部发现刻画纹等符号。彩绘内外彩都有，以外彩为主，一般是在器物的口部用红带装饰，腹部多饰水波、网状、条带等图案。刻画纹符号多为方格、斜方格、网状。随着考古发掘和研究的进一步深入，侯家寨一期纳入双墩文化，二期文化属性暂未明晰。经比较分析，安徽大学历史系陈艳等认为以侯家寨二期为代表的文化遗存，

① 南京博物馆：《江苏邳县大墩子遗址第二次发掘》，《考古学集刊》第1集，科学出版社1981年版。

有一组区别于其他文化的器物组合群，具有独特的文化特征，分布在淮河中游和长江中下游流域，距今 6200 年至 5600 年左右，具有安徽淮河流域新石器时代中期考古学文化的典型性和代表性，可独立称为侯家寨文化。

小山口与古台寺遗址

小山口遗址位于安徽省宿州市埇桥区曹村镇小山口村，是新石器时代的古遗址。面积约 2 万平方米，距今约 8000 年，出土过大量具有重要史料价值的文物，2012 年还在遗址附近挖掘出大批新石器时期的陶片。经中国社会科学院考古研究所碳十四测定，小山口早期文化分别为公元前 6077—前 5700 年和公元前 5958—前 5650 年，距今约 8000 年，是已确定的安徽省最早的新石器早期文化，目前暂定为“小山口一期文化”。该遗址包括了新石器早期、大汶口文化和龙山文化三个时期的遗存，文化内涵丰富，为认识皖北地区大汶口、龙山文化的面貌和性质，提供了丰富的实物资料。

古台寺遗址与小山口遗址相距约 10 公里，位于小山口遗址以南，在埇桥区曹村镇幺庄村南约 200 米。遗址高出地面约 10 米，南北长约 300 米，东西宽约 200 米，面积约 6 万平方米。中国社科院考古所的考古发掘结果表明，这两处遗址都属于新石器早期的文化遗存，文化面貌有许多相同之处，器形简单，工艺相同，纹饰相同，种类相近，器物材质比例接近等等，也据此把这两处早期遗存归于同一文化类型。

1990 年春，中国社会科学院考古研究所对小山口遗址进行了考古调查，并于 1991 年秋进行了考古发掘，发现了这里含新石器早期、大汶口文化和龙山文化遗存，而且文化层丰富，出土遗物很多，是名副其实的一块宝地。这次考古发掘，虽然发掘的面积较小，但在文化层内发现了新石器时期灰坑 1 个，大汶口文化时期的墓葬 1 座和龙山文化时期的灰坑 2 个。

遗址发掘部分的大汶口文化层较薄，出土器物较少，但是器物较规整并出现彩绘的陶器。小山口遗址的龙山文化层，出土遗物较多，以陶器、骨器为主，石器较少。陶器多为泥质陶和黑陶。这些陶器制作普遍使用轮制，胎薄而坚硬，器形极为规整美观，数量较多的是磨光工艺黑陶，体现了新石器时期制陶技术的巅峰。从这些出土的遗物中，不但能看到器物数量的不断增加，而且也看到了制作工艺和精美程度的不断提高。这反映了通过漫长的生活实践劳动，生产力水平不断提高，先民们的审美意识和审美情趣也不断发展。

在古台寺遗址发现的几件像小茶杯一样的器皿，考古专家称之为“盅形器”，盅形器的底径有 5 厘米，壁厚约 1 厘米，质地为夹砂红褐陶。为了烧制时不炸裂，智慧的先民们在陶土里又加了云母或沙子，以增加耐温的性能。器形就像皖北农村常吃的窝窝头，地域特色明显。连手捏的又粗又深的指纹印也清晰可辨，足见原始杯具的朴拙之风①。

小山口和古台寺遗址学术意义较高。中华文明是本源的，而中华文明在本源基础上又是多源的、多根系的，有更为广泛而深厚的基础。著名考古学家苏秉琦先生就曾提出过中华文明发展的“满天星斗”说。从这个意义上讲，在以裴李岗文化为代表的“黄河文明”和以“河姆渡文化”为代表的“长江文明”在中国南北方蓬勃发展的时候，以宿州“小山口文化”和“古台寺文化”为代表的淮河文明也已悄然兴起。

贾湖遗址

在这些众多的遗址中尤其值得注意的，是河南舞阳的贾湖遗址。该遗址共出土 53 座房基、425 个灰坑、12 座陶窑、445 座成人坑墓、32 座瓮棺葬、12 座埋狗坑等。此外，该遗址还出土了独具特色的陶器、石器，以及至今仍可吹奏的七声音阶骨笛。考古学家研究发现，在这些龟甲、石器、骨器上还有近似于殷墟甲骨文的刻画符号，这在全国也是较为罕见的。作为新石器时代文化的典型，河南舞阳的贾湖遗址出土的文物也很具有代表性。贾湖遗址位于豫南漯河市舞阳县城北约 22 公里外的贾湖村东。贾湖遗址，是一处面积超过 55000 平方米的、保存较好的较大型遗址。该遗址在早在 20 世纪 60 年代初期就已经被发现，在 1983—1987 年间一共进行了 6 次考古发掘。考古工作者在贾湖遗址里发掘了大量的新石器时代的遗迹、遗物，为研究新石器时代淮河流域先民的生产生活、社会风俗提供了重要的资料。据吴汝祚先生统计②，共发现住房基址 30 多座——这些基址大都是呈圆形、椭圆形的半地穴式建筑，比较特殊之处在于有些是单间的，有些是多间的；横穴式

① 中国社会科学院考古研究所安徽工作队：《安徽宿县小山口和古台寺遗址试掘简报》，《考古》1993 年第 12 期。

② 吴汝祚：《舞阳贾湖遗址发掘的意义》，《中原文物》1991 年第 2 期。

陶窑址十多座——这种横穴式的陶窑，从以往考古发掘的资料分析看，是属较早时期的一种陶窑形式；墓葬 300 多座，可以分为若干个墓群，而且墓坑都呈长方形或略呈长方形竖穴，还有个别的有二层台，头向西或西南，少数为偏西北，个别的为侧身直肢葬、仰身屈肢葬和俯身葬等。吴先生还分析了单次葬、多次葬的问题，发现多数墓葬有随葬器物，少的一件，多的数十件，有陶、石、骨、牙、龟甲等，其中以骨器的数量最多，龟甲往往是成组出现。发掘简报还指出，在龟甲、骨器、石器上还发现了刻有“文字性质”的“契刻符号”——“很可能具有原始文字的性质”。针对这些符号的性质，吴先生有自己的见解——“不论是符号还是原始文字，凡是观看过实物的人，据我所知都认为是人工刻上去的”。此外，贾湖遗址还出土了中原地区迄今为止最早的原始稻，表明当时的农业生产已有了一定的发展。出土文物、原始建筑遗迹均表明，淮河流域的裴李岗文化在当时已经成为相对先进的农业生产区。

第二节　早期石器文明的价值

近些年来，随着淮河流域早期遗址的接连发现，“淮河文化”自成体系的观点，逐渐为学界所接受、认同。淮河流域作为沟通黄河、长江的中间地带，不仅有力地促进了二地的交流往来，其本身也在不断地吸收、融合南北文化的诸多成分，从而形成了具有鲜明地域特色的文化体系。这些遗址的发现，不仅证明了淮河流域人类开发历史的悠久，更对研究人类的起源、农业文明的兴起发展以及在中国历史中的地位，都有十分重要的意义。

一、对研究人类起源提供了帮助

生物学家和人类学家早已证明，人类是从一种高度发达的古类人猿发展而来。人类进入了地质上的全新世时期后，地球上的最后一次冰期结束了，人类历史进入了快速发展的阶段。20 世纪 70 年代，考古学家在江苏泗洪发现了森林古猿化石，专家把这一中新世地层中出土的古猿化石命名为双沟醉猿、江淮宽齿猿。在后来的考古发掘中，又相继找到了二十多颗牙齿、一个下颌骨。后来，这些化石被证明为亚洲已知的最古老的古猿化石，对研究人类起源、演化以及地域分布等都具有重要的学术价值。更有学者称，“淮河流域有可能是人类的诞生地，完成从猿到人的最早演化”①。随着双沟醉猿、江淮宽齿猿、南召猿人、沂源人等古人类化石的相继出土，淮河流域作为早期人类重要发源地的历史地位得到了进一步的确认。

在江淮地区出土的距今二三十万年的和县猿人，化石材料为一具完整的人类头盖骨、2 块头骨碎片、1 块下颌骨碎片和 9 颗牙齿。同时还出土了骨角器、烧骨等遗物以及大量的动物化石。据考古学家认定，和县猿人应是由大别山区或山东地区的古人类南徙而来的。淮河流域正是远古人类迁徙的必经之地和活动的重要场所。

二、为研究原始农业的起源提供了证据

淮河流域河流交织、土地肥沃、雨量充足，适宜农作物的生长。张居中先生认为，在原始社会早期，就已经形成了“淮汉粳稻栽培带”“淮汉文化带”②。近些年来，考古工作者在贾湖（河南漯河）、龙虬庄（江苏高邮）相继发现了丰富的稻作文化遗存，在大河村（河南郑州）、王因（山东兖州）和尉迟寺（安徽蒙城）也都发现有稻作与粟作共存的遗迹——表明了淮河流域大部分以稻作文化或稻粟混作文化为主要形式。张居中先生同时又指出，虽然这一带的先民对野生稻的采食和利用可能晚于长江流域，但稻作农业应是与长江流域同时或者同步发生的。在 5000 年前，淮河上、中、下游的种植历史均早于长江流域，几乎同时实现了粳稻特征的定型化，逐渐形成了一个同纬度粳稻栽培带，即上文提到的“淮汉粳稻栽培带”。在距今 7000 年前的定远侯家寨遗址中，发现陶器上有稻谷的印痕，使得淮河流域稻作农业的种植历史向前推进了近两千年。从史前遗址普遍出土的农业生产工具来看，

① 李修松：《淮河流域历史文化研究》，黄山书社 2001 年版，第 1 页。

② 《庆祝何炳棣先生九十华诞论文集》编辑委员会编：《庆祝何炳棣先生九十华诞论文集》，三秦出版社 2008 年版，第 328 页。

种植水稻应是该地区南部原始农业的特点。含山凌家滩出土了新石器时代晚期的历法玉片，说明安徽地区的先民们在长期的栽培农业生产实践中可能已经掌握了季节、气候与农作物的关系，并运用这些知识来指导农业生产，这是原始农业发展过程中极为重要的进步。

与此同时，该流域出现了与种植农业相关的家畜饲养业。在双墩遗址（安徽蚌埠）的发掘中，就发现了猪的骨骼。此外，在一些陶器的底部还刻有猪的一些图案。在一些遗址内还发现了猪的模型，这些猪的形体虽然保留了一些野猪的特征，但身体的大部分已经和家猪相似，后经考古学家断定，属于家庭驯养的猪。值得一提的是，双墩遗址内还发现了孕猪图案，它们体态肥硕，四肢发达——这些孕猪的发现，更加证明了7000年前驯养家猪的事实。除了猪，还发现狗的骨架以及羊、马、牛、鸡的骨骼。与农业相关的还有纺织业。在多数的遗址内，还发现了陶纺轮、骨锥、骨针等纺织工具。在蚌埠双墩遗址内，还发现了蚕在吐丝结茧的图案——人们已经开始养蚕、从事纺织活动。

随着原始农业的发展，能够提供给氏族内部的食物也逐渐增多。稳定的农业经济，为氏族内部分工的形成奠定了坚实的基础——使得社会分工成为可能。研究资料表明，到了新石器时代中晚期，淮河流域的农业生产工具得到进一步改进。随着农业的稳定发展，玉器制作业、制陶业、纺织业等已从农业中逐步分离，氏族内部出现了第二次社会大分工。

随着原始农业的发展，经济基础也相应地发生了变化，加速了氏族社会的变革。从原始农业出现以来的一段时间内，由于妇女在劳动生产领域、家庭中处于主导地位，所以决定了当时的社会形态是母系社会阶段。大约在五六千年前，该区域处在母系社会向父系社会的过渡阶段，导致其过渡的决定因素，便是社会生产力的发展和私有制的出现。随着生产力的发展，男子逐渐进入农业生产领域，而且取代妇女成为农业生产的主要力量。考古资料证明，至迟在薛家岗二期文化，已经存在这种新的性别分工了。随着社会生产力的进一步发展，社会进入了父系氏族阶段，人类社会进入了快速发展的时期。

三、早期文明的曙光

文明，是人类征服自然创造物质文化、精神文化的综合体，是社会进步的重要标志。从该流域的史前文化来看，农业的发展扩大了经济生活领域，而且人们在长期的生产实践过程中，积累了丰富的种植栽培技术，创造了丰富多彩的物质文化和精神文化，推动了社会前进的步伐。在这些辉煌的成就当中，就包含了此后文明形成的若干要素，主要包括以下几个方面：

其一，原始文化艺术的形成与发展。在淮河流域的一些史前陶器上出现了很多的刻画符号与图案，这些符号与图案可以分为昆虫类、植物类以及刻画符号类。在蚌埠的双墩遗址出土的陶器上，发现了 59 种之多的刻画符号，远远超过西安半坡、临潼姜寨的刻画符号种类。值得注意的是，这些刻画符号与甲骨文中的“一、三、七、丘、井、田、鹿”等十分相像[①]。从这些地区发现的刻画图案、符号来看，已初步具备象形、喻意、记事的功能。

这一时期，已经出现了彩绘、陶塑、玉石雕刻等史前艺术品。彩绘主要见于彩陶，主要采用红、黄、棕、白诸色，用网纹、勾连文等在陶器表面装饰，增强了美感、提高了审美价值。陶塑有人物头像、猪、牛、羊等塑像，风格古朴、典雅。石塑有小型人头像等；玉质类艺术品较多，以凌家滩玉器最为精致美观，达到了史前制玉的高峰。龟、鸟、虎、人、龙等皆两面雕刻，做工细腻、栩栩如生，世所罕见。

其二，原始技术的萌芽。在原始社会，淮河流域的先民们已经在长期的生产实践中，不断积累经验，并且有了一些发明创造，由此孕育了早期的科学技术的萌芽。一是天文历法知识。农业生产跟季节、气候有很大的关联性，掌握季节变化、物候变化等规律对播种、收获很重要。在淮河流域的史前考古中，常能见到与历法有关的遗物，比如太阳纹、星纹、方位纹等反映天象的资料[②]。凌家滩遗址的刻纹玉板上就出现了天圆、地方、八角等纹饰，这可能就是早期的测天仪器；此外，这里还出土了世人所熟知的“八卦图”，该地域天文历法技术的成熟程度可见一斑。二是数学知识，包括数与形两方面

① 徐大力：《蚌埠双墩新石器遗址陶器刻划初论》，《文物研究》1989 年第 5 期。

② 李永强：《古代铜鼓上太阳纹饰产生的历史渊源及文化内涵》，《艺术探索》2010 年第 4 期。

的概念。在数的方面，陶器上、玉石器上已出现刻有表示计数概念的刻画符号——薛家岗遗址出土了带有 1、3、5、7、9、11 孔的石刀，这些石刀的孔以奇数递增，反映了数的加减概念。在形的方面，石器有方形、长方形、梯形、圆形等，而且陶器上还有五角星、七角星、八角星等图案。淮河流域新石器时代早期的住宅多半是半地穴式，到了晚期大都是平地而起的住宅。而且，住宅的地面也采用了烧烤地面来防湿除潮。在凌家滩遗址还发现了大片红烧土块垒砌的圆形水井，深约 3 米。这些都反映了当时建筑技术的成熟，更彰显了先民们的卓越智慧。

在淮河流域原始文化进入父系社会阶段之后的发展历程中，文明社会的要素也随之诞生了。主要表现在以下几点：一是神权向王权的过渡。在原始社会中晚期，逐渐产生了宗教与权力合一的神权。在氏族社会，农业的发展与天气、物候等息息相关，丰收与否都要看气候，所以氏族首领就抓住这一与上天沟通的唯一渠道——实现了权、神合一。在凌家滩遗址出土有玉龟、刻纹玉板等与占卜有关的工具，便可说明这一点。此外，该遗址出土的玉人，头戴冠饰，神态威严，双臂按于胸前，一副正在做宗教祈祷仪式的姿态，也从侧面证实了权、神的高度统一。所以，有专家称“祭坛、玉人的出现，标志着这时已由神权向王权的过渡”①。二是中心聚落遗址的出现。新石器时期，在江淮地区一带，出现了一批规模比较大的中心遗址群，诸如薛家岗、凌家滩等。这些遗址群相对于周围的遗址村落，具有面积大、规格高的特点，具有很明显的氏族首领的标志。如 6 万—10 万平方米的薛家岗遗址，周围就分布着 10 余处面积在 1000—30000 平方米的中小型遗址。由此可见，当时就已经出现了较为严格的等级制——中心聚落遗址凌驾于一般聚落遗址之上，并有了一定的势力范围。这种中心聚落遗址的形成与发展，应是向文明国家过渡的一种早期形式，对以后研究农业文明时期国家的形成与发展具有十分重要的意义。淮河流域的农业开发具有悠久的历史，在以农业为基础的淮河流域史前时期，农业生产力的发展对经济基础的变化具有决定性的影响——经济基础的变化又继而导致了一系列社会变革的产生，进而加速了这一地区的文明化进程。

① 杨立新:《江淮地区的原始农业及文明形成的关系》，“原始农业对中华文明形成的影响”研讨会论文集。

四、史前淮河文化研究地位的提升

苏鲁豫皖四省相邻地区，属于黄淮冲积平原的一部分，有着与黄河、长江流域同样丰富的旧、新石器时代文化。该流域在地理区位上处于南北自然区划的交接地带——黄河流域与长江流域、东部沿海与西部腹地古代文明相互交流、碰撞的一个重要区域。严文明教授认为：“（该地区）并不是一直作为一个独立而稳定的文化区而存在的。”① 在文化区域上，也有学者将以山东为中心的考古学文化区称为“海岱文化区”。

地理位置、文化区域交接地带的特殊性，使得淮河流域新石器时代文化受其他地区的影响以及交流的迹象越来越明显。根据目前资料可以得知，至少在大汶口文化类型晚期尉迟寺遗址中这种影响、交流的痕迹十分明显——该类型典型陶器中圆腹圜底篮纹鼎、大口平底篮纹罐的造型和纹饰显然受到中原同期遗存的影响；儿童实行瓮棺葬等习俗也明显带有中原同期遗存的烙印。以尉迟寺二期为代表的龙山文化遗存，其特征更在深度和广度上反映了各地区文化间的交流、融合。

在20世纪70年代末，苏秉琦先生就曾指出：“如果把山东的西南一角、河南的东北一块、安徽的淮北一块与江苏的北部连在一起，这个地区出土的新石器时代遗存确有特色，这可能与徐夷、淮夷有关。”② 但是在近些年来的考古发掘中，学界对淮河地区的史前考古工作开展得相对较少，所获资料远不能对这一区域的考古学文化有一个全面、系统的认识，造成学界多“重视黄河与长江，对淮河流域不够重视”。所以，在学术上揭示整个淮河地区史前时期文化面貌的问题就显得迫切起来。尉迟寺遗址正位于淮河中游的皖北地区，它的发现、发掘对于淮系文化大序的完整以及提高淮河史前考古文化的地位均有重大意义。

中华文明是一种建立在农业基础上的文明，不过由于中国地大物博、幅员辽阔，各地区之间存在着不平衡现象。淮河流域作为中华文明的一部分，在原始农业与文明形成的关系中处于重要地位，为中华文明的发展做出了重

① 严文明：《安徽新石器文化发展谱系的初步观察》，《文物研究》第5期。

② 《文物研究》编辑部：《苏鲁豫皖考古座谈会纪要》，《文物研究》1991年第7期。

要贡献。但是，淮河文化研究在全国的研究重视度还远远比不上长江文化、黄河文化研究。所以，在以后的学术研究中我们要有意识地关注淮河文化方向。

第三节　史前文明对早期中国的贡献

淮河流域属于南北气候的过渡地带，气候适宜，自远古时期就有了人类生存、居住的足迹。陆勤毅先生认为，“至距今一万年的新石器时代，人类逐渐在淮河干支流沿岸定居下来，并不断繁衍生息，创造出独特的区域文化，显露出多彩的文明曙光，为中华文明起源作出了卓越的贡献”①。

前文已知，早在旧石器时代淮河流域已经有了人类活动，而淮河文化的形成也源自史前时期——农业、手工业、家畜饲养以及建筑是其物质载体的重要基础，文字、音乐、宗教等则是精神方面的典型表现。形成于淮河流域的这些文化因素不仅起源早，而且发展程度相对较高，为中华文明起源作出了重要贡献。此外，淮河文化的形成与南北文化的影响密切相关——该流域不仅为南北文化提供了交流的平台，也反过来促进了各方文化的交流，起着催化剂的作用。所以说，淮河文化尤其是史前文化在中华文明的起源过程中扮演了重要的角色。

近些年来，很多专家学者从不同的角度阐释了淮河文化对早期中华文明的贡献。如陆勤毅教授从物质文化、精神文化以及文化交流三个层面阐释了淮河文化在早期中华文明中的作用；李修松教授从社会经济史、农业发展史等角度分析了淮河文明的意义；朱光耀先生则从近年来发掘的旧石器时代、新石器时代以及夏商周遗址着手；王昌燧、栾丰实、张居中、王吉怀、张金铣、朱继平等先生则是从方国部族、编户齐民的角度去探讨夷夏间的融合。虽然很多专家学者对淮河文化研究进行了持续的关注，但是相比长江文化、黄河文化的研究，淮河文化研究还显得较为薄弱。尽管近些年来有专家提出“淮河文化”“淮系文化”“淮河文明”等命题且付出了很大的努力，但是仍然缺乏较为系统的研究成果、较为权威的著作。

随着史前考古发现及出土文明相关研究的持续推进，早期东方文明的曙

① 陆勤毅：《淮河文化对中华文明起源的贡献》，《学术界》，2015 年第 9 期。

光在这里升起了。

一、物质方面的贡献

物质文化是指人们为了满足生存需要而创造的一切物质及其所衍生出的文化，亦即文明诸要素的承载点。就史前时期淮河流域而言，农业、手工业、家畜饲养业以及聚落，构成了先民们生存的基本条件。

民以食为天，粮食在人类发展过程中具有举足轻重的地位。在文化史上，专家学者普遍认为原始农业是判定一个地区是否进入新石器时代的标志，原始农业的出现、发展被认为是文明社会得以形成的重要基础。陆勤毅先生在《淮河文化对中华文明起源的贡献》一文中认为，文明社会的形成主要包括以下几个方面：石器磨光技术的推广、定居生活进一步的稳固、家畜饲养规模的扩大。从近些年发掘的考古资料看，淮河流域原始农业早在远古时期就已经出现了，而且近些年来在流域内也相继发现了先民栽培农作物如水稻、粟的痕迹。另外，在龙山文化时期（如尉迟寺遗址）也出现了小麦种植。

1. 农业

正如有的学者所说，史前淮河流域农业与黄河流域农业最为显著的不同便是水稻的种植与否。在上一章我们介绍过新郑的裴李岗文化，而该文化类型的代表是贾湖遗址——地处淮河最大的支流颍河上游，面积有 50000 多平方米，历次发掘都找到了大量稻米的遗存（年代最早可以追溯到距今 9000 年前），经鉴定属于一种籼粳分化尚不明显且含有野生稻特征的原始栽培稻。人类学家利用人骨稳定同位素等研究方法，更是验证了当时的贾湖先民已经食用稻米。这一研究结果是令人振奋的——原始栽培稻一直被认为是长江流域的种植作物，而在稍晚一些时期的淮河流域也被发现。淮河以北地区出现水稻种植是较为罕见的，这一发现也是目前可以找到的最北端的栽培水稻。水稻种植需要大量的水源、气候适宜的环境，该流域出现水稻足以证明当时淮河流域的气候相对较为温暖湿润。

考古工作者在该流域上游发现的水稻种植遗存较少，到了中下游地区这类遗址便相对多了起来。这类遗址分属不同的文化年代，如距今 8000 余年的泗洪顺山集遗址①、距今7000多年的蚌埠双墩遗址②、距今6000多年的高邮龙虬庄遗址③和距今5000年的驻马店杨庄遗址④等——考古工作者在后续的研究中发现，这些栽培稻的形态、种类逐渐与现代水稻一致。此外，在淮河流域也发现了粟类作物的遗迹。而且可以肯定的是，淮河上游一带大致是北方粟作、南方稻作农业的交错地带，亦即分界地带。淮河流域的“明星农作物”小麦，在我国出现的时间却要晚至4000多年前的龙山文化时期。此外，小麦的遗迹在淮河下游、上游的发现相对较为集中——考古工作者在禹会村遗址发现了迄今为止最早的淮河流域小麦遗迹。

2. 渔业

在古代社会，渔猎是仅次于农业的生产活动，在先民们的经济生活中占有重要的地位。他们捕鱼的主要工具有弓箭、石矛、渔叉、鱼钩、渔网（坠）等，近些年来在淮河流域的一些史前时期遗址中都有或多或少的发现。在远古时期，居民食不果腹，常常为寻找食物而奔波。逐水而居的生活引导着先民们去河海中寻找食物——渔业在很长的一段时间内为先民提供了不可或缺的食物来源。淮河流域河网密布、湖泊纵横、气候温暖湿润，是先民们生活中的重要食物来源之所——近些年来的考古发现证实该流域在史前时期拥有重要的渔业资源。

《周礼·职方氏》将天下分为九州，其中青州、兖州、幽州等地或者“其利蒲鱼”，或者“共利鱼盐”，可见其渔业是相当发达的。《史记·齐太公世家》记载：“（齐国）通商工之业，便鱼盐之利，而人民多归齐，齐为大国。”《周礼·地官·司徒》还记载了掌山林政令的“泽虞”，“掌国泽之政令，为之厉禁，使其地之人守其财物，以时入之于玉府，颁其余于万民。凡祭祀、宾客，共泽物之奠。丧纪，共其苇蒲之事。若大田猎，则莱泽野；及弊田，植虞旌以属禽”。史料记载，周厉王十分“好利”——其把山林川泽收归国家，不

---

① 南京博物院：《江苏泗洪顺山集新石器时代遗址发掘报告》，《考古学报》2014年第4期。

② 中国社会科学院考古研究所河南一队：《1979年裴李岗遗址发掘报告》，《考古学报》1984年第1期。

③ 龙虬庄遗址考古队：《龙虬庄：江淮东部新石器时代遗址发掘报告》，科学出版社1999年版，第440—461页。

④ 北京大学考古学系、驻马店市文物保护管理所：《驻马店杨庄：中全新世淮河上游的文化遗存与环境信息》，科学出版社1998年版，第25—91页。

许劳动人民捕捞采樵，引起周民普遍反对。战国时期，孟子在向梁惠王讲述治国兴邦之策时，着重讲了山田沼泽之利，“不违农时，谷不可胜食也，数罟不入洿池，鱼鳖不可胜食也”①。这不仅反映了当时在池塘里养鱼很普遍，而且在捕鱼时，还规定了渔网网眼的大小、尺寸——对鱼的繁殖进行保护，保证可以持续地捕鱼。由此可以得知，渔业到了夏商时期得到了很大的发展，不仅设置了专门管辖渔业的官吏，而且在国家政治中的地位也得到了很大程度上的提升。

3. 生产工具和生活用具

白寿彝先生在《中国通史》中认为，手工业发展的标志是生产工具、生活用具数量及质量的提高。史前社会的生产水平是很低的，大量磨制工具的出现给人们提供了新的生产工具——不仅提高了生产的效率，还在一定程度上促进了社会生产的发展。从淮河流域出土的一些史前社会的石斧、石锛、石铲、石凿和骨刀、骨针、骨笄等来看，当时已经有了切、削、磨、钻等技术。值得一提的是，有倒刺的渔叉、鱼钩和穿孔骨针的出现，标志着原始手工业的制骨技术达到了比较高的水平。

4. 手工业

到了新石器时代，淮河流域的陶器、玉石器制作业和冶铜业取得很大的成就。裴李岗文化作为新石器时代的杰出代表，其文化遗存具有鲜明的特点——出土的陶器不仅体积大、质量重、数量多，而且这里的陶器在制作时采用了泥条盘筑法。在该遗址中，考古工作者还发现了大型陶窑，先民们已经在陶窑中烧制陶器。考古学家利用现代考古手段测得这些陶器的温度甚至可以达到 900 度。烧制温度的提高，陶器的质量也有了明显的提升。何德亮先生认为，到了大汶口文化时期，制陶业已经发展得较为成熟，已经采用轮制法制陶。从大汶口文化晚期至龙山文化时期，淮河流域的制陶业水平发展到了一个高峰——该时期所出土的薄胎黑陶器是当时制陶水平的杰出代表。此外，考古人员还发现该流域在史前时期可能存在着一批专门从事陶器制作的人员。值得一提的是，淮河流域还出土了很多白陶——白陶是我国史前制陶工艺的杰出代表，系由高岭土为原料制成，并在炉温接近 1200℃的环境

① 杨伯峻：《孟子译注》卷一《梁惠王章句上》，中华书局 1960 年版，第 5 页。

下烧制而成。先秦时期的白陶不仅作为陪葬品随墓主人深埋地下，而且还随着对外交流传播到了其他地区，“白陶还伴随着对外的文化交流，传播和扩散到中原地区、长江下游地区和豫北冀中南地区，并被后来的夏商文化所继承”①。不仅如此，玉石器制作在淮河流域的史前文明中也很发达。安徽萧县金寨村遗址出土了玉石制品数百件，器型主要包括玉璧、玉刀、玉锥等——不论其成型、研磨、抛光、钻孔工艺均相当精细，宋彦昭先生认为这种现象在淮河流域并不多见。

史前时期，淮河流域还出现了闻名中外的“青铜文明”曙光。青铜冶铸在4000年前的淮河上游地区已经开始出现，在郑州牛砦村、淮阳平粮台、临汝煤山等龙山文化遗址中也发现与冶铜相关的炼渣、炉壁残块等。不仅如此，在平粮台还出土过一件可能是青铜鬶的残片——说明当时已掌握范铸青铜器的方法，这无疑是中国青铜时代冶炼技术的滥觞②。

此外，淮河流域的纺织、缝纫技术在这一时期也有了较大的进步。近些年来的出土文物证明了先民在当时已经使用精巧的骨针、骨锤和角锥——能够剥取野麻纤维，用陶、石纺轮捻成细线，织成布匹③。

5. 建筑

我们知道，远古时期的先民们过着“茹毛饮血”“树巢穴居”的生活——没有固定的生存场所，常常追寻水源而生活。到了龙山文化时期（如安徽尉迟寺遗址类型），经济得到了很大程度的发展，古建筑便应运而生了。

王城岗遗址位于河南省登封市告成镇西约一公里的台地上。“王城岗”是告成镇和八方村一带的群众对遗址所在地点传之已久的称呼，可能具有某种重要的历史含义。考古工作者在这里首次发现了“龙山文化中晚期的城堡遗址”——“王城岗二期龙山文化城堡遗址，是我国首次发现的龙山文化中晚期的城堡遗址……该遗址是目前我国发现的最早的古城堡遗址之一，它的发现和发掘，对于研究我国城垣建筑的起源，提供了宝贵的实物资料”④。该遗址分布在颍河北岸的不远处，是东西并列的小城，有城墙、城门、夯土建

---

① 栾丰实：《海岱地区史前白陶初论》，《考古》2010年第4期。

② 陆勤毅、朱华东：《淮河文化对中华文明起源的贡献》，《学术界》2015年第9期。

③ 朱睿、杨飞、周波：《中国苎麻的起源、分布与栽培利用史》，《中国农业通报》2014年第12期。

④ 河南省文物研究所、中国历史博物馆考古部：《登封王城岗遗址的发掘》，《文物》1983年第3期。

筑及人牲奠基遗存。此后，又在该遗址附近发掘出一座面积约 30 万平方米、墙长 370 米、壕长 630 米的大城址。该遗址城北壕沟向东延伸到了王城岗古城之中，成为宫城宗庙之地，也可能是“禹都阳城”之所在。

平粮台遗址位于淮阳县城东南 4 公里的大朱庄西南，面积 5 万多平方米，高出附近地面三至五米，又称“平粮冢”或“贮粮台”。1979 年、1980 年考古工作者在该地共进行了两次发掘，这两次考古发掘取得了很大的收获。到目前为止，平粮台遗址共完成考古勘探面积达 12 万平方米，重点勘探面积也将近 1 万平方米。从平面分布情况看，东部壕沟边界边缘形态明显，形状规则，宽度超过 25 米，其他区域壕沟外边界边缘形状则不规则，凹凸不平滑，尤以南部壕沟为甚。目前共清理出房基 2 座、沟 7 条、灰坑 108 座、道路 3 条、墓葬 37 座、窑址 1 座、灶 1 座、台基 2 座、水井 3 座[①]。考古工作者在发掘过程中对各遗迹和探方进行了三维影像复原和重建，逼真地再现了当时遗迹的面貌，为今后的复原和展示提供了科学的依据。在生产工具还很落后的情况下修建平粮台古城，的确是一个十分了不起的杰出创造。土坯的普遍使用，更是建筑史上的一大进步。门卫房的设置、陶排水管道的铺设，充分显示出 4300 多年前我们的祖先在城市建设上所表现出的聪明才智。铜渣的发现，也证明了居住在平粮台古城的先民已经初步掌握了一定的冶铜技术。总之，平粮台古城的发掘，对于研究我国古代城市的起源、国家的形成以及青铜冶炼的历史等问题，都有重要的价值。

二、文化方面的贡献

中华文明以黄河流域文化、长江流域文化为主要内容，淮河流域文化介乎黄河、长江两大流域之间，发挥着沟通南北文化交流的重要桥梁和纽带作用。此外，淮河流域本身也有着悠久的人类开发历史，同样也产生了卓越的本流域文化。作为桥梁及纽带，该流域将产生于北面黄河流域的“黄河文明”传播到江南，将根植于长江流域的“长江文明”传播到了中原腹地。陆勤毅、

① 河南省文物研究所、周口地区文化局文物科：《河南淮阳平粮台龙山文化城址试掘简报》，《文物》1983 年第 3 期。

朱华东先生认为，这种互动对博大精深的中华文化的形成具有极其重要的意义，“正是这种良性的互动，才在史前的数千年间奠定了淮河文化的基础，在沟通南北、连接东西的文化交流中发挥着重要的作用”。

1. 南北族群、文化交流的载体

南北文化交流的典型代表则是苏北花厅墓地，考古工作者在该墓地发掘出符和多种特点的文化区，有力地证明了史前时期该流域作为南北文化交流平台的重要地位[①]。

花厅墓地位于苏北鲁南交界处的苏北一侧，地处以山东为中心的东方文化区和以太湖为中心的东南部文化区的交汇地带，是中国东部地区新石器文化发展谱系中重要的一环。南京博物院等单位先后于1952年、1953年、1987年、1989年四次调查发掘了该墓地，共清理墓葬87座。该墓地出土的器物面貌相当复杂，还在墓葬里发现了“殉人”等现象，所以第三次（1987）、第四次（1989）发掘简报发表后立即引起了诸多考古学者的注意。多位学者从不同的角度探讨了花厅墓地的性质，他们的研究成果丰富了人们对花厅墓地的认识。此外，花厅墓地出土的新材料引起学术界的极大关注，黄象洪先生在研究之后称其为“东方的土金字塔”，并从中探索中国国家体制的发轫。徐坚先生指出，该遗址出土的确凿的材料证明了海岱地区与长江中下游地区的史前文化交流这一重要的结论。

陆勤毅先生认为，在大汶口文化中、晚期的北区墓葬中发现了大量良渚文化玉器和陶器。而且，这些出土遗存所占的比重已远超正常的文化交流所能达到的幅度范围——这种奇特的“文化两合”现象，被认为与当时一支来自南方良渚文化的族群，北溯江、淮，进而到达大汶口文化南界，即今天苏、鲁交界之处，并与当地大汶口文化势力有过或温和的影响或激烈的冲突。

2. 原始宗教、信仰的孕育与发展

原始宗教主要体现在自然崇拜、祖先崇拜等方面，而近些年来淮河流域就相继出土了很多史前时期有关自然崇拜的遗存、遗迹。

考古工作者在淮河流域上游的贾湖遗址中，发现了后世八卦之象的卦象

① 南京博物院：《花厅：新石器时代墓地发掘报告》，文物出版社2003年版。严文明：《碰撞与征服——花厅墓地埋葬情况的思考》，《文物天地》1990年第6期。

文，“贾湖裴李岗文化所反映的龟占八卦，为我们确定伏羲氏时代的八卦形态，提供了可信的珍贵资料……是中华先民‘制器尚象’习俗的产物”①。双墩遗址、定远侯家寨遗址的刻符中就发现了多件不同式样的太阳纹，其中间画出小圆圈，四周刻有放射性直线或三角纹；在邳州大墩子遗址出土的一件石纺轮上也有类似放射状图案；尉迟寺遗址瓮棺上刻符一般解释为日、火、山，也可说明尉迟寺先民对太阳的崇拜之情。

另外，淮河流域相比黄河流域、长江流域而言，对龟、鸟的崇拜现象十分突出。龟作为上古“四灵”之一，在史前的占卜活动中被大量使用——作为媒介将天与人沟通起来。贾湖、大墩子、花厅等淮河流域新石器时代早、晚期遗址中，均发现墓葬中有用龟甲随葬的现象。原始崇拜还表现为“鸟”崇拜——“淮”字甲骨文字形是一种鸟的形状，在尉迟寺一座房屋门前广场出土的一件“鸟形神器”，顶端也立有一只鸠鸟。此外，淮滨的沙冢遗址则发现了一件长尾红陶鸟形小塑像——可能与当时的崇鸟习俗有关。

值得一提的是，该流域还盛行祖先崇拜——这种现象主要反映在一些祭祀活动中，如萧县金寨出土的玉器，其埋葬方式集中分布在一条带状地层堆积内，而且还有一些明显的烧祭痕迹。考古学家认为该遗址出土的玉器与祭祀祖先或神灵有重要的关系。

3. 早期文字

淮河流域出现早期刻符（文字）的时间是很早的，在距今 8000 年前的贾湖遗址就发现了其踪影。淮河流域可以说是在甲骨文出现之前文字发现最为集中的区域之一，不仅时间早、跨度大，类型也十分丰富，在各个阶段都有着较强烈的认同性②。

作为淮河流域上游史前遗址的杰出代表，贾湖遗址出土了 21 个带有原始文字性质的“刻画符”，“在舞阳贾湖裴李岗文化遗址出土的 17 件龟甲、陶器、骨器和石器上，共刻有原始文字 21 个”。蔡运章先生在《中国古代卦象文字略论》一文中认为出土于该遗址的刻符就是早期文字，“它们（刻符）不但与八卦之象多用单字来表述的特征相符合，而且在商周时期有的单字（或

① 蔡运章、张居中：《中华文明的绚丽曙光——论舞阳贾湖发现的卦象文字》，《中原文物》2003 年第 3 期。
② 陆勤毅、朱华东：《史前淮河流域文化对中华文明起源的贡献》，2015 年 8 月 10 日第 7 版《安徽日报》。

图形文字）还与记卦象类筮数易卦相并署，因此，它们应是反映八卦之象的卦象文字……它是一种特殊的纪事文字”。蔡先生不仅认为它们确是史前时期的文字，而且还将它们一一解读出来，这些原始时期的刻符分别为：一、二、五、八、甲、乙、作、目、日、齿、勹等 11 个单字。

流域中游地区有史前刻画符号的遗址主要有安徽蚌埠双墩遗址、定远县侯家寨遗址以及蒙城县尉迟寺遗址等。

学术界认为蚌埠双墩遗址刻画符号是中国文字起源的重要源头之一，对研究中国乃至世界文字起源具有十分重要的价值。考古工作者于 1986 年秋至 1992 年 12 月经过三次考古发掘，出土了大量的文化遗物。其中最为重要的便是 607 件陶器上的刻画符号，它们的内容涵盖了山川、河流、太阳、动物、植物、房屋等写实类刻画，也有猎猪、捕鱼、网鸟、俘鹿、种植、养蚕、编织、饲养家畜等生产与生活类刻画，以及记事、记数等几何类刻画符号①。需要指出的是，这些刻符大多刻画在碗底——可分为象形和几何形两大类，猪形、鱼形、杆栏式房子形、花瓣形、蚕丝形、太阳形较为写实；几何类则有横形、竖形、叉形、钩形、十字形、三角形、方框形、圆圈形等符号。有些符号反复出现或与其他符号构成复合、组合符号，有着强烈的表意功能，具有很高的审美价值——鱼形和双弧线形与方框形组合、三角形和鱼形及花瓣形组合、方框形和蚕形及花瓣形组合、半框形和一道或二道横线形组合、十字形和圆圈形组合等。

考古工作者在侯家寨遗址发现史前刻画符号陶器 45 件——均刻画在夹砂红褐陶碗、外红内黑陶碗的底部。刻画内容有方框形、网状形、数字形、圆形、太阳形、鱼形和植物形等符号。

在淮河下游地区，代表江淮地区史前文化的是龙虬庄遗址。该遗址距今 5500—6500 年，其为世人熟知是因为出土陶片、鹿角上具有文字特征的刻画符号②。龙虬庄遗址中发现的刻画符号有类似文字的符号 4 个，右侧直行；类似动物的象形符号 4 个，左侧横列；以及位于上方和左侧的其他象形符号 6 个，

① 王磊：《淮河流域史前刻划符号及相关问题研究》，《华夏考古》2016 年第 3 期。
② 张敏：《高邮龙虬庄遗址的发掘及意义》，《东南文化》1995 年第 4 期。

总共 14 个符号[①]。

淮河流域处在南北气候的过渡地带，气候适宜，自旧石器时代就有人类生存活动的足迹。一直到距今一万年以后的新石器时代，人类逐渐在淮河干、支流沿岸定居下来、繁衍生息，创造出独特的区域文化，显露出多彩的文明曙光。

稻作农业较早传播至此，并得到了推广和普及，为淮河文化发展进步打下物质基础；青铜冶铸业在新石器时代末期开始出现，并与城址、高规格建筑、人祭人牲等阶级分化到一定阶段的产物结合在一起，这说明，淮河流域是孕育国家起源的重要地域；淮河流域所发现的刻画符号和早期文字资料丰富，用龟习俗特殊，礼乐制度起源较早，是中华文明的重要发祥地之一。淮河文化的形成源自史前时期，农业、手工业、家畜饲养业以及村落、聚落是其物质文化的重要载体；文字、音乐、宗教信仰则是流域文化的重要标识。产生于淮河流域的这些文化因素不仅起源早，且发展程度高，为中华文明起源作出了重要贡献。此外，淮河文化的形成与其易于受到南北文化的影响分不开，淮河文化不仅为各地文化提供了交流的平台，也反过来促进了各方文化的交流，起着催化剂的作用。淮河文化正是在此基础上发展形成，并为中华文化作出了卓越的贡献。

① 龙虬庄遗址考古队：《龙虬庄：江淮东部新石器时代遗址发掘报告》，科学出版社 1999 年版。

第三章
方国部族

在中华文明的形成过程中，作为三大集团（炎黄、东夷、苗蛮）之一的东夷集团扮演了不可或缺的角色。东夷族在先秦时期创造了灿烂的土著文化，成为历史悠久的中华文化的重要组成部分。先秦时期东夷文化的产生、发展、繁荣及衰落直到融入华夏文明的过程，其实质是与中原华夏文明及其周边诸文化之间相互交流、碰撞、融合的过程。

方国即分散在“四土”周边或之外的部族，按封疆划定的较为固定的生产、生活之区域。这种形态是氏族社会形态发展到一定历史阶段的产物，通俗来讲类似当今由众多酋长王国组成的“联邦制”。而且，这种形态一直延续到战国时期才结束。这些方国，大多处于原始社会末期的军事民主制时期和奴隶制的初级阶段。值得一提的是，被当朝征服的方国都要受王朝的“封侯”统治，呈献贡纳，但是这种归附、依附的关系是十分薄弱的。

距今5000年前后，在古文化（原始文化）得到系统发展的地方，古城、古国在全国各地逐渐出现了。城（邦）是聚落发展到一定阶段的高级发展形态，其出现是古代人类社会发展到一定阶段的产物。远古时代修城是相当困难的，说明当时存在着掌握政治、经济、宗教和军事大权的统治部落。这些古城不同于后世经济发达、货币关系活跃的城市，主要作为维护统治阶级权力的政治和军事中心①。苏秉琦先生在《关于重建中国史前史的思考》一文中认为：“古城是指城、乡最初分化意义上的城和镇；古国指高于氏族部落的、稳定的、独立的政治实体，古城、古国是时代的产物，社会变革的产物，作为数种文明因素交错存在、相互作用的综合体，成为进入或即将进入文明时代的标志。

① 杨玉彬、孙广清：《淮河流域古文化与中华文明》，《东岳论丛》2006年第2期。

距今4000年稍前，进入青铜时代，进入中国历史上第一个王朝——夏代。”①

到了夏代，大禹在涂山会见诸位首领。商、周之前一段时期也各有国家，实际上是夏、商、周并立的局面；更确切地说，是众多早期国家并立，如齐、鲁、燕、晋以及若干小国。在西周分封前也都有早期“国家”，南方的楚国、西南的蜀国等地也是如此。随着生产力的发展，则出现了方圆千里的王国，诞生了更为发达的王国文明。

第一节　古国族

淮河流域是中华民族和中华文明的重要源地之一，夏商周时期，该区域有很多古国族。现选主要国族述介如下：

徐国，夏朝至西周时期诸侯国。伯益之子若木为徐国开国君主，都城为徐城（今江苏省宿迁市泗洪县）。夏禹时，伯益因辅佐治水有功，其子若木被封于徐，即山东中部、南部郯城一带。这就是徐国的创始。自此之后，徐国人以国为姓，徐姓宗族的主支由此繁衍、发展、壮大。商周时期，徐国力量比较强盛，周一直认为它是周的抗衡者，所以对徐国不放心，频频征伐。对此，《诗经》中多有记载。徐国败退，南迁到泗洪一带，继续发展壮大。西周中后期，徐偃王在淮泗地区得以复兴，正如史料记载：徐偃王处江东，地方五百里，行仁义，割地而朝者三十有六国②。西周命楚国举兵讨伐，徐偃王于公元前963年弃国北走，到彭城武原县东山下，随迁的百姓数万。武原县东山即在今天邳州西北，东山后来被称为徐山。由于徐偃王的仁义备受称赞，周在击败徐偃王后，又被迫封徐偃王的次子宝宗为爵，置都彭城，继续治理徐国，这便是今天的梁王城的由来。春秋时徐国再度南迁到淮南、江北苏皖接壤的淮泗地区。那时徐国已经国力弱小，民心比较松散，没有多强的抵御力量，夹在大国之间，小心翼翼地生活。公元前512年，吴王夫差北渡淮河伐徐，放泗水淹徐国。徐王章禹披发文面，绑缚自己，领着妻子跪求夫差保留国土，夫差不准。章禹带着王室族人逃奔了楚国，徐国自此失去国号。

---

① 苏秉琦：《关于重建中国史前史的思考》，《考古》1991年第12期。

② 唐敬杲选注，赵学清校订：《韩非子》，商务印书馆2020年版，第135页。

六国，故地在今安徽省六安市一带，音 lù。古六国传为皋陶之后所封之地。六安有皋城，位于六安市区南门。《史记·夏本纪》：“帝禹立而举皋陶荐之，且受政焉，而皋陶卒，封皋陶之后于英、六。”《帝王世纪》：“皋陶卒，葬之于六。禹封其少子于六，以奉其祀。”汤伐夏，建立商朝，六又是商朝重要的封国之一。西周时期，古六国时服时叛，文献资料有些记载。从《尚书序》《史记·周本纪》等都可以看到六曾参加淮夷叛周。这次六的叛周规模很大，周成王特派召公征伐，六国战败降服。至周穆王时，六都和周保持臣服关系，还为周朝建立功勋，被封为伯爵，受到奖赏。春秋时期，楚国势力强大起来。楚穆王四年（前 622）灭六。从禹“封皋陶之后于英、六”，到楚穆王灭六，皋陶后裔在“六”这个地方立国长达 1500 年之久，是我国历史上立国时间最长的方国之一。

任国（妊国），先秦时期的诸侯国。任国在诸侯时期曾一度强大，战国时期开始逐渐衰落，直到秦始皇公元前 221 年统一中国灭亡。任国为周代的诸侯，风姓任氏（自称任王，外称任子），约在今山东省东部，伏羲、太皞（昊）之后。任国的前身有仍国是太昊后裔，更是风姓古国中最古老的一个，世代居住于济水流域，国力不俗。有仍国的历史可以追溯到大汶口时代，是中华文明中较早建立的族邦国家之一。有仍国到了夏朝，已经是个富庶强大的部落方国，相传唐虞时期的乐正后夔、夏朝君主相均娶妻于有仍国。夏朝灭亡后，有仍国依然存在，但因为昔日亲夏，势力被大为削弱，一直延续到了商朝末年。西周初年，周武王重新分封天下，有仍国被封为任国。这是因为“仍”“任”二字，在古代读音相同，时间长了逐渐互通。春秋战国时期，仍以泗上十二诸侯之一的身份存在，摇摆于齐、晋、鲁等大国之间。公元前 221 年，齐国降秦，任国亦不战而降。关于任国，最重要的一处历史遗存当数凤凰台遗址。凤凰台位于济宁城西约 4 公里，地处任城凤台村，现存台高 11.5 米，底面 4241 平方米，顶面 1341 平方米，正面为三层，另三面皆为二层。“济宁八景”中有一景叫“凤台夕照”，指的就是凤凰台。1986 年 10 月，国家文物部门对凤凰台进行了考古发掘，发现文化堆积层厚十几米，蕴藏着丰厚的古代遗存，底层属龙山文化遗存，中层为商周文化遗存，出土近三百件文物，现存于山东省考古所内。专家认证，凤凰台遗址属于龙山文化，是商周时期的文化遗址。

在文化堆积层中，发现祭祀用的大量陶簋残片和兽骨，显然此地曾经长期存在祭祀活动。

有虞氏，部落始祖是虞幕（即穷蝉）。有虞氏部落在山西南部、河南西北一带活动，都城在蒲阪（古蒲州，今山西省运城市永济市）。禹将舜的儿子商均改封于河南虞城，实际上是强迫有虞氏进行迁徙。有虞氏大部分族人向南方、东方迁移。夏中期少康时代，禹的后裔少康得到商均儿子虞思的帮助，虞思收留落难的公子少康，还给了少康一块地方叫纶邑，在虞城东南。周初年，虞思的后代虞遏父（又称阏父）拥护周武王伐纣，后做了周朝的"陶正"，就是主管制陶业的部门领导。他生下两个儿子起名满和让。周建立后，分封自家姬姓宗族子弟和异姓功臣，并追封五帝时代的明君明臣之后，就把虞舜帝的嫡系子孙妫满封为陈国国王，建立了陈国。陈国的范围包括今河南省东部淮阳和安徽省西北一部分，建都于宛丘。

有莘氏，亦作有侁氏、有姺氏，夏商方国，有莘故城在今山东省曹县西北莘冢集。周代，有莘氏部落沿济水逐渐西迁，散布在全国各地。有莘氏族是夏商时期东方重要的氏族部落，鲧纳有莘氏女脩己而生禹，禹治理洪水有功，受舜禅让而继承帝位。《夏本纪》："昔鲧纳有莘氏女生禹。"《孟子》："伊尹耕于有莘之野。"《春秋·僖公二十八年》："城濮之战，晋侯登有莘之墟以观师。"又"晋师陈于莘北"。杨伯峻注："莘，旧国名……据《春秋舆图》，有莘氏之虚在今山东省曹县西北。"莘国故城遗址位于山东省曹县莘冢集南500米高岗处，旧有禹母祠、禹王庙、阿衡祠等。1976—1979年，菏泽地区文物工作队对该遗址进行了两次发掘，出土了大量的磨制骨器、轮制陶器和石铲、石镰。骨器中有三棱形骨镞、圆锥形骨簪、管状形骨锥，特别重要的是，出土了有灼痕的卜骨。陶器中有方格纹罐、绳纹甗、篮纹瓮、磨光黑陶杯、红陶杯、红陶小型漏斗器、磨光灰陶盘、盆、碗、盂、罐、带流壶，还有灰陶甑、箅、鼎、器盖、泥质红陶钵、鬼脸式鼎足、近似蛋壳黑陶的黑陶杯等。这些陶器中，小巧玲珑、制作精致的红陶小漏斗器和造型异特、规整大方的带流黑陶壶，为其他龙山文化遗址中所不见。另外，还有大量的鱼刺、螺壳和少量的兽骨等。两次发掘共清理灰坑7个，还有台阶、柱洞、灶等遗迹。通过发掘整理，莘冢集遗址包含大汶口、龙山、商代、周代四个时期的文化堆积，其中以龙山文化层为最厚，出土遗物亦最为丰富。

葛国，又称葛伯国，嬴姓，夏代诸侯国之一，位于今河南省宁陵葛伯屯。此地以“葛伯之乐”闻名于商、周，是历史记载葛氏得姓的源发之地。夏朝前期，皋陶之子伯益的长子名大廉，被封于葛（今河南商丘市宁陵县），建立葛国，封为夏朝方伯，史称“葛伯”，今宁陵县有葛城遗址。自伯益的大儿子大廉为第一任葛伯开始，封爵40位，共立国1800年左右。《孟子·滕文公下》载：“汤居亳，与葛为邻。”反过来，就是“葛与汤主邻”。葛国被商汤所灭。西周时沦为鲁的附庸，后被宋所灭。

薛国，夏商周三代东方的一个诸侯国，历经1500多年，在今山东省滕州市官桥镇、张汪镇。薛国前段时间由任姓家族统治，后段时间由田齐的妫姓（田氏）家族统治。薛为任姓古国，帝俊（喾）后裔，一说为黄帝系统颛顼的后裔。《左传》说任姓是太皞的后代。薛国——始封祖为夏朝车正奚仲（侯爵）。今有薛国故城遗址。后迁邳，亦曰下邳，在今江苏邳州东北。不久又迁上邳，即今微山西北欢城。奚仲之后仲虺居薛，为商汤左相。周武王灭商，复封其后裔于薛。春秋以后，薛又迁下邳。薛国历夏、商、周三代，可考者凡六十四世。战国时灭亡，入为齐邑。

陈丰氏，古部落名。陈丰氏是黄帝氏族的一个重要分支部落，是黄帝部落的姻亲。据《史记·五帝本纪》载：“帝喾取陈锋氏女，生放勋（尧）。”帝喾是黄帝的曾孙，颛顼的族侄。大约在五千年前，陈部落随黄帝族东迁于中原地带肥沃的平原。陈丰氏部落开始由游牧生活转向农业定居生活，他们定居的地方，就在河南宛丘（今河南淮阳）。商朝末年，商均后裔中遏父（也称阏父），前去投奔周国，担任陶正之官，因其制陶技艺精湛，深得周文王姬昌欢心。姬昌之子姬发（周武王）灭商建立周朝后，追封先贤遗民，把遏父的儿子妫满封于陈（今河南淮阳），国号陈，以取代虞遂之后的陈国，并将大女儿太姬嫁给他为妻。妫满死后，谥号为胡公，故又称胡公满。今陈胡公妫满的墓在河南淮阳柳湖旁。

钟离国，国都在今安徽凤阳县临淮关镇东3公里李二庄乡小卞庄西钟离古城遗址。钟离国属于徐国的分支。关于钟离国的记载，史料匮乏。一般说来是在西周的时候，由伯益的后代受封建而建立，是西周、春秋时代的诸侯国之一，国君为嬴姓。春秋时期被楚国所亡。据阚绪杭先生研究，钟离国最初在山东，后来到安徽，再后来南迁。“在安徽，钟离国的传说在凤阳、舒城都有”。凤阳的钟离城至少有2600年的历史，是安徽省现存最完整的春秋古城遗址，1981年被列为安徽省首批省级重点文物保护单位。周代在此设方国钟离子国，春秋时位于吴楚之间，被两国反复争夺，最后归楚，直至战国末期。钟离城自建至弃，沿用时间有1200多年。

盂方，商代古国。甲骨卜辞中多次提及盂方。武丁卜辞云：“丙子卜，古贞：令盂方归！”说明彼时盂方曾归附于商王朝。商朝末年，盂方反叛，多次受到征伐。盂方的地域，在今河南省睢县境。郭沫若《卜辞通纂》第581片释文云：“所谓盂方者，可知乃殷东方之国也。……宋地亦有名盂者，《春秋·僖公二十一年》：‘宋公、楚子、陈侯、蔡侯、郑伯、许男、曹伯会于盂。’杜注：‘宋地，襄邑西北有盂亭。’地在河南睢县。又《左传·哀公二十六年》：‘六子在唐盂。’顾栋高谓与睢县之盂为一地。余意卜辞之盂方当即此附近之古国。”

鲁国，周朝分封的诸侯国，国君为姬姓，侯爵，首封国君为周武王弟弟周公旦之子伯禽。西周初年周公辅佐天子周成王东征灭掉了伙同武庚叛乱的奄国，受封于奄国故土，由于周公要留在镐京辅佐周成王，于是让自己的长子伯禽代为赴任，建立鲁国，国都为曲阜。鲁国始封时疆域较小，“封土不过百里”，后来陆续吞并了周边的极、项、须句、根牟等小国，并夺占了曹、邾、莒、宋等国部分土地，成了“方百里者五”的大国。国力最强时其疆域北至泰山，南达徐淮，东至黄海，西抵定陶一带，其统治核心区大都位于今山东省济宁市境内，亦包括泰安南部宁阳，菏泽东部单县、郓城，临沂平邑等市县，为周王朝控制东方的一个重要邦国。在周代的众多邦国中，鲁国是姬姓“宗邦”，诸侯“望国”，故“周之最亲莫如鲁，而鲁所宜翼戴者莫如周”。鲁国成为典型周礼的保存者和实施者，世人称“周礼尽在鲁矣”。鲁桓公、鲁庄公、鲁僖公时期是鲁国最为强盛的时期，一度与齐国争夺东方霸主地位，鲁僖公更曾领导诸侯抗衡过楚成王与晋文公。直至战国初期，仍有数个诸侯国向鲁国进贡。鲁国先后传二十五世，三十四位君主，历时790年。鲁顷公二十四年（前256），鲁国为楚国所灭。

江国，殷商至春秋时期在今河南正阳的一个诸侯国。据《世本》《史记·秦本纪》等记述，江为嬴姓国。何光岳先生曰：江为“东夷族与夷的一支。江，又作鸿、邛。邛，音鸿。卜辞有‘鸿’的国名，系以鸿鸟为图腾，以后发展成为国号”。国名又作“鸿国”“邛国”（邛，古读“gāng”音）。江国始祖玄仲为伯益之子，伯益佐禹治水有功，其子启即位后封玄仲于江地（今湖北江陵）。另一种观点，伯益的后代于商朝或西周初期受封建立江国。江国的国都江城位于今河南正阳县东南、淮水北岸。其都城遗址在而今的大林乡涂店村，东西长 2 公里，南北宽 1.2 公里。在古城遗址内，曾出土有商、周时代生活用陶器残片。江国故城距淮河 1 公里，城池约有 2.4 平方公里，是一片险峻的高地，古称“凤凰台”，当地人叫它“烽火台”。西北角有座 2000 平方米的圆锥形土堆，曾是江国国君游乐、纳凉的地方，古称“江亭”。也有不同观点认为江城位于河南省息县西南。江国建国初期，曾一度繁荣，国力强盛，政局稳定，人民渔、猎、耕、织，安居乐业。后期东周势微，大国崛起，战事频仍，江国深受其害，加之淮水侵扰，江国春秋时介于楚、宋、齐大国势力之间，成为一个非常弱小的国家，只得依附大国，受其控制和操纵，一直再没能强盛起来。春秋中期的 35 年间，江国采取或联姻、会盟的方式，先依附于楚国，以图复兴。后又与齐、宋伐楚。到鲁文公四年（前 623），楚国国君楚穆王一怒之下灭掉江国，江国子孙纷纷逃散，流落外地，以国为姓，始有江氏。

黄国，春秋时期嬴姓诸侯国，侯爵国 。黄国故城位于河南省潢川县城西北 6 公里隆古乡境内，遗址至今保存完好，为全国重点文物保护单位。据《竹书记年》文献载，黄国源于黄帝公孙姓轩辕氏，是古代淮河流域的霸主。早期称为黄夷，是东夷集团的后代，九夷的一支。周襄王四年癸酉（前 648）约传衍五十代黄国裔孙。黄国的后代黄歇后仕于楚，被封为春申君，地位仅次于楚考烈王，是战国四公子之一。古黄国处于江淮之间，守东方诸国西入淮河上游的门户，当南楚北进中原之要冲，地理位置非常重要。春秋时期，楚国称霸，黄国不服，借地域优势，近与江、道、柏、弦乃至随国结盟，远与齐、宋、郑、卫、鲁等修好，曾一度与楚抗衡，至公元前 648 年为楚所灭。黄国属东夷之国，处于楚与中原之间，在其发展过程中，有机地融合了中原文化、东夷文化、江淮文化与楚文化。

郑国，西周末至战国初重要诸侯国。始于公元前806年，亡于公元前375年。最初封地在陕西省凤翔一带，后迁到陕西省华县一带，周平王东迁时的郑国迁至河南新郑一带。郑桓公初封于郑县，也称西郑。后来郑桓公死于国难，他的儿子郑武公灭东虢国和郐国，定都于溱洧间，今河南新郑郑韩故城，仍用郑名，后人为区别始封之郑称之为新郑。郑县城东濒溱水，南临颍淮，西靠隗山，北靠黄河，位于中原腹地，依山傍水，气候温润，土地肥沃，适合居住，利于农业生产，战略位置方面可攻可守。不仅处于郑国之中，而且距当时的“天下之中”洛邑不远，水陆交通便利，四通八达，为往来必经之地。郑庄公在位期间，郑国的扩张达到顶峰。总体来说，其疆域东至牛首（今陈留镇西南、通许县东北的牛首城），东南至鄢陵、扶沟，南至许昌、临颍，西南至禹州市，西至颍水上游，北至虎牢接黄河，拥有今河南省中心腹地地区。

蔡国，春秋战国时代的诸侯国。周武王克商后，封其五弟蔡叔度于蔡。杨宽先生认为“蔡”“祭”古音同，通用。蔡叔所封之蔡原在祭，建都于蔡，辖地大致在今河南驻马店市上蔡县一带。春秋初年，蔡国曾出兵与鲁、宋等伐郑。公元前684年楚国将蔡国纳入楚国控制范围。公元前531年，楚一度灭蔡，三年后蔡平侯复国，并迁都吕亭（今河南新蔡）。公元前506年蔡国曾随吴国伐楚，并攻入郢都。公元前493年在楚国的逼迫下，蔡昭侯迁都州来（安徽凤台县），经五世，于前447年再次为楚所并。

蔡国遗址，因都城三迁，故有三处：1. 上蔡。自蔡叔度公元前1045年受封到公元前531年蔡灵侯被杀，蔡在此共历18王，514年。蔡国故城属全国重点文物保护单位，位于河南省上蔡县。蔡国故城平面略呈长方形，东西略短，南北稍长。现存城墙高4—11米，宽15—25米，总长约10490米。城墙为夯土筑成，每层厚8—14厘米，小夯窝圜底。城墙缺口较多，疑是城门遗址。南城墙三处，西城墙一处，保存较好。城内中部有一土台，称二郎台，面积120万平方米，可能是蔡侯的宫殿区。台上曾发现很多古井及陶制排水管道，台上台下还有许多春秋陶片和筒瓦、板瓦等建筑构件，说明当时这里有庞大的建筑。城内西南隅翟村一带，有春秋战国时期的青铜器出土。古城西北有九个土冢，相传为蔡侯墓。2. 新蔡。自公元前528年蔡平侯迁都新蔡至公元前493年蔡昭侯迁下蔡，蔡在此共三王，35年。现新蔡城北有蔡侯墓和公室墓群七十二座。3. 下蔡。自蔡昭侯迁此到公元前 447 年蔡亡，蔡在此四侯，历 47 年。今安徽寿县、凤台县、淮南市葬有蔡侯，此三地古称寿州。寿县蔡侯墓位于寿县西门之内，系 1955 年在治淮工程中发现。墓中出土的大量青铜器是春秋晚期的标准器，可作为铜器断代标尺，还有大量铭文，因而具有重大历史文化价值。

项国，西周至春秋时期的诸侯国，姬姓或姞姓，子爵，又称项子国。位于今河南省沈丘县与项城市之间，都城在今河南省沈丘县槐店回族镇西郊，和陈国、顿国、沈国相毗邻，地跨颍水而立。鲁僖公十七年（前 643）灭于鲁国，仅存项地名。后为楚国所有，项羽祖先世世为楚将，封于项，以项为氏。楚襄王时以陈（今河南淮阳县）为都，项为别都。

宋国，周朝的一个诸侯国。周初被周天子封为公爵，国君子姓。周公辅佐周成王平定武庚叛乱，封殷纣王的庶兄微子启于商朝故地，建立宋国，都城为商丘（今河南省商丘市睢阳区西南）。宋国地位特殊，与周为客，被周天子尊为“三恪”之一，以奉商朝祖先的宗祀，继承商文化。 春秋时期，宋襄公在齐国内乱时，帮助齐公子复国，代齐作为盟主，成为春秋五霸之一。战国时期，宋国末代国君宋康王“行王政”，即实行政治改革，宋国强盛起来。他东败齐、南败楚、西败魏，受到齐、楚、魏三国的忌恨，公元前 286 年，齐国、楚国与魏国联手灭掉宋国，三国瓜分宋国领土。 宋国从第一位国君微子启至最后一位国君宋康王，历经 35 君，时跨西周、春秋、战国三个时期，长达 754 年。它的版图最大时跨有今河南东部、江苏西北部、安徽北部和山东西南端之间，皆膏腴之地。

陈国，西周时的诸侯国，国君妫姓陈氏，是虞舜后裔。陈国的建国君主为担任周文王的陶正一职（也就是掌管制作陶器的官）的虞阏父（又称遏父）之子满，史称陈胡公，为陈氏与胡氏的得姓始祖。周武王并将长女太姬嫁给他，备以三恪，奉祀虞舜。陈国始建都于株野（今河南柘城胡襄镇），后迁都于宛丘（今河南淮阳城关一带），辖地大致为现在的河南东部和安徽一部分。从胡公受封至公元前 479 年楚惠王杀陈湣公为止，陈国共历 25 世，延续 568 多年。陈国所在的位置被称为“太皞之虚”。 陈境地处黄河以南，颍水中游，淮水之北，是为淮阳之地。在地理上，与蔡接近，北方的邻居还有夏的后裔杞和商的后裔宋，西南则有楚和徐。东周初期，西北方又有从西方迁来的郑。由于地处中原，属于重要的交通枢纽，陈人受商族人影响擅长经商。春秋后期，东方吴国崛起，与楚国竞争。陈国又只得游走于吴楚两国。不久吴国被兴起后的越国压制，亲吴的陈国便最终为楚所灭。

杞国，是商代到战国初年的一个诸侯国，国祚延绵1000多年，国君为姒姓，禹的后裔。杞国建国于商朝。周朝初年，杞国重新建国，自东楼公起，有史料可考的传了二十位国君。直到公元前445年，杞国亡于楚国。杞国最初大致在今河南省杞县一带，后来迁到今山东省新泰，后又迁至昌乐、再至安丘一带。杞国虽小，但也有其重要意义，那就是杞国人乃是夏朝王室之后，存有夏礼，因此孔子曾为考察夏朝之礼而到访杞国。只是由于杞国文献也多散失，因此孔子感慨道："夏礼吾能言之，杞不足征也。"（《论语·八佾》）历史上还流传着一些和杞国有关的故事，《列子·天瑞》中所说的杞人忧天的故事，就发生在杞国，可见杞国多经磨难而造成的国人忧患意识。

沈国，姬姓，周朝诸侯国。平王东迁后，季载后裔另封沈国之地于上蔡平舆沈丘一带。由于春秋时期沈国与楚国毗邻，不得已而与楚国结盟，后多次被晋国或晋国支持的中原诸侯国攻破。《水经注·汝水》云："汝水又东南，左会濦水。……又东径平舆县故城南，为濦水。县，旧沈国也，有沈亭。"可见沈国最后国都的遗址可能在河南平舆北射桥镇古城村。沈国究竟封于何处，史学界争议颇多。有人说封于今安徽省临泉县古城子，有的说封于今河南平舆县北射桥镇古城村，还有说封于今河南固始。

许国，西周及春秋时期的一个诸侯国。西周初，封许文叔于许（今河南省许昌市东）建立许国，国君为姜姓，爵位为男爵。公元前576年，许国迁都叶邑（今河南省平顶山市叶县西南）。公元前533年，迁都夷邑（今安徽省亳州市城父镇）。公元前524年又迁都白羽邑（今河南省南阳市西峡县），公元前506年再迁容城邑（今平顶山市鲁山县东南）。战国初，许国被楚国所灭。

房国，曾与今河南遂平县建立的一个祁姓诸侯国，国君为尧子丹朱之后，始封之君为丹朱。侯爵，故称房侯国。丹朱子陵以父封邑为氏，称房陵，公元前529年为楚所灭。

息国，西周至春秋初期的姬姓侯爵诸侯国。息国故城位于今河南息县城西南 6 公里的青龙寺一带，春秋初期为楚文王所灭，其地被楚国设置为县。公元前 712 年，息国讨伐郑国。当时郑庄公数年间屡败宋国和卫国等大国，军势如日中天，息师大败。《左传 · 隐公十一年》对息国此次出征的评价中，包含对其不自量力的批评。童书业认为，息国在当时敢于单独讨伐郑国，可见其军事实力也不弱。《左传 · 哀公十七年》记载楚文王“实县申、息”，说明楚国灭息国而设置为县。

蒋国，是西周时期在今河南省淮滨县一带建立的姬姓诸侯国，始祖是周公姬旦的第三子姬伯龄。蒋伯龄的后代以国名为姓。公元前 617 年，蒋国被楚国所灭。

据《左传》记载，周公东征平定“三监”（武王灭商后，派自己的弟弟管叔、蔡叔、霍叔三人留在殷地监视纣王的儿子武庚，历史上称之为“三监”）叛乱后，为巩固统治，周王朝大量“封建亲戚”，而“凡、蒋、邢、茅、胙、祭，周公之胤也”。也就是说，在这次大规模的分封中，周公的六个儿子成为诸侯国国君，他的第三个儿子伯龄被封在蒋国，成为蒋国的开国君主，如今全国蒋氏，都认伯龄为始祖。一般认为，伯龄被封在一个叫“蒋”的地方，因此其国号为蒋国。有专家考证认为，这个蒋地，并不在今天的淮滨，而在获嘉、修武（分属今之河南省新乡市、焦作市）一带，准确地说，是获嘉县张巨乡蒋村（也有人认为是焦作市马村区蒋村）。不知什么原因，在周昭王、穆王时期，蒋国南迁到今尉氏县蒋城。周宣王中兴之时，周王朝征服了南淮夷，为了加强对这一带的统治，把蒋国再次南迁至今淮滨县期思镇。

莒国，周朝诸侯国，国君为己姓 。建国于公元前 1046 年，建国君主是己兹舆期，是山东东夷中最强的国家，顾栋高《春秋大事表》叙述：“莒虽小国，东夷之雄者也。其为患不减于荆、吴。”在春秋初从计迁莒后，莒国国势正强。春秋时期疆域曾东起黄海，西至今沂水县境，南达今江苏赣榆，北至今昌邑县境，拥有大小城邑 30 多个，是今山东地区仅次于齐、鲁的大国。莒不断与齐、鲁、晋等大国会盟，还对周围小国不断发动战争。到春秋中后期，国内混乱，政治腐败，国势日弱，疆域屡遭蚕食。公元前 431 年莒国为楚国所灭，但是莒国的全境后来为齐国占领。《汉书 · 地理志》记载说莒传“三十世为楚所灭”。 春秋至战国初期莒国都城，位于今莒县县城的四周，东临沭河，西傍柳青河。《读史方舆纪要》“废莒县”条载：“旧城有三重，皆崇峻，子城方十二里，内城周二十里，外郭周四十里。”莒国故城是山东省重点文物保护单位和历史文化名城。从莒县陵阳河出土的刻有象形文字的大口尊和陶质牛角号，把华夏文明史向前推进一千年。

胡国，在今河南郾城区、舞阳县一带，周成王姬诵所封姬姓诸侯国，子爵，因称胡子国，国君即称“胡君”。

另一胡国为春秋时期一归姓国，国都在今安徽阜阳，子爵，国民多是原归夷族人及貀国后人。公元前495年被楚国灭亡。归胡国历史较长，《春秋·襄公二十八年》记载：“夏，齐侯、陈侯、蔡侯、北燕伯、杞伯、胡子、沈子、白狄朝于晋，宋之盟故也。”

对于这个商末周初就已有的胡子国，学界分歧在于被楚所灭的这个胡子国，是归夷后裔建立的国家，还是百越人系统的貀人（也写作：貀人）被楚所封的子爵国？归姓起源于尧舜时代的后夔（封伯、归伯）、夔氏族部落，系东夷一支，也称归夷。原活动于山东西南和河南东部一带。为商的属国，卜辞中就有关于归伯的记载。在商朝武丁时期（前1250—前1192年在位），归夷一分为二，留在中原的归夷，于今安徽阜阳建胡国，而南迁川鄂交界三峡地区的归夷，则建立了夔国。据《通志·氏族略》载：《左传》：胡子国，姓归，为楚所灭，子孙或以国为氏。”

在春秋末期，胡国被迫参加以楚国为首的诸侯联盟，结成联军去攻打吴国，后来，又参加了吴楚之间的“豫章之战”，公元前508年“秋，楚人伐吴”。结果，楚昭王熊壬在“豫章之战”后的班师回程中，反而顺便吞并了同盟国的胡国。胡国被灭后，其国王族子孙多有以故国名为姓氏者。楚昭王在吞灭了胡国后，又吞灭了貀国，然后，将其后代迁徙于颍州汝阴西北的妫胡国故址——胡城（今安徽阜阳市），转封其为胡子国。今安徽阜阳市曾经所在的这个胡子国，早在商代晚期就已经立国，一直存在到被楚国灭亡。杜预注《左传》说“胡国，归姓”，说明胡国到被楚国灭亡之时，仍然是归姓国。其实，归姓胡子国的历史，比姬姓胡子国还要早，屡见于卜辞和金文，周初甲骨及周穆王时的铜器铭文都多次提到“胡麸、胡侯”。1973年，在陕西蓝田出土了一件西周晚期的麸叔鼎。铭文中所说的麸国就是文献中归姓的胡国，其地望在今安徽阜阳市，是自成周通往淮水流域的必经要地。而归胡的历史可上溯到殷商时期，是殷商时期就已经有的一个小封国。

萧国，是夏商周三代时期的诸侯国，历史上曾有两个萧国，第一个是夏朝封的嬴姓萧国，嬴姓萧国灭亡数百年以后的春秋时期又赐封了第二个子姓萧国，都是在一个地方建国。萧国管辖范围大约是江苏、安徽、河南一带，萧国城址在今安徽萧县城北面 5 公里的圣泉乡欧村西北。

嬴姓萧国，始祖萧孟亏，孟亏远祖可追溯至 4000 多年前“五帝”时代的人文始祖东夷族首领金天氏少昊。夏朝末期，经过几百年后的子孙繁多，才人辈出，其中孟亏因擅长先祖的驯养鸟兽技术而深受夏王宠爱，赐封为诸侯，因其地多萧茅（艾萧），故国号为萧，萧孟亏领所封子民开拓萧国，萧国始建。后来夏王桀昏庸无道，萧孟亏见夏王朝王德衰败，诸侯反逆，便弃国隐居，《史记》记载曰：大廉事夏启，后分衍有鸟俗氏、路俗氏，后裔有孟亏、仲衍，孟亏能述伯翳之业绩，封于萧，是为萧孟亏，夏朝衰败，孟亏去而凤鸟随焉。于是孟亏子孙执掌萧国，及夏灭亡，嬴姓的萧国、徐国与东夷族其他的诸侯国归附于商，亲商的嬴姓萧国一直在今安徽萧县西北一带繁衍传承。

商朝末年，萧国归附周朝，成王幼而继位，管叔、蔡叔、霍叔三人与商纣之子武庚反周，亲商的东夷族徐、萧、奄等其他十七国皆从之，周公旦亲自领兵平乱，三监之乱平息之后，罢免反叛的诸国，于是萧国灭亡，萧国的子民作为“殷民六族”之一皆归伯禽之鲁。

嬴姓萧国灭国后数百年，萧邑又提升为萧国，是为子姓萧国，侯爵。萧邑大夫萧叔，名叔，号大心，子姓，是宋国公族子弟，他与诸公子共同组成一支军队，于当年冬天击杀南宫万之弟南宫中和新君游，立御说为君，是为宋桓公。大心因在这次平乱中有功，于是宋公将萧邑提升为国，重新建立萧国，周天子念其平乱大功，将萧国列封为二等爵位——侯爵，国小而位高，为宋之附庸。公元前 597 年，萧国为楚国所灭。

舒国。春秋时期，江淮一带有舒、舒庸、舒蓼、舒鸠、舒龙、舒鲍、舒龚等小国，这些小国都是周武王灭商后，分封皋陶后裔时所建封国，号称“群舒”。群舒国先被徐国所灭，《春秋·僖公三年》记载，公元前 657 年，徐国灭舒国。但正如杨伯峻指出的，徐国难以控制离自己数百里的舒地，群舒国又复国，为楚国附庸。《春秋左氏传·文公十二年》记载，公元前615年，群舒背叛楚国，楚国令尹成嘉俘获舒国君主和宗国君主，并进而围攻巢国 。楚襄公二十一年，又被灭于楚国。灭国后，群舒国的公族后代就以原国名为氏，称舒氏。

州来国，是商周至春秋时江淮地区部族所建的诸侯国，也称下蔡，疆域大致包含今安徽省淮南市市区、凤台县、寿县等区域。州来国早在《禹贡》中属徐、扬二州之境。周代，属青、扬二州之境。春秋时，楚灭州来国，为淮北楚之州来城。周简王二年（前584）秋八月，吴入州来；周景王七年（前538）楚然丹城州来；周景王十六（前529）吴来州来，季札封延陵后辖州来城，故叫延州来；周敬王二十七年（前493）冬十一月吴将蔡昭侯由河南新蔡迁于州来，遂改名为下蔡。战国时，楚惠王灭蔡，蔡侯齐亡，下蔡仍属楚地。

第二节 “东夷”探源

一、概说

先秦时期，淮河流域得到了初步的发展，先民们纷纷在这片土地上定居。大禹成功地治理了水患，为淮河流域的发展提供了良好的发展条件。到了夏、商、西周时期，淮河流域聚集了众多的部族、方国。这些方国和部族，尤其是该流域的土著居民——淮夷和徐夷，对流域的早期开发作出了重要贡献。“当禹之时，天下万国，至于汤而三千余国”[①]，由此可见，早在远古时期我国广袤的土地上就聚居了众多的方国部落。各部落之间虽然不乏碰撞、征战，但是相互包容、融合仍是主流。相传黄帝、炎帝部落在阪泉发生了一场战争，虽然黄帝部落获得胜利，但是炎帝部落并未消失殆尽——而是与黄帝部落一起构成了华夏族的祖先。炎黄两大部落之间的联盟，说明了远古时期部族之间的相互包容、互相融合的趋势。晁福林、罗新慧在《基石：先秦秦汉时期的中华民族精神》一书中指出：“远古时代的各族，在撞击、冲突及战争之后，

① 吕不韦编，高诱注，毕沅校：《吕氏春秋》，上海古籍出版社2014年版，第455页。

很少有将对方彻底剿灭的情况出现。”[①]

先秦时期分布在淮河流域的居民，历史上统称为“夷”“东夷”，亦称为“淮夷”。

东夷，是对古代居住在今安徽中部、北部，江苏北部、山东南部一带先民的总称。夏代称九夷，商代称夷方、人方、夷，西周则称为淮夷、南夷、东夷或南淮夷。因为夏商周三代都建国于黄河中下游地区，所以淮水流域对它们来说就是东或东南方了。淮夷距离夏商周三代的政治活动中心都不远，又拥有极其丰富的物质资源，所以这一地区的地理位置十分重要。

夷，在中国古代文献中有很多记载，如《礼记·王制》：“东方曰夷，被发文身。”《说文》：“夷，从大从弓，东方之人也。”《大戴礼记·千乘》：“东辟之民曰夷。”其中的“夷”专指东方之人或者东方的居民。事实上，夷“作为古代民族的名称有泛称和专称之分”[②]。泛指的“夷”，栾丰实先生考证应始于周代，如《尚书·周书》记载“明王慎德，四夷咸宾”，《左传·昭公十七年》“吾闻之，‘天子失官，学在四夷’，犹信”。这两处的“夷”，指的就是中原以外的区域和民族的统称。到了秦汉大一统王朝建立之后，“夷”又指的是中国或者说中原外围的区域和民族。

关于东夷地望问题的探讨，学术界历来也有不同的看法。李军强在《论先秦东夷文化分布范围的演变》一文中指出：“东夷即中原之东方人，中原以东的地域即为东夷人的活动范围。”据《左传·僖公二十一年》记载，东夷主要有太昊、少昊和蚩尤等为代表的部族。太昊故墟在陈，亦即今河南淮阳一带。其后人在周初封于“任、宿、须句、颛臾”，均在现在的鲁西南一带。少昊故墟在鲁，即今曲阜一带，对此历来无异议。太昊与少昊的关系，目前认识不甚一致。有的学者认为太昊活动时间在前，少昊的活动时间在后，两者是时间上的先后关系；有的学者认为两者为并列关系，是归属同一集团内的两大支系。此外，东夷集团内部的另一重要部族是蚩尤部落。学界历来对蚩尤的归属存有异议，《周书·麦尝》载曰，“命蚩尤于宇少昊，以临四方”，以此得知蚩尤亦属东夷系统。徐旭生先生在《中国古史的传说时代》一书中

① 晁福林、罗新慧著：《基石：先秦秦汉时期的中华民族精神》，广东人民出版社 2015 年版，第 3 页。
② 栾丰实：《论“夷”和“东夷”》，《中原文物》2002 年第 1 期。

考证，其（蚩尤）地望应在今山东、河南和河北三省交界一带。蚩尤曾率东夷族与黄帝族大战于涿鹿，最后以失败告终。到有夏一代，东夷集团的势力仍然十分强盛，皋陶、伯益、后羿、寒浞等皆为夏初之际东夷部族的杰出首领，在夷夏征战中均有所作为——该时期也是东夷集团的一个兴旺发达时期。

文献记载，淮、夷二字来源是很早的。“淮”字在商代的甲骨文中是会意字：画一只水鸟和一条弯曲的河流。淮河流域河道众多，四季分明，气候适宜，水鸟极多，因此“淮”字就有众多的鸟儿在水面上飞的意思，“夷”字的甲骨文像一支带绳的箭，用以射飞禽走兽，箭射出去后还可以收回箭及猎物。那时淮夷或东夷一带林草茂密，鸟兽栖息，因此，弓箭就成为人们自卫和谋食的主要工具。由此可见，淮、夷二字都很能体现淮水流域的特点。“淮夷”二字合用作为专名，始于西周。如金文《兮甲盘》中有“至于南淮夷”，《师寰敦》上刻写的“淮夷”，《曾伯簠》中记载的“克狄淮夷”等。《诗经》《尚书》中，更是频繁多次使用“淮夷”二字。可见，在淮河流域这片辽阔的土地上很早就有人类的足迹了。

陈广忠先生在《简谈三代对淮夷的战争》中认为，“淮夷从淮河而得名”。植根于淮河大地的淮夷族群，对中华文化的形成产生了重要的意义。高广仁、邵望平先生在《中华文明发祥地之一——海岱历史文化区》中说：“考古学的发现和研究证明，黄河下游地区的史前文化是中华远古文化的众流之一，在整个中华史前史上，占有辉煌的一页。”淮夷族群虽然与中原王朝腹地有一定距离，但是其历史是十分悠久的。王震中先生认为，“东夷之地的人类文化史，至少可以上溯到四五十万年之前”①。

东夷族活动的山东及淮河以北的苏北地区，由鲁西北冲积平原区、鲁中南山地丘陵区、胶莱平原区、胶东半岛的低山丘陵区以及鲁南至淮河北岸的湖泽河泛地区所构成。其中北有发源于太行山系，流经河南北部，在今小清河处入海的古济水，南有发源于桐柏山脉，横穿安徽，在滨海入海的淮水；中部地区有发源于泰沂山系呈辐射状的汶、泗、沂、淄、潍诸水系。这些不同形态的地貌和自具特点的各个区域，为史前东夷人的不同发展阶段提供了不同的历史舞台。它既保证了东夷族的史前史可以在其发祥地——海岱地区连绵不断的发展

① 王震中：《史前东夷族的历史地位》，《中国社会科学院研究生院学报》1988 年第 6 期。

和演进，也为史前东夷人向西向南向北的迁徙、扩散提供了地理条件。

二、先秦文献所见“夷”

夷是中原地区先民对早期东方民族的总称，这一称呼具有十分悠久的历史，先秦文献如《尚书》《诗经》《论语》《周礼》就有了关于“四夷”“九夷”的记载。

《尧典》记载了帝尧把羲仲安排在嵎夷一带、使其主持每天祭祀日出的仪式，“分命羲仲，宅嵎夷，曰旸谷。寅宾出日，平秩东作。日中星鸟，以殷仲春。厥民析，鸟兽孳尾”。这里的羲仲是掌管天文的官吏，嵎是东夷的一支，生活在山东半岛一带。《禹贡》记载“海、岱惟青州，嵎夷既略”，据此可知“嵎夷”是生活在东南沿海的土著居民。《禹贡》还记载了从海上进贡的“岛夷”，“岛夷来服，夹右碣石入于河”。这里的“岛夷”在《史记》《汉书》中均称“鸟夷”，汉代郑玄注曰：“鸟夷，东方之民，捕食鸟兽者也。”“岛”，《孔传》谓之“海中之山”。李民、王健先生在《尚书译注》中认为：“（岛夷）当是指古代东方沿海的东夷人，以狩猎为生，以鸟兽的毛皮作为衣服。”《旅獒》曰：“惟克商，遂通道于九夷八蛮。”① 这里记载的是，周武王在灭商以后，遂开辟了通往周边少数民族的道路。由此可见，周王朝很重视发展与周边少数民族的联系——虽然这种联系具有某种征服的性质。这里需要说明的是，《旅獒》出现了与其他篇章不同的称呼——“九夷”。南宋学者蔡沈在其《尚书集传》中认为：“（九夷）多之称也，《职方》言四夷八蛮，《尔雅》言九夷八蛮，但言其非一而已。”《后汉书·东夷传》记载：“夷有九种，曰：畎夷、于夷、方夷、黄夷、白夷、赤夷、玄夷、风夷、阳夷。”由此可见，“九夷”一般泛指古代东方的少数民族，亦即东夷。八蛮，一般泛指古代南方的少数民族，即南蛮。这里泛指周王朝周边的少数民族，即后来所通称的东夷、南蛮、西戎、北狄。《左传·昭公九年》记载：“我自夏以后稷，魏、骀、芮、岐、毕，吾西土也。及武王克商，蒲姑、商奄，吾东土也。巴、濮、楚、邓，吾南土也。肃慎、燕、亳，吾北土也。”蔡沈在这里说“九夷”是东部少数民族的总称，

① 李民、王健：《尚书译注》，上海古籍出版社 2012 年版，第 182 页。

不是具体指某一支少数民族，“言其非一而已”。

其实，见诸文献的多是“四夷”。

《费誓》是描写鲁国国君率领部队讨伐淮夷、徐戎的誓师词：

> 公曰：“嗟！人无哗，听命！徂兹淮夷、徐戎并兴。善敹乃甲胄，敿乃干，无敢不吊！备乃弓矢，锻乃戈矛，砺乃锋刃，无敢不善！今惟淫舍牿牛马，杜乃擭，敜乃阱，无敢伤牿。牿之伤，汝则有常刑。马牛其风，臣妾逋逃，勿敢越逐。祗复之，我商赉尔。乃越逐，不复，汝则有常刑。无敢寇攘，逾垣墙，窃马牛，诱臣妾，汝则有常刑。甲戌，我惟征徐戎，峙乃糗粮，无敢不逮，汝则有大刑。鲁人三郊三遂，峙乃桢干。甲戌，我惟筑，无敢不供，汝则有无余刑，非杀。鲁人三郊三遂，峙乃刍茭，无敢不多，汝则有大刑。”

除此之外，《尚书》中关于夷的记载还见于《泰誓》：

> 惟天惠民，惟辟奉天。有夏桀弗克若天，流毒下国。天乃佑命成汤，降黜夏命。惟受罪浮于桀，剥丧元良，贼虐谏辅，谓己有天命，谓敬不足行，谓祭无益，谓暴无伤。厥鉴惟不远，在彼夏王。天其以予乂民，朕梦协朕卜，袭于休祥，戎商必克。受有亿兆夷人，离心离德；予有乱臣十人，同心同德。虽有周亲，不如仁人。

《尚书》作为“上古的史书”，记载了先秦时期大量的有关淮夷的史实。该书中多次提到“夷”“九夷”“四夷”，足以说明“夷”在古代社会中的地位——这种地位不仅包括他们创造的辉煌灿烂的历史、文化，还包括其对中原政权的不断侵袭。这种干扰迫使中原政权不断提升国防、经济实力对抗来自东方的威胁。先秦典籍多次记载周王曾讨伐淮夷，但是都以失败告终。这种战争虽然给先民的生活带来了深重的灾难，但是其积极意义还是很明显的。首先，中原地区的经济、文化比较发达，战争可以给这些地区带去先进的生产力——中原地区为少数民族地区带去先进的手工业技术、制陶工艺、冶金方法等，这就在整体上促进了早期中国的发展。第二，战争还促进了民族间的融合，为华夏民族的形成奠定了基础，对民族认同感、归属感的形成以及大一统封建帝国的建立有积极意义。

《诗经》是我国最早的一部诗歌总集，不仅记载了先民对远古历史的遐想，还在《大雅》《小雅》等篇目中表达了对祖先的追思。下面就从《诗经》入手，考察夷族先民在淮河流域的足迹，以求对其有大致的把握。

《诗经》中有很多篇章都描写了“夷族”及其活动范围、发展历史等，有的仅描述单件事情，有的则是长篇叙述。先秦时期的这些篇章，为我们了解“夷族”及其发展脉络提供了很好的研究视角。

> 赫赫明明，王命卿士。南仲大祖，大师皇父。整我六师，以修我戎。既敬既戒，惠此南国。
>
> 王谓尹氏，命程伯休父：左右陈行，戒我师旅。率彼淮浦，省此徐土。不留不处，三事就绪。
>
> 赫赫业业，有严天子。王舒保作，匪绍匪游。徐方绎骚，震惊徐方。如雷如霆，徐方震惊。
>
> 王奋厥武，如震如怒。进厥虎臣，阚如虓虎。铺敦淮溃，仍执丑虏。截彼淮浦，王师之所。
>
> 王旅啴啴，如飞如翰，如江如汉。如山之苞，如川之流，绵绵翼翼。不测不克，濯征徐国。
>
> 王犹允塞，徐方既来。徐方既同，天子之功。四方既平，徐方来庭。徐方不回，王曰还归。（《诗经·大雅·常武》）

这是赞美周宣王平定徐国叛乱的诗。

> 鼓钟将将，淮水汤汤，忧心且伤。淑人君子，怀允不忘。
>
> 鼓钟喈喈，淮水湝湝，忧心且悲。淑人君子，其德不回。
>
> 鼓钟伐鼛，淮有三洲，忧心且妯。淑人君子，其德不犹。
>
> 鼓钟钦钦，鼓瑟鼓琴，笙磬同音。以雅以南，以籥不僭。（《诗经·小

雅·鼓钟》）

这是讽刺周王荒乱、伤今思古的诗。有的学者过去说是讽刺幽王的，有说是昭王时期的作品，都无法确定；但是有一点是确定的——该事件的发生地是在淮河流域。

保有凫绎，遂荒徐宅。至于海邦，淮夷蛮貊。及彼南夷，莫不率从。莫敢不诺，鲁侯是若。（《诗经·颂·閟宫》）

这是歌颂鲁僖公能兴祖业、复疆土、建新庙的诗，全诗共九章，一百二十句。诗的作者是奚斯，他的名字见于《左传·闵公二年》。由此可见，他与僖公是同时期人。

思乐泮水，薄采其芹。鲁侯戾止，言观其旂。其旂茷茷，鸾声哕哕。无小无大，从公于迈。

思乐泮水，薄采其藻。鲁侯戾止，其马蹻蹻。其马蹻蹻，其音昭昭。载色载笑，匪怒伊教。

思乐泮水，薄采其茆。鲁侯戾止，在泮饮酒。既饮旨酒，永锡难老。顺彼长道，屈此群丑。

穆穆鲁侯，敬明其德。敬慎威仪，维民之则。允文允武，昭假烈祖。靡有不孝，自求伊祜。

明明鲁侯，克明其德。既作泮宫，淮夷攸服。矫矫虎臣，在泮献馘。淑问如皋陶，在泮献囚。

济济多士，克广德心。桓桓于征，狄彼东南。烝烝皇皇，不吴不扬。不告于讻，在泮献功。

角弓其觩，束矢其搜。戎车孔博，徒御无斁。既克淮夷，孔淑不逆。式固尔犹，淮夷卒获。

翩彼飞鸮，集于泮林。食我桑葚，怀我好音。憬彼淮夷，来献其琛。元龟象齿，大赂南金。（《诗经·颂·泮水》）

这是赞美鲁僖公战胜淮夷以后，在泮宫祝捷庆功，宴请众宾客的诗。诗人在诗中表达了战胜淮夷的喜悦，并表示以后要发愤图强、增强国力，一致向外抵御外侮，对后世具有很强的教育意义。

《左传》是我国现存最早的叙事详细的编年体史书，记述了自鲁隐公元年（前722）至鲁哀公二十七年（前468）春秋各国的重要史事。同时，《左传》还是我国第一部记事详赡完整的编年史，也是一部优秀的散文典范。它大约与《国语》同时或稍后成书，其思想内容和艺术形式都出现了不少新的特点，标志着史家之文已发展到了一个崭新的阶段。作为重要的史学、文学名著，《左传》内容丰赡，记述翔实，而且善于以简洁笔墨状写繁复的历史事件，刻画的人物栩栩如生，尤其善于描写战争，对我国史学与文学之发展，产生了深远影响。

下面就将《左传》所涉淮夷文献辑录如下，并试着做一番分析：

> 八月，纪人伐夷。夷不告，故不书。

这里记载的是鲁隐公元年纪国曾经讨伐淮夷这件事。

> 王使虢公命曲沃伯以一军为晋侯。初，晋武公伐夷，执夷诡诸。芀国请而免之。既而弗报。故子国作乱，谓晋人曰："与我伐夷而取其地。"遂以晋师伐夷，杀夷诡诸。周公忌父出奔虢。惠王立而复之。

这里讲的是周王任命曲沃伯为地方侯的事情。作者接着追溯了发生在该地的武公伐夷一事：在武公讨伐淮夷的过程中，小国芀与晋国联合，一起杀了淮夷诡诸，周公忌父因事情败露出逃虢国。

> 三十一年夏六月，齐侯来献戎捷，非礼也。凡诸侯有四夷之功，则献于王，王以警于夷。中国则否。诸侯不相遗俘。

这里讲了地方诸侯与中原王畿在对待夷狄方面的差异：地方诸侯如果在打击四夷方面取得成功，就要上报周王朝；但是中原地区的诸侯即王畿之地不向周王汇报。

> 秋，吴人侵楚。伐夷，侵潜、六。楚沈尹戌帅师救潜，吴师还。楚师迁潜于南冈而还。吴师围弦。左司马戌、右司马稽帅师救弦，及豫章，吴师还。始用子胥之谋也。

这里记载了鲁昭公三十一年秋天，吴国军队侵入楚国，并且，还讨伐了淮夷诸族，侵犯了潜国。由此可知，淮夷诸族在当时不仅侵略中央王朝，有时也被其他诸侯国所欺凌。

> 十九年春，越人侵楚，以误吴也。夏，楚公子庆、公孙宽追越师，至冥，不及，乃还。秋，楚沈诸梁伐东夷，三夷男女及楚师盟于敖。冬，叔青如京师，敬王崩故也。

这里讲的是鲁哀公十九年，楚国沈诸梁（叶公）带领楚国军队攻打东夷，夷族溃不成军，两国遂在敖地订立盟约。

此外，《淮南子》《孟子》《庄子》《荀子》等先秦典籍里，也记载了很多与淮夷有关的资料。这些与夷族有关的资料，是我们了解夷族先民生产、生活的重要文献来源。

三、考古发现

先秦夷人的分布范围很广，从如今考古发掘的资料看，除其发源地、聚居地山东以外，东夷人的足迹分布在北起辽东半岛，南到苏北、淮河以北，西起陕西、河南，东至山东半岛最东端的广大范围内①。从山东迁到外地的夷族人，由于受到当地文化的影响，逐渐被同化且失去了夷族人的特性。夏商

① 程妮娜：《中国地方史纲》，吉林大学出版社 2007 年版，第 79 页。

周时期，只有居住在山东及其周围地区，如苏北、淮北等地的夷族人才较少受到外来民族文化的影响而保持着夷族特性①。从考古学上来看，东夷人的文化从距今7000多年前的北辛文化起，中经大汶口文化，直到龙山文化、岳石文化，几千年的发展有着不可分割的连续性。其特征在周以前表现得尤为明显，西周以后，东夷文化逐渐与华夏文化融合，并发展成为后来的齐文化和鲁文化。

前文述及距今7000年前的北辛文化的出土文物是非常丰富的。在农业生产方面，有用以开伐林木用的打制石斧、掘土用的磨制石铲、翻松土地的鹿角锄和收割用的石刀与石镰，还有用来加工种植物、采集物的石磨盘与磨棒。此时，东夷人的原始农业已进入锄耕阶段，同时还饲养猪等家畜，与狩猎和采集经济一起构成生活资料的多方来源②。

在大坟口文化早期，尽管各地发展已不甚平衡，鲁东南至淮河以北的大墩子类型与中南山区的大汶口类型，一起构成了大汶口文化的两个中心区域。就总体而言，当时的东夷族大致处于母系家族、母系家族向父系家族转变的时期。

到了龙山文化时代，史前东夷民族中那些社会矛盾最复杂、政治组织日益发展、地处经济文化中心的部落，便率先进入了文明时代。王震中先生认为，文明的标志有二：一是阶级的产生，另一个则是凌驾于全社会之上的公共权力的设立。史前东夷民族同中国上古其他原始民族一样，阶级的产生并非由分工和交换引起，而是随着奴隶制父权大家族的产生而出现。

史前东夷人的发展脉络大致以山东为中心，既有向西的发展，也有向南、向北的迁徙。然而，最有意义的还是向西与中原地区的交流、碰撞与融合。王震中先生认为，大河村类型分间和续间相结合的成组房屋，即为父系家族生活的体现，房屋内设有烧土台和火塘，并发现有石斧、整瓮的粮食和成批的生活用具——表明这些家族已成为独立起灶的社会最小经济单位。大河村类型文化的社会发展之所以超过了同时代渭河流域半坡类型，最为根本的原因在于这一融合体所吸收的大汶口文化因素，在当时的黄河流域居于领先的地位。

---

① 绛振镐：《东夷古国史论·东夷及其史前文化试论》，成都电讯工程学院出版社1989年版，第28—29页。

② 王震中：《史前东夷族的历史地位》，《中国社会科学院研究生院学报》1988年第6期。

有学者指出，龙山时代是中国方国崛起的时代。在中原方国联盟中，帝舜有虞氏曾一度作为这一联盟的统帅而被人们广泛传颂。尧与舜的迭递，并非完全出于禅让，而是相互间势力消长的结果。《韩非子·说疑》记载："舜逼尧、禹逼舜，汤放桀，武王伐纣，此四王者，人臣弑其君者也，而天下誉之。"《古本竹书纪年》也说："舜囚尧于平阳，取之帝位。"据《韩非子·外储说右上》及《吕氏春秋·行论》记载，鲧、共工也因争夺帝位而死。可见，所谓尧舜禹的禅让，实质上是保留、承袭了原始民主的形式而又以其各方国军事、政治、经济、文化的实力为后盾。地缘性方国联盟在各方国中的转移，是诸方国势力盈虚消长的结果。除虞舜之外，古史传说中皋陶同伯夷并举而作刑法、伯益佐禹治水等，都间接地反映出东夷诸部在联盟中的作用和地位。战争、经济等因素促使了有夏一朝的诸方国之崛起，而已经成型了的诸方国在中原地区的联盟，又进而通过战争、治水，加速了方国联盟走向统一王朝的历史进程。到大禹时，集军权政权于一身，凭掠夺战争的不断胜利、治水获得的成功，使他在方国联盟中获得了独尊的地位。他进而奠定了等级制的世袭王权、世袭贵族的基础。

四、民风民俗

程妮娜在《中国地方史纲》中指出，东夷人在礼仪规范上有自己的"礼"。由于史料的缺乏，夷人之礼的具体内容已难详知。但是，相传周公在制礼作乐时，曾借鉴了夷礼。《说文》段注称"夷俗仁，仁者寿，有君子不死之国"。西周征服者来到东夷之地后，为了加强统治，不得不考虑对夷人礼俗采取相应对策。齐国太公曾"因其俗，简其礼"，鲁公伯禽为了推行周礼，则"变其俗，革其礼"①。这说明夷人的礼俗涉及社会生活的许多方面，而且与周礼有很大的差别。在夷人旧地建立起来的一些诸侯国中，夷人的礼俗在一定程度上长久地保持着，足见其礼仪内涵生命力之强大。

文献记载，东夷人好战、善射。从字形上看，夷字可以分为"大"和"弓"字。《说文》解释道："夷，东方之人也。从大，从弓。"朱骏声《说文通训定声》

① 《史记》卷三三《鲁周公世家》中华书局 1959 年版，第 1524 页。

也云："夷，东方之人也。东方夷人好战，好猎，故字从大持弓会意，大人也。"《礼记·射义》疏引《世本》云："挥作弓，夷牟作矢。"《说文·矢部》曰："古者夷牟初作矢。"夷牟当为牟夷，是东夷族中的一支。东方夷人无论在沿海还是在内地，他们在长期从事渔猎生产的实践中，形成了善用弓矢的特点。史料记载，夏代初期东夷族的首领后羿善于射箭，好狩猎。《左传·襄公四年》记载，晋国魏绛说，"昔有夏之方衰也，后羿自鉏迁于穷石，因夏民以代夏政，恃其射也"。

饮酒、歌舞是古人重要的娱乐方式。东夷人很早就形成了利用饮酒、歌舞来获取娱乐的习俗。《后汉书·东夷传》记载："东夷率皆土著，喜饮酒歌舞，或冠弁衣锦，器用俎豆。"我国古代人工酿酒的发明是很早的，在大汶口墓葬出土的器物当中有93件陶制高柄杯，大多数的高柄杯还进行了镂孔装饰，相比同时出土的筒形杯、单把杯精致贵重得多。王京龙先生考证，这些特征与饮水用的容器是不相称的。所以，有学者进而推断，这些高柄杯"可能是一种酒器"①。这说明，早在6500年前，东夷人就把饮酒引入到了生活当中。《竹书纪年》记载："后发即位，元年，诸夷宾于王门，诸夷入舞。"显而易见，这是关于"诸夷"进献歌舞的记载。这正是《后汉书·东夷列传》所谓东夷人"喜饮酒歌舞"的最直接的证明。直到春秋末期的齐鲁夹谷之会，齐国仍然保存着"夷狄之乐"。这个"夷狄之乐"的演奏特征是"旍旄羽袚，矛戟剑拨，鼓噪而至"。1979年在山东莒县陵阳河大汶口文化墓葬出土一件乐器，名叫笛柄杯，用它能"吹奏出4个不同的音调，音确清脆、优美，悦耳动听，与现代横吹竹笛不贴膜时发出的音响相似"②。曲广义先生指出："与仰韶文化出土的陶埙相比，笛柄杯发出的音乐更多，且出现了半音音程，这是迄今发现夏以前乐器中前所未见的，使我们对大汶口文化晚期的音乐有了新的认识。"③由此来看，东夷人在饮酒和乐舞方面与同时期的中原文明相比较，不但毫不逊色，而且有其领先之处。

---

① 山东省文物管理处、济南市博物馆：《大汶口》，文物出版社，1974年版。

② 王树明：《山东莒县陵阳河大汶口墓葬中发现笛柄杯简说》，《齐鲁艺苑》1986年第5期。

③ 曲广义：《笛柄杯音乐价值初考——对笛柄杯柄部的研究及推测》，《齐鲁艺苑》1986年第1期。

第三节　冲突与融合：淮河流域先民的文明历程

一、淮河流域先民与夏、商、周三代的冲突

前文述及，夏、商、周时期，淮河流域生活的主要居民被称为“东夷”或“淮夷”。淮域先民与夏、商、周统治中心或近或远的空间距离，及其对统治者臣服与否的心态，都使得双方在不同程度上发生冲突与融合。

夏朝中心区域在今天的河南西部和山西南部一带。由于流传至今有关夏代的史料十分匮乏，所以历史上是否有夏代存在，曾被许多人怀疑。但是《史记·夏本纪》中记载的夏代世系与该书《殷本纪》中记载的商代世系一样明确，商代世系在安阳殷墟出土的甲骨卜辞中得到证实，因此《史记·夏本纪》中所记的夏代世系被多数学者认为是可信的。这样，在考古学家对安阳殷墟、郑州商城等商代的物质文化遗存有了进一步认识的基础上，提出了夏文化探索的研究课题，希望用考古手段去找到夏代的物质文化遗存，进而恢复夏代历史。古史学家依据文献资料，提出有两个地区可能是夏人的活动地区：一是河南西部嵩山附近的登封、禹县和洛阳平原；一是山西南部的汾水下游地区。

夏朝建立者大禹是治水安民的历史英雄人物。夏的国土由原来的中原地区扩充到了黄河流域和大江南北，各民族部落在大禹的统领下，以一种联盟的形式存在，大禹的儿子启即位后，经过甘之战消灭了有扈氏，又在西河之战中取胜，杀掉武观，从而巩固了自己的地位，成了一统天下的天子。

夏朝的疆域西起河南省西部和山西省南部；东至河南省、山东省和河北省三省交界处；南起湖北省，北至河北省。当时夏的势力延伸到黄河南北，甚至长江流域。夏王朝建都阳城（今河南省登封的东部）、斟鄩（今河南省登封的西北部）、安邑（山西省夏县西北部）等地。即夏王朝以伊、洛一带的河南地为中心，东通东海，西连西河，北及燕山，南逾长淮，所有夏、夷诸部的众多邦国，大都臣服在它的统治之下。

前述登封、禹县、阳城等地即在淮河流域上游。传说中的大禹涂山之会，学界大多认为在淮河流域中游的蚌埠。可见淮域先民与夏王朝的近属关系。

与夏朝相比，商朝统治中心多次流连于淮河流域。先商时期，部族与都邑的频繁迁徙是一个显著的现象。唐代陆德明《经典释文》：“八迁之书，史唯见四。”到了清代，梁玉绳在其《史记志疑》中明确提出“八迁”的具体地点。王国维在梁玉绳的基础上，重新做了考证，他在《说自契至成汤八迁》中指出商先公八迁的顺序是：契居商（河南商丘）、昭明居砥石、昭明又迁商丘（河南商丘）、相土迁东都、相土复居商丘、上甲微迁殷（河南安阳）、上甲微复归商丘、汤居亳（今商丘虞城谷熟镇西南三十五里）。

上述的商地，即今河南商丘。通过对“八迁”地望的考察可知，商先公活动的范围主要是在今河南、山东两省交界的地带；而且，先商民族虽然经历了 8 次迁徙，但其中的 4 次都与商丘有关，每次迁徙后都又回到了商丘。由此可见，商族由契至汤 14 世都是以商丘为根据地或主要经营地，然后不断向外拓展而逐步发展起来的，商丘为商族的发祥地。

商是以今山东、河南、河北为主要活动地区的文化先进的民族。商人早期的都邑称作亳。黄河下游今河北、河南、山东一带以亳命名的地方有很多，有北亳、南亳、西亳，有燕亳，春秋时鲁国有亳社。亳、薄、蒲、番，古音同，可以通用，称作薄、薄姑、簿姑、番的都可看作亳。古代民族迁徙，往往带着他们居住的地名。凡称亳、薄姑、蒲姑、番的地方，大概都是商人居住过的地方[①]。现在，安徽亳州仍以“亳”为地名。

亳是商汤在夏桀十五年至仲丁元年时期的商朝都城，商朝前期有十位君主在这里登基建都。《竹书纪年》：“帝桀十五年，商侯履迁于亳（成汤元年）。”《左传·哀公十四年》：“宋有亳邑。”又载宋景公云：“亳，宗邑也。”《括地志》云：“宋州谷熟县西南三十五里南亳故城，即亳，帝喾所都也，汤都也。”《大元一统志》：“亳城，在归德府城东南四十五里，契父帝喾都亳，汤自商丘迁焉。汤居亳，与葛伯为邻，即今宁陵县葛乡，亳乃今谷熟县也。蒙为北亳，即景亳，汤受命之地。谷熟为南亳，汤所都。”明朝顾祖禹《读史方舆纪要》“归德府”：“《禹贡》豫州地。古曰商丘。《左传》：高辛氏子阏伯居商丘。商汤为亳邑地。”

郑州商城遗址，为商朝第十位君主仲丁所建的嚣都，位于郑州市区，东

① 何兹全：《中国古代社会及其向中世社会的过渡》，商务印书馆 2013 年版，第 25 页。

起凤凰台、西到西沙口、北至花园路、南达二里岗，面积 2500 公顷，1950 年被发现。1955 年在遗址中部又发现一座周长近 7 公里的城垣。之后经过多次考古发掘，发现了大量的宫殿房基、小型房基、窖穴、水井、壕沟、墓葬、祭祀坑等遗迹，铸铜作坊、制陶作坊、制骨作坊、玉器作坊等遗址，出土了石器、蚌器、铜器等遗物，其中有珍贵的玉器、原始的青釉瓷尊、罕见的夔龙纹金箔、精致的象牙梳、古老的乐器石埙等。根据碳 14 测定，遗址年代距今 3235±90 年，加之出土的遗迹、遗物，表明郑州商城遗址是早于安阳殷墟的商代中期都城。它的发现填补了安阳殷墟之前的一大段商代历史空白，丰富了研究中国古代文明的实物资料。

建立西周的周人从很早的时候起，就居住在我国西北部的泾水、渭水一带，即现在陕西中部和甘肃东部的黄土高原地区。淮域先民对其认同感和归属感不强是可想而知的，所以，双方冲突也加剧。

周初在淮水两岸及上游地区封有姬姓宗亲和姜姓贵戚的诸侯国。淮水流域的大部是强大的淮夷集团的生存空间。海岱区有一部分淮夷国，如奄、风、偃、嬴，还有一部分原住于泗、沂流域的淮夷国族被迫南迁，与江淮之间的淮夷国族虎、卢、绞、州、六、英、贰、轸、巢、宗、桐、黄、江、舒庸、舒龙、舒鲍、舒鸠、舒龚等结成有相当声势的淮夷国族群。徐国是当时淮夷国中的大国。西周早期，徐驹王帅师伐周，徐偃王时“陆地而朝者三十有六国”，并帅师伐周。

农业是整个古代世界的决定性的生产部门，淮河流域的气候环境适宜于农业生产的发展，这是淮域先民赖以生存的物质基础。正是依靠这一基础，流域先民与统治中原的夏商周王朝进行了长期的控制与反控制斗争。

《后汉书·东夷传》记述：“夏后氏太康失德，夷人始畔。”太康是夏启的儿子，表明夏朝建立后不久，淮夷人与夏王朝之间便发生战争冲突，冲突的原因是太康失德，首先开启战端，东夷人奋起抗争。有穷氏后羿，以善射见称，是东方夷人诸部势力比较强大的首领之一。当夏王室发生内乱，统治力量大为削弱的时候，他攻入夏都，赶走太康。《竹书纪年》记载：“相征淮夷、畎夷、风夷、黄夷。少康即位，方夷来宾。”帝相，是夏王朝的第四位君主，在位 28 年，也是文献记载较多的夏朝君主之一。帝相继位之时年龄尚幼，国家力量并不强大，其统治地域也常常遭到别国的挤压。帝相无法与后羿抗衡，只得南向发展，把淮河流域的淮夷作为征服对象。帝相征讨淮夷、畎夷、风夷、黄夷是在他继位初期，同时出兵征讨四夷部族，说明战争规模不小，也表明帝相南向发展的决心。从战事的结果来分析，帝相一度征服了淮夷及诸夷。因为到了帝相的继承人少康继位时，方夷也“来宾”了。如果不是淮夷等先被征服，方夷也不会主动宾服的。《后汉书·东夷传》载：“自少康已后，世服王化，遂宾于王门，献其乐舞。”诸夷献乐舞于少康殿堂之下，是宾服于夏王朝的一个证据。

被帝相征服了的淮夷人，依然保持着自己的独立性，不过是有了短时间的纳贡称臣经历，随着夏王朝的兴衰起伏而叛服不定。《后汉书·东夷传》载：“桀为暴虐，诸夷内侵，殷汤革命，伐而定之。”

夏代中期，又大力征伐东夷各部，一直打到东海。后来，又还都伊洛之间。在季杼统治时期，形成了夏代中期的极盛时期。季杼以后，到孔甲以前，在这期间经历了五代六帝，夏王朝的统治一直比较稳定，基本上保持着向上发展的趋势。

夏王朝到了帝孔甲时，开始转入后期，《史记·夏本纪》说：“帝孔甲立，好方鬼神，事淫乱。夏后氏德衰，诸侯畔之。”孔甲三传到桀（履癸），桀是我国历史上有名的暴君。桀继立时，为了制服叛离的诸侯，以武力威逼东方的许多邦国，在仍举行朝会，结果反而激起了有缗（山东金乡东北）等更多诸侯的叛乱。夏桀出兵征讨有缗，有缗虽然战败了，但夏朝也元气大伤，加速了它的灭亡。淮夷等诸夷群起而攻之，最后与殷商结盟，协助殷商打败夏桀。

自汤灭夏后，夷族势力即由今山东省陆续涌入今河南省。在殷商600年间，殷人对外战争频繁，但是很少有殷人向淮河流域发动战争的记载。因为在淮夷人的协助下，殷人打败夏桀建立自己的王朝后，把夏桀的部族放逐到居巢。居巢是“淮夷”的领地。“淮夷”人与殷商建立了稳定的睦邻关系，所以愿意帮助殷商看管夏桀的部族。与殷商之间的和平共处，使得淮夷人有机会创造属于自己的文明，社会形态也受到中原文明的影响，农业、手工业得到发展，以青铜器铸造为标志的冶炼技术与制作水平与殷商不相上下。在商早期时商人已深入到中游淮北偏西一线，商中期阶段有所后撤，但仍保持对皖西六安、寿春附近的影响，晚商时期终推进到江淮东北[①]。

殷商末期，帝乙和帝辛（纣王）忘记了根本，不顾殷商与淮夷长期建立的同盟关系，对淮夷发动战争，“为虐于东夷”。战争是残酷的，淮夷被迫臣服于殷人。帝乙、帝辛攻东夷之战，使商朝国力大损，加速了商的灭亡，故有“纣克东夷而陨其身”（《左传·昭公十一年》）之说。约公元前12世纪末至前11世纪初，商王帝乙、帝辛（纣王）相继对东方夷人展开了长期的战争。帝乙九年二月，商王得知夷方欲大举攻商，乃率军出征夷方，因中途遭盂方（今河南睢县附近）军截击而回师。帝乙十年二月，商王率大军击败盂方，于九月进至淮水流域的攸国，与攸合兵进攻，大败夷方军。至次年五月返回商都附近，前后费时达260天。帝乙十五年，商王再次率诸侯远征夷方，到达雇（即顾，今山东鄄城东北）、齐（今淄博东北）等地，至次年三月胜利班师。可见在商代晚期较早阶段淮水下游的夷族向商人发动了较大规模的进攻，“武乙衰敝，东夷浸盛，遂分迁淮岱，渐居中土”[②]。

帝辛继位后，因周族崛起，威胁商朝西面，欲移兵攻周，在黎（今山西长治西南）大规模聚集、检阅军队。东夷又乘机大规模攻商，迫使帝辛全力经营东南，连年对东夷用兵。 帝辛在黎（今山东鄄城东）举行军事演习，要东夷派军队参加，东夷拒绝。帝辛便派商军主力进攻东夷。经多年作战，商军打败许多东夷部族，俘获大量夷人。但由于东夷部族的顽强抵抗，商军长期陷于东部作战，造成商朝内部空虚，消耗了商朝大量人力、物力，加速了商王朝的灭亡。

国虽大，好战必亡。周武王与殷纣王在牧野展开决战之际，淮夷人再也不愿意替纣王卖命，纣王大败，殷商的统治就此瓦解。随着殷商王朝的瓦解，东夷人的势力开始抬头，地盘有所扩大。

周王朝与东夷的关系，大致分为三个阶段：第一阶段，周公东征。周武王取得政权以后，在殷人的发祥地分封了齐国（都营丘，今临淄）、鲁国（今

---

① 朱继平：《从淮夷族群到编户齐民——周代淮水流域族群冲突的地理学视察》，人民出版社2011年版，第36页。

② 范晔撰，李贤等注：《后汉书》卷八五《东夷列传》，中华书局1965年版，第2808页。

河南鲁山），特封他的功臣太公望和胞弟周公旦分别统治齐、鲁。淮河以南仍然是淮夷的地盘，但鲁国占据了徐夷的不少地盘。周武王去世后，成王年幼，有王叔身份的周公旦入朝辅政，引得管叔鲜、蔡叔度不服，举兵反对周公旦专权。周王室发生了内讧，淮夷、徐夷趁机起兵反抗，企图夺回被侵占的土地，最后被周公旦征服。周公旦的封地本在鲁（今河南鲁山），为了巩固新占领的地盘，派他的儿子伯禽来到曲阜，并定鲁国国都于曲阜，淮夷、徐夷联合起来进攻伯禽，伯禽只得困守曲阜城内。徐国国王驹乘胜兴师西征，渡过黄河，逼近周朝的东都。这是周朝初期淮夷等东夷部族与周王朝一场较大规模的较量。

周公东征的对象除商族遗裔之外，还征伐"东尸"（夷）、"东或"（国）。奄在今山东曲阜旧城东，薄姑在今山东博兴县东南。两国都渊源于少昊集团，是商代方国，西周初是东夷势力最大的两国。当薄姑与奄起兵反周时，追随者还有许多其他东夷方国与部落。周公伐奄在成王即位之初，经过三年战争才杀了武庚，放逐蔡叔，占领了奄而放逐其君。周公东征取得了决定性胜利。

周师击败武庚及"三监"之后，周公意欲扩大东征战果，一举消灭其他反叛力量，"召公为保，周公为师，东伐淮夷，践奄，迁其君薄姑"①。周公原计划先向东伐奄国（又称商盖，今山东省曲阜市旧城东），奄国为东部主要反叛势力所在，即"大国"所居之地。辛公甲提出建议："大难改，小易服，不如服众小以劫大。"周公采纳了他的意见，遂改变计划，决定先攻淮泗间（今苏北、皖北地区）的九夷（包括徐、熊、盈等小国），于是挥师东南，进攻九夷。九夷诸小国实力不强，在周师的强大攻势下，节节败退。但由于九夷在此之前长期与商作战，其军队数量虽少，颇具战斗力，且对当地的地理非常熟悉，善于在低洼河湖地带作战。而周师车兵行动不便，且士卒多有水土不服，因此攻九夷之战非常艰苦，但经过连续作战，九夷终被征服。 随后周军北上攻打奄国。周军占领奄国西、南两边邻国。奄国势孤，国君被迫投降。丰（今山东省青州市西北）、蒲姑（又作薄姑、敷古，今山东省博兴县东南）等国也相继投降。周公东征有"一年救乱，二年克殷，三年践奄"之说（《尚书·大传》）。周公东征持续了三年，终于平定了管叔、蔡叔、武庚联合的武装叛乱。

① 司马迁：《史记》卷四《周本纪》，中华书局 1959 年版，第 133 页。

蔡叔死了以后，周公听到蔡叔的儿子胡品德高尚，为人善良，便提拔他作鲁国卿士。胡把鲁国治理得很好，周公又把他封到新蔡。

为了彻底消除商朝残余势力对周朝的隐患，周公在洛水北岸营建洛邑（成周，今河南洛阳），作为周的东都，以便于加强对东方的统治。同时封投降周朝的商朝贵族微子启于宋（今河南省商丘市），建立宋国；封周武王少弟康叔于朝歌，建立卫国；封周公长子伯禽于奄国旧地，建立鲁国，分治殷民。从此以后，周对黄淮地区的控制比较牢固。

第二阶段，东夷势力中心的南移。到周穆王（约前 976—前 922）时，东夷势力的中心转移到了淮河流域，以淮夷概称东夷，与此同时徐夷又变得最为强大。徐，嬴姓，渊源于少昊部落以鸟为图腾的集团，分布在淮水中下游的广大地区。后来在周穆王与楚夹击下，受到了严重打击。直到春秋时，徐夷仍不失为淮夷群体当中的大国。徐偃王“行仁义”，《后汉书·东夷传》称其“处潢池东，地方五百里，行仁义，陆地而朝者三十有六国”，深得东夷各部落的信任，可见其文明水准较高。

正是因为他有很大的号召力，周穆王慑于他的威势，“乃分东方诸侯，命徐偃王主之”。徐偃王的头衔得到了周王室的承认，而且让他统辖东方诸侯，事实上是承认了他所领有的三十六国淮夷势力。而这时的徐国也由夷人邦国成为名义上由周天子分封的诸侯国了。

周穆王对徐偃王的妥协不过是权宜之计，等到缓过手来便联合楚国对徐偃王进行围攻。楚文王挥师北上，徐偃王施行仁政，不忍百姓生灵涂炭，率部败走彭城武原县东山下，“百姓随之者以万数，因名其山为徐山”。可以说，徐偃王虽败犹荣。

第三阶段，到西周晚叶，东夷的中心更向南移，有“南淮夷”之谓，其中心转到淮河以南，同时也因其势力往淮河中上游发展，威胁到周王室的安全。

周懿王以后，国力日渐衰弱，四周方国部落交相发动对周的进攻和侵扰。厉王（名胡，夷王子）时，原来臣属于周的噩国，其国在今河南南阳市东北一带，看到周的势力衰弱，就乘机叛周并企图侵占周的疆土。于是噩侯联络南淮夷和东夷部落，出兵进攻周的东部疆域和南部国土，声势浩大，气势凶猛，一直打到东都成周（今洛阳市东白马寺一带）附近，严重影响着京畿的安危。

周厉王为了保卫京都和周的社稷，从宗周调来了西六师的部队，又从北部调来殷八师的大军，从西、北两个方向向河洛地区聚集，企图形成夹击之势，一举歼灭噩国的军队。厉王依靠贵族大臣的亲兵来抵御噩国的进攻，终于击败了噩侯，保卫了成周的安全。

周厉王攻噩之战之后，居住在今安徽北部淮河流域的淮夷，又发兵向周进攻。周厉王命虢仲率兵反击，未能取胜。淮夷气势更为嚣张，又一次发动更加凶猛的进攻，一路浩浩荡荡，深入到周的中心地带，打到伊水、洛河之间，并杀掠平民，抢夺财物。厉王亲临成周指挥反击战，命令周将率精兵反击。周兵自洛水上游连续发动多次反攻，使淮夷无法招架，只得败退，纷纷逃窜。周军乘胜追击，最后彻底击败了淮夷，斩俘 140 余人，夺回被淮夷掳去的周民 400 人。

周宣王五年（前 823），命尹吉甫向淮夷征收布帛、财宝、粮食及力役，并对淮夷颁布歧视性法令，淮夷停止纳贡并再次反叛。周宣王命召穆公率军征讨，消灭了淮夷的冉、翼、铃、达四位首领，淮夷受到致命打击，气势有所收敛。周王朝虽然动用很大的力量多次南征，但始终没有达到消灭淮夷的目的，淮夷仍然长期存在于江淮之间。

春秋战国时期，“淮夷”人与各诸侯国之间的往来较多，在政治军事舞台上一度相当活跃。据《左传》记载：昭公四年（前 538）六月，楚子合诸侯于申，淮夷与蔡、陈、徐等前往。七月，淮夷与诸侯共伐吴。昭公九年（前 533）二月，楚公子弃疾迁许于夷（淮夷），实城父，取州来淮北之田以益之。淮夷联楚抗吴只是无奈的选择。战国时期，吴国积极谋求北上，对淮夷人虎视眈眈；楚国也采取东向扩张的态势。淮夷在吴楚之间难以自持，最后被楚国势力吞没。在战国时期，面对吴国、楚国的崛起，为了维系自己的生存，淮夷人进行了顽强的抗争，最后融入中原文明的版图，成为华夏民族的一分子。

二、淮域先民的融合与文明历程

中原地区先进文化随着战争传播于东方，对东部地区的开发和民族融合起着积极作用。戎狄蛮夷中，唯独夷常常被用来指代整个四裔，唯独夷能够成为与华夏或者中国相对应的概念。我们常常说夷夏，或者华夷。东夷融入华夏的过程本身就是推动中华文明发展的过程。中华文明的形成不仅包括中原黄河流域的华夏文明，还包括南方长江流域的三苗文明、东部淮河流域至泰山之间的东夷文明。其中，东夷文明在中华文明的形成过程中有着十分重要的地位。中国历史发展阶段形成的过程表明，历史上不同部族、民族每一次大规模的迁徙、冲突、混合、同化、重构，都非常有力地打破了原先居民血缘的、地域的乃至部族、民族的封闭性，推动了生产方式与生活方式的变化，促进了新的社会共同体的形成。东夷文明为缔造中华文明作出了他们独特的贡献。

林惠祥先生曾撰文说："东夷这一名词有广狭二义，狭义专指秦以前居今山东、江苏、安徽等省自淮以北沿海一带之异民族。广义则为秦汉以后版图扩展，在境内之东夷已归同化，因别指满洲朝鲜、日本、琉球等族为东夷……前者为旧东夷，后者为新东夷……由中国民族史言之，自应以狭义者即旧东夷为范围。狭义之东夷自上古时即与华夏系并居中国，周初颇强，后屡受王室及齐鲁之攘斥遂衰，楚及吴越兴起受其役属，秦灭六国后竟散为民户，自是完全同化于华夏系。"① 东夷及其部族，在中华民族发展史上具有举足轻重的地位。

在黄帝以后，尧、舜、禹相继以禅让方式为大首领，实际上是以推举方式确立大部落联盟的最高首领。在这个后来发展为夏王朝的部落联盟中，姜、姬各部落居于优势，东夷各部落也拥有很大的势力，几乎每次禅让都经历了东西两大部落集团的激烈斗争，一直到大禹传子及启建立夏朝之后最初的几个夏王，都是经过夏夷两大势力的反复较量才得以确立，是黄河流域东西两大部落集团结成大部落联盟过程中斗争与融合的生动证明。

禹在确立王权后，在有崇部落所在地——嵩山之阳建立了阳城（河南登封市告城镇）作为都城，后又迁往阳翟（河南禹县）。为了巩固王权，禹又沿颍水南下，在淮水中游的涂山（安徽蚌埠西郊怀远县境），大会夏、夷诸部众多邦国或部落的首领，这就是"涂山之会"。原来的众多部落首领，到此时大都转化成世袭贵族，分别成为各个邦国的君长。二里头文化被认为是

① 林惠祥：《中国民族史》（上册），商务印书馆 1996 年版，第 73 页。

夏代遗存，与此同时，在淮河下游存在海岱区的岳石文化和江淮地区的斗鸡台文化。经考古研究，岳石文化给予二里头文化较明显的影响，而斗鸡台文化中有明显的二里头文化因素。可见淮夷族与夏代的密切关系，开启了夷夏融合的步伐。华夏族是在夷夏融合的过程中发展起来的。在华夏文明形成的过程中，曾发生了几次大规模的部族融合，其中有的在黄河上游，而更多的发生在黄河中下游及淮河流域的东夷之地。其中炎帝与蚩尤的传说，就突出地反映了夷夏东西大会合之际炎黄集团和东夷集团冲突与融合的史事。最著名的要数夷夏之间的“涿鹿之战”。通过这场大战，我们可以得知夷人的活动范围已从东部地区扩展到中原地区。当时，在中原地区，虽然炎黄集团遏制了东夷人西进的势头，但随后，炎黄之间也展开了“阪泉之战”。这是夷夏之间由斗争到融合的必然结果。

在夏代 400 余年间，与东夷部落曾经历了约半个世纪的战争。实际上这反映了少昊集团中那些与炎黄集团结成联盟的各部落，在部落联盟向国家过渡过程中的融合过程。这些部落已从东夷部落中分化出来，加入了华夏雏形形成的行列，成为华夏起源时期东系的重要来源。到了夏代晚叶，与东夷的关系有所改善，曾经出现“诸夷宾于王门，诸夷入舞”的局面。夏代最后一个王夏桀，在鸣条（今山西运城）失败以后，被流放到了东夷部落居住的地区。夏人在夏代及夏朝灭亡以后有一部分东徙，移居于淮河流域、太湖流域乃至杭州湾一带，也有一部分夏人逐渐融合于东夷和百越。

商人东进虽然导致东方夷族四散迁徙，也加快了其与外族的融合。特别是，由于商文化的强势扩张，使得淮水流域族群间的文化差异缩小，为族群融合搭建了平台。

华夏等族群与淮夷族群的融合为淮河文化的形成与发展注入了丰富的内涵和强劲的活力。在安徽南部淮河流域地区发现了不少夏商文化遗存，如属斗鸡台文化的斗鸡台、薛家岗、含山大城墩、青莲寺等遗址中都包含有二里头文化因素。薛家岗中通体饰细绳纹的锥足罐形鼎、凹底爵杯、细腰高柄浅盘豆及含山大城墩的平底罐形鼎等与中原二里头晚期的同类器相似。寿县斗鸡台遗址所出陶器如附加堆纹花边罐、鸡冠耳盆或甗、锥足两、箍状堆纹鼎、宽肩瓮等，都与中原夏文化的同类器形态大体一致。商文化最典型的器物扁、斝、簋、假腹豆、大口尊、直腹簋等在淮河流域相当大的范围内有着不同程度的发现。

夏代中期以后，历经商周两代，中原地区因其政治中心的缘故，也发展成了文化中心、华夏民族汇聚的核心之地。尽管如此，春秋战国时期发达的齐鲁文明，史前东夷人的基因构成了不可或缺的部分。

淮上地区属于商的势力范围。考古学证明，殷商势力远达东南沿海和岭南地区。从地理上来看，商王朝要驾驭和控制东南沿海地区，淮河中下游是必经之地，因此，淮河流域不能不受商文化的影响。

商代中晚期的几次东进，一些淮域旧国的上层接受了商王室礼制，尤以鲁中南淮夷国族接受最深。淮河以南多县和淮北的阜南、泗洪、沭阳等地出土相当数量的龙虎尊等典型商式青铜礼器。出土陶器上表现了淮系和商系二元文化特色。

西周时期对淮水流域的封建藩篱是逐步推行。周公东征前后，上游淮水流域北部是西周早期封建的重点区域，东征之后，淮水流域下游成为新的封建重点区域。武王时期因对东方夷族区控制较弱，对淮水流域相邻的殷商旧族采取怀柔策略，对淮水流域的诸侯封建是局部的，未能有效触动淮水流域当时的政治结构与族群联系。但武王时期以同姓为主、以异姓宗盟为辅的封建原则已得到有效贯彻，从而为淮水流域的封建奠定了基础。

西周初，淮夷称霸于淮、泗，与周抗衡，周公旦亲率大军东征。东征后，周加强了对淮水流域的控制，齐、鲁等诸侯国被迁出上游淮北平原，应、沈、唐等诸侯国陆续徙封于此。周室在淮水流域又陆续分封了宋、陈、蔡等重要诸侯国。除此之外，周室还在上游淮北平原分封了姬姓胡国。淮水流域的地方国族逐步被纳入周室的控制范围。

徐王率淮夷之众一度深入到黄河边，“乃率九夷以伐宗周，西至河上。……厉王无道，淮夷入寇，王命虢仲征之，不克”，周宣王亲自“濯征徐国”。

到西周中晚期，淮夷对周室持续一个多世纪的侵扰基本结束。西周经一系列封建调整和诸侯东迁，淮水流域构建的封建格局发生重要变化，周室亲近诸侯直接控制的领土不断扩大，淮水中下游地区逐渐转变为周天子领有的“王土”，淮夷诸族成为服侍周王、向其缴纳职贡的“服孽”，由此开创了淮夷诸族华夏化的历史新进程。

西周初期，社会的组成单位是氏族部落。周王室逐步控制淮水流域后，也是建立在氏族部落这个社会单位基础上。周代各诸侯国建立后，族人都定居在一块土地上，族人变成地方居民。《周礼》中所反映的地方单位组织，已是地域系统，非血缘氏族系统。地域组织代替氏族组织以后，使得族权和政权分离。何兹全先生认为周人建立的国家是一种典型：氏族血缘组织化在地缘组织之中，在逐渐演变中地缘组织代替血缘组织成为国家的社会单位和社会基础①。

随淮水流域逐步成为周之外服，为东周时期诸夏与淮夷的深度融合奠定了重要基础。春秋时期淮夷诸（国）族在相对独立状态下与诸夏进行逐步的交流与融合，到战国时期其文化特征已呈现较高程度的一致性，这些从考古遗存等方面已经证明。

华夏文明，一般来说是从夏商周“三代”开始的。先秦时期的东夷，到战国晚叶已经融入华夏民族，成为华夏民族的一部分。

商人来自黄河流域东部。东夷对商朝的影响极为深刻。一是商代的民风习俗来自东夷。商代人殉、人祭之风皆渊源于东夷。从甲骨卜辞的记录看，到商的晚叶，卜辞中常见征伐人方、尸（即夷）方的记录。二是东夷与商朝之间既有战争，又有联合，关系错综复杂。东夷与商朝曾兵戎相见，有记录说明商对东夷的征伐时间延续较长，规模也较大，远涉淮河流域。因此有学者认为商纣与东夷之间大规模的战争是商朝灭亡的主要原因之一，“纣克东夷而殒其身”。然而从西周初叶，东夷与商遗裔联合起来反对周王的情况看，商与东夷的关系又是比较密切的。

商代夏而兴。考古发现证明商文化的对外扩张体现了一个明显的动态过程。比较二里岗上、下层文化的分布，可以看出商文化主要是向东进行了大规模的扩张。商王朝的崛起与对东土的经略，对海岱地区东夷社会的发展产生了决定性的影响。考古发掘揭示出，在商代前期和后期出现了两次商文化东进的浪潮，从而使淮河流域的政治地理逐步改观。说明此时商王朝向海岱地区的扩张并不限于一般的武装殖民，而是在这片新拓展的土地上推行王朝

① 何兹全：《中国古代社会及其向中世社会的过渡》，商务印书馆 2013 年版，第 141 页。

礼制文化并迫使土著接受，还建立起新的统治网络，使之成为商王朝在政治上可以直接控制的“东土”。殷商一代，商族人居于海岱和徐海地区，本就与东夷、徐戎、淮夷杂处，先进文明对于落后文明的影响是不争的历史事实。淮河流域的徐淮地区在政治上完全接受商王朝的统治，成为商朝的藩属。象征王权威仪的礼乐文明随着王权势力的扩张明确地推行到淮河流域，商代青铜礼器的发现已证明了这一点。商代礼乐器的出现，证明淮河流域的青铜器铸造应是在中原商文化的影响下产生的，表明了淮河流域商代青铜礼乐文明与中原地区礼乐文明的融合与发展。上述考古学观察反映出商灭夏后，加强了对东方地区的控制。在商文化的冲击下，东夷、淮夷文化的格局与内容都发生了很大变化。商文化的影响促进并带动着淮河流域土著居民的文明化进程。这也反映了商王朝统御范围的广大，商文化的波及之处，既有商王朝的直属统治区，也有间接统治或王朝文化的影响地区。

西周是宗周文化和势力的极盛时期，周王室统治区域和文化影响范围空前扩大。分封制的推行，又促使淮河流域周方国众多。宗周文化及政治势力的强大使无论分布于何地的青铜礼器的形制、铭文及书写位置等都高度一致。这一方面反映了西周文化的高度一统性，另一方面也反映了周王朝在广大区域中强制推行王朝礼制文明的结果。承殷商遗续，周初已将淮河上游纳入周王朝的统治范围内。西周对淮河流域的统治是建立在商朝对东夷征伐的基础上的。西周继承了商朝，并扩大了统治，直到东夷最后完全融会到西周文化中去。

从吴文化蕴含有西周文化因素的事例中，也可说明西周中原文化对淮河下游地区必然存在着强烈的影响。在吴文化的四期中，宗周文化对前二期有显著的影响。其第一期为西周早期，文化内涵表现出承袭湖熟文化传统和深受中原周文化影响的特征，青铜器的造型、纹饰和铭文多以中原地区的风格为主，有的可能直接来自宗周。第二期为西周中期，本期文化吸收了中原周文化和太湖流域的文化因素，属于吴文化的发展期。青铜器中宗周器少见，大多为仿宗周器。第三、四期为吴文化极盛后急剧衰落的时期，基本不见中原文化因素的存在，青铜鼎、甗、缶、罍、尊等多具南方青铜器特色。这种局面的出现，是由于东周时王室衰微，王朝力量削弱，诸侯坐大，僭越礼制，从而导致礼崩乐坏，所以考古学文化因素的多元化正反映了当时国家政权的分裂。上述吴文化青铜器的发展过程证明其青铜铸造深受中原周文化影响。从文化传布的强弱与距离远近成反比的规律看，西周中原文化极可能要通过淮河下游传布到江淮地区，淮河下游所受的周文化影响不会弱于其南方地区。

在历史时期，王朝国家政治因素对古代文化有着重大影响，从一定层面上说，不同的地理因素使考古学文化具有多元性，而政治因素却使考古学文化具有强烈的统一性。虽然目前淮河流域周代遗址发掘较少，但从其墓葬制度和丧葬习俗等方面可反映出西周王朝文化的强烈影响。西周时期，中原葬制中仍盛行口含习俗，且对淮河下游地区有较广泛的影响。“琀”的出现，反映了商周时期中原丧葬习俗及意识形态对淮河流域古代社会文明化进程的影响。

以上可知，进入阶级社会后，淮河流域古代社会文明化进程吸收和融合了包括中原夏商周文化的多种因素，并进行改造和创新，从而为繁荣强大的淮河流域古代文明的发展奠定了坚实的基础。夏商周中原文明不但影响了淮河流域古代文明的面貌，而且也在很大程度上改变了淮河流域古代居民的结构和成分，并对本地区青铜时代族属的最终形成产生了深远意义。从地理上看，夏商周中原文明的浸润由西而东递减，土著文化因素递增；从社会层次上看，对中原王朝礼制文明的接受程度，则由社会上层而下层递减。当然，文化的交流是互动的，在中原地区夏商周文化的遗存中也发现有淮河流域古代社会所特有的几何印纹硬陶和原始瓷等，但所占比例甚小，且主要集中在郑州商城、殷墟等城市遗址中，可见中原地区与淮河流域古代文明的交流并不是对等的。淮河流域考古学文化的特质明显地表现出其输入和接受功能远远大于其输出和辐射功能。这正印证了中国古代文化是一开放的而非封闭的动态体系，在各个分支文化系统中都可见到大量存在的文化传播的事实，各考古学文化之间大量存在着文化渗透、融合、同化和分化的特征，从而使中国古代文明形成了不同谱系的多元结构。当然，夷夏融合和多源一统的中国古代文明的最终形成，并不是在某一代就能完成得了的，在夏商周之后还有很长的路程要走。具体到淮河流域古代文明化进程而言，夏商时期是其积渐发展时期，西周时期则在中华文明多元一体构成格局中大放异彩，其地位非同一般。

西周晚叶，王室衰微，诸侯日强，南方的楚、东南的淮夷成为周室的威胁，然而无论是楚还是东夷都已广泛接受中原文化的影响而逐渐走上了华夏化的历程。

到春秋时，在鲁国附近，还存在着太昊的后裔。他们与诸夏通婚、会盟，在与楚国的争霸斗争中，他们主要是依附齐、鲁，被认为是诸夏的同盟。从出土文物看，春秋时期的东夷各国，社会与文化发展水平也很接近中原各诸侯，但因为他们仍然保留着一些东夷礼俗，在当时仍被认为是东夷。到战国时，这种文化上的差别已不引起人们重视了。当秦统一六国时，“其淮泗夷皆散为民户”，都已经成为华夏的一部分。

春秋诸国争霸时期，楚、吴、越等参与淮水流域势力角逐，淮夷诸族国灭、公室贵族四散迁徙，淮夷诸族的生存空间被进一步压缩。随着楚国逐步控制大部分淮河流域，为满足不断扩张疆域的需要，楚国在淮水流域实行封君制与县制相结合的地方行政体系，主要方式有：灭国为县、将小国旧都改建为县、将边境别都改建为县①。淮水上游的巢、钟离诸县就是楚在伐灭或征服淮夷诸国族的基础上设立的②。楚考烈王元年（前 262）曾赐春申君黄歇淮北十二县③。当时，战略位置显要的楚县多设有县师，兵员多是当地被征服的异族人充当。淮夷人随之成为不分血缘和族属、在法律上享有平等地位的楚民。这种兼容并包的民族政策④，较诸夏以华夏文化为主体对淮夷诸族进行“教化”，可更有效、更迅速地促进楚国境内各族人民的相互认同。

战国时期社会结构发生变化的重要依据之一是编户制的实行。所谓编户，就是将人口编制于户籍之中，这是国家对自己的国民按地区进行划分的一种具体做法，是适应社会氏族组织解体后采取的对于民众新的管理制度。战国时期，各国对户籍的管理都十分严格，所有居民都逃不过户籍的管理。对民众户籍严加管理的目的，很大程度上是为了给国家征派租赋徭役提供保障，因为这些征派都必须依据户籍。由于户籍制度的实行，每一家庭都成了国家的编户，每个居民都成了编户之民。编户制的实质，是使广大编户民的人身

① 杨宽：《春秋时代楚国县制的性质问题》，《中国史研究》1981 年第 4 期。

② 殷崇浩：《春秋楚县略论》，《江汉论坛》1980 年第 4 期。

③ 司马迁：《史记》卷七八《春申君列传》，中华书局 1959 年版，第 2394 页。

④ 徐少华：《周代南土历史地理与文化》，武汉大学出版社 1994 年版，第 305—306 页。

依附于封建专制主义国家。而从社会发展史的角度看，我们仍应承认编户制在当时历史条件下对于组织社会人群所起过的重要作用，在宗族社会及因宗法制形成的社会各阶层人们的身份印记被消除以后，这种国家与众民结成的特殊关系是历史的唯一选择①。

秦献公十年，实行“为户籍相伍”的措施，打散了国野制的区分，把个体小农按五家为一伍的编制，编入国家的户籍，使所有的人都成了国家的“民”，即所称的“编户齐民”。编入国家的户籍，加强了封建国家对劳动人民的控制。“齐民”即所有的百姓，在法律面前都是地位平等的（即“齐”）。“秦并六国，其淮泗夷皆散为民户。”②汉代封建国家则直接控制平民。两汉对百姓的管理，实行编户制度。为保证赋役制度的实行，汉代政府实行极严密的户籍制度。规定凡政府控制的户口都必须按姓名、年龄、籍贯、身份、相貌、财富情况等项目一一载入户籍，被正式编入政府户籍的平民百姓，称为“编户齐民”。编户齐民具有独立的身份，依据资产多少承担国家的赋税和徭役、兵役。 秦汉时期国家控制人民的方式虽从血缘转为地缘，基层百姓组织仍有浓厚的血缘性质，可通过郡县乡里行政系统的运作，参与全国人力的调配和役使，百姓身份由不齐到齐，法律身份一律平等③。

上述可知，经夏、商、周三代的冲突与融合和春秋战国的社会巨变，通过秦汉的社会治理，淮夷人逐步实现了向华夏和国家认同身份的转变。西周时期海岱区大多数淮夷族以不同的途径融入齐鲁文化圈。春秋时期，以徐国、群舒为代表的淮夷国族，发展了相对独立于大国之林的徐舒文化圈。战国时期，楚文化浪潮席卷淮夷故地。秦汉时期，作为中国上古文明重要源头之一的淮夷文化融于秦汉帝国的文明巨流之中。

---

① 沈长云、杨善群：《战国史与战国文明》，上海科学技术文献出版社 2012 年版，第 88—90 页。

② 范晔：《后汉书》卷八五《东夷列传》，中华书局 1965 年版，第 2809 页。

③ 杜正胜：《编户齐民——传统政治社会结构之形成》，联经出版社事业公司 1990 年版，第 32—33 页。

第四章
水利开发与利用

淮河流域早在春秋时期就有了水利开发的历史，而且还取得了很大的成就。楚庄王时，孙叔敖利用淮河发展水利，取得了很大的成绩。孙叔敖在今霍邱县东北、沣河下游兴筑了大业陂，俗称水门塘，周 10 公里；在寿县南淠水、淠水间创筑了芍陂，吐纳川流，灌田四万顷（又说万顷）。哀公九年（前486）吴王夫差于今扬州城下开挖邗江，沟通江淮。邗沟连同后来修建的菏水、鸿沟运河有力地证明了淮河流域水利开发历史之悠久、成就之斐然，在中国运河史、华夏文明发展史上具有极其重要的地位。

第一节　治淮传说和早期水利开发

一、大禹治水的传说

早在传说时代，淮河流域就有了治水的传说，较著名的就有大禹导淮、伯益作井等。这些治水传说，反映了淮河流域的先民们在早期氏族社会与大自然作斗争的顽强精神。他们的治水功绩和艰苦奋斗的可贵品质，一直为后人传颂，如传说时期的大禹，在今天仍然被称为治水英雄。淮河水为两岸人民提供了源源不断的水源，哺育着一代又一代的淮河人民。但是，如果遇到洪水暴发、河水横流，又会给先民们带来巨大的灾难。为了充分开发利用这里河流纵横、湖泊珠连水资源丰富的自然环境，先秦时期的沿淮人民在这块土地上苦心经营，修建了很多彪炳史册的水利工程，为我国古代的经济和文化发展作出了卓越的贡献。

中华民族拥有十分丰富的神话，不论是创世神话还是洪水神话、战争神话、英雄神话，都具有无穷的魅力和永恒的活力。同时，“神话”这两个字很能让人联想到“神话人物”“神话故事”。谈到人类历史的起源，我们所能知晓的东西，有相当一部分是来自神话传说的。我们知道，神话传说不等于历史，但对历史“起源”的探讨无法离开神话传说。人们如果想了解中国历史，那么最有探索空间的便是上古史。钱穆先生曾说：“近代对上古史之探索，可分两种途径说：一，史前遗物之发掘；二，传说神话之审定。”翦伯赞先生在《中国史纲要》中说：“我国古代文献中保存着丰富的历史传说，用这些传说也可以勾画出中国原始社会的简单面貌。”

大禹作为上古的圣王，在传说时代具有很高的威信及统治地位。值得一提的是，大禹首先是作为传说人物登上历史舞台的，这开启了后世民族信仰崇拜的先河。上古时期神人不分，有很多历史人物亦人亦神，难以分辨。

《尚书・禹贡》记载大禹“导淮自桐柏，东会于泗沂，东入于海”①，而且他还在涂山的南麓与诸侯相会，并娶涂山氏之女为妻。在今涂山一带，仍有“望夫石”的天然石像。大禹作为民族英雄，对中华文化的形成产生了重要的影响，尤其是他不畏艰险与洪水作斗争的顽强精神，鼓舞着一代又一代的治水人。

远古时期大禹治水的传说，反映了先民们在原始氏族社会阶段与恶劣的自然环境展开了顽强的斗争。以大禹为代表的远古先民们不畏艰险、艰苦奋斗，书写了光辉灿烂的早期中华文明史，这些彪炳史册的事迹一直为后世所传颂。

1. 治水缘起

传说中的尧、舜、禹时代，距今约 4000 年，已是父系氏族的末期阶段，正处在原始社会向奴隶社会的过渡阶段。当时的中华大地上接连不断地发生了大型洪水，一些文献记载了这一气候恶化事件。《墨子・非攻下》记载：“昔者有三苗大乱，天命殛之。日妖宵出，雨血三朝，龙生庙，大哭乎市，夏冰，地坼及泉，五谷变化，民乃大振……禹既已克有三苗，焉磨为山川，别物上下，卿制大极，而神民不违，天下乃静。”古本《竹书纪年》记载：“三苗将亡，天雨血，夏有冰，地坼及泉，青龙生于庙，日夜出，昼日不出。”“夏冰”“地

① 李民、王健：《尚书译注》，上海古籍出版社 2004 年版，第 78 页。

坼及泉”“日夜出”等现象无不表明禹伐三苗时，气候出现异常，人民生活在水深火热之中。《尚书·尧典》也说：“汤汤洪水方割，荡荡怀山襄陵，浩浩滔天，下民其咨。”《孟子·滕文公上》也记载了这一极端恶劣的天气，“洪水横流，泛滥于天下”。《庄子·秋水》云：“禹之时，十年九潦……汤之时，八年七旱。”《淮南子·齐俗训》也有“禹之时，天下大雨，禹令民聚土积薪，择丘陵而处之”的记载。为了防止洪水继续为害，传说尧便召集氏族部落举行会议，商讨了如何治水以及治水的人选问题。四岳部落首领都举荐鲧担任治水的任务，鲧便披荆斩棘开始治水。据《尚书·洪范》记载，鲧在治水中因循守旧，采取“壅防百川，堕高堙庳”的传统方法——即堵的方法，结果只能任凭洪水肆流不止，广大人民苦不堪言。鲧的这种“堵”的方法是从共工氏那里沿袭下来的。《国语·周语》记载：“有崇伯鲧……称遂共工之过。”[①]鲧所采用的方法，是把高的地方铲平，把低的地方填高。鲧采用“作城”“堙洪水”（亦即在城邑、村落附近修筑土坝）之法对付小规模洪水效果可能明显，但是相对于4000年前出现的这种大规模洪水来说，只能是无济于事。所以“九载绩用弗成”，治理了九年都没能成功，被舜“殛之于羽山”，流放于羽山脚下。

接着，鲧的儿子禹继续治理泛滥的洪水。大禹在治水过程中得到了很多部落首领的帮助，主要有后稷、皋陶、伯益等。他反复思考其父治水未能成功的原因，遂采取了“高高下下，疏川导滞，钟水丰物”的办法——疏导。经过分析，禹认为治水要从源头开始。《尚书·禹贡》“导河积石”，记录的就是大禹从洪水源头积石山开始治水的历史。先秦典籍《国语·周语下》记载了大禹治水的策略和方法，“封崇九山，决汩九川，陂障九泽，丰殖九薮，汩越九源，宅居九隩，合通四海”。“封崇九山”意思是去除阻塞河流前进的障碍，使河流畅通；“决汩九川”，是说要让河流顺着自然地势流向大海。《孟子·离娄下》也说：“禹之治水也，行其所无事也。”是说大禹把河流加宽、挖深，使得“水由地中行”，水有所归，就不会再成为祸患。值得一提的是，大禹还充分利用开挖的湖泊“丰殖九薮”，在陆地上种植五谷等农作物，在水里便蓄养鱼虾。据考古发掘及学者考证，在大禹治水的地方还发现了舟楫等遗存。此外，大禹每走到一处便“左准绳，右规矩”“行山表木，

① 左丘明著，韦昭注，胡文波校点：《国语》，上海古籍出版社2015年版，第66页。

定高山大川”——用原始测量工具在木头上刻画尺度作为测量的标杆。这种治水技术的进步，反映了我国劳动人民与洪水作斗争的顽强奋斗精神，代表了先秦时期治理水患的新成就。他的这套治水方法，是劳动人民从长期与洪水斗争的实践中总结出来的。大禹不仅根治了水患，也为部落居民的生产生活创造了条件。

2. 治水的主要范围及成就

史料记载，大禹治水的活动区域不仅仅局限在黄河下游地区。据学者考证，大禹治水的重点区域在兖州。《尚书·禹贡》记载：“禹敷土，随山刊木，奠高山大川。”[①] 在原始氏族社会时期，生产力落后，“禹治洪水，遍及九州”是不可能的。《史记·殷本纪》记载：“古禹、皋陶久劳于外……东为江，北为济，西为河，南为淮，四渎已修，万民乃有居。”《孟子》《墨子》等典籍中也讲到大禹在治水过程中曾经治理过淮河及其支流汝水、泗水等。据曹定云先生考证，大禹治水的重点区域是黄河中下游，尤其是黄河下游的兖州一带。而且，徐旭生先生也持这一观点。

不仅如此，《孟子·滕文公上》还记载“禹疏九河”。据《尔雅·释水》我们得知，“九河”是“徒骇、太史、马颊、覆釜、胡苏、简、絜、钩盘、鬲津”[②]。“九河”现在何处，我们无从知晓，但是郑玄在注解中说：“合河间弓高以东，至平原鬲津，往往有其遗处。”汉代许商在《汉书·沟洫志》说：“古说九河之名，有徒骇、胡苏、鬲津，今见在成平、东光、鬲界中。自鬲以北至徒骇间，相去二百余里，今河虽数移徙，不离此域。”[③] 我们据此得知，这些地方都处在《禹贡》描述的兖州范围内。《禹贡》又说：“浮于济漯，达于河。”据此我们得知，济水、漯水是大禹治理的两条主要河流。济水源自河南济源市，地处黄河北岸，流经河南、山东两省；漯水源自舞阳县，在高唐县与河水汇合，并在乐安、千乘入海。因此，我们似乎也可以说大禹治理的范围大都在《禹贡》描述的兖州境内。

所以，无论是“疏九河”还是“浮济漯”，都在黄河下游区域，亦即今

---

① 李民、王健：《尚书译注》，上海古籍出版社 2004 年版，第 54 页。

② 胡奇光、方环海：《尔雅译注》，上海古籍出版社 2012 年版，第 266 页。

③ 周魁一：《二十五史河渠志注释》，中国书店 1990 年版，第 28 页。

河北东南（古黄河以东）、山东西北，恰是《禹贡》描述的古之兖州。

3. 大禹治水真假辨

提到大禹治水，学者多认为只是神话传说，不可作为信史对待。即便认同也坚持大禹仅是小范围、局部治水的立场。随着考古发掘及出土文物的不断涌现，越来越多的证据表明大禹治水不是神话传说，而是确有其事。近些年来，有些学者已经明确指出大禹治水是信史，如沈长云的《论禹治洪水真相兼论夏史研究诸问题》、李亚光的《大禹治水是中华文明的曙光》、李岩的《大禹治水与中国国家起源》等文。此外，有学者从自然科学的角度来阐释大禹治水。如吴文祥、葛全胜的《夏朝前夕洪水发生的可能性及大禹治水真相》，这篇文章根据文献学、考古学、天文学等多学科交叉研究的成果，得出夏朝建立前的史前时期确实发生过特大洪水的重要结论。王绍武、黄建斌的《全新世中期的旱涝变化与中华古文明的进程》分析了洪水与干旱对中华文明的影响，而且还分析了大禹治水成功的关键在于这一时期气候逐渐干旱，“夏朝建立的基础就是‘大禹治水’，而气候干旱可能对‘治水’成功产生了影响”。周述椿《四千年前黄河北流改道与鲧禹治水考》提出黄河改道有一定的规律性，而且认为 4000 年前黄河北流改道时期恰逢鲧禹治水。这类文章还有崔建新、周尚哲的《4000 年前中国洪水与文化的探讨》、王清的《大禹治水的地理背景》、谌中和的《洪水、古城与中国文明的起源——兼与王巍先生商榷》、袁广阔《孟庄龙山文化遗存研究》等。一些学者从考古学的角度对大禹传说进行了阐释和还原，如杜金鹏先生的《试论夏商之际的民族迁徙与融合——关于九州“禹迹”的考古学研究》《关于“越为禹后说”的考古学探析》等论文。杜先生充分利用考古新成就，对“禹迹”进行了深入的研究，考证出了大禹治水的历史遗存，并且还以大禹治水为线索分析了民族迁徙与融合之间的关系。叶文宪先生《“禹娶涂山”的考古学考察》一文，根据涂山脚下新出土的文物考辨了大禹娶涂山氏这一历史事件。邵望平先生《禹贡九州的考古学研究》在学术界产生了很大的影响——该文“把中国史前文化分成若干个文化圈，以这些文化圈与《禹贡》讲的九州逐一对比。从对比的结果可以看出《禹贡》九州绝不是想象杜撰，而是有着深刻的历史背景的”。

此外，还有一些学者从其他方面对大禹进行了研究，如赵逵夫先生认为："禹是在总结吸收了他们（共工、鲧）经验的基础上，以疏导为主，采用防堵、疏导、钟聚相结合的办法，在治理黄河中下游及部分支流的巨大工程中，创造了辉煌的业绩。"[①] 范毓周先生在《中原文化在中国文明形成进程中的地位与作用》一文中指出："龙山时代晚期发生的洪水侵袭及'大禹治水'的历史事件，不仅解决了当时面临的水灾问题，而且加速了各部族间的联盟与融合，强化了中原集团的领导地位。"[②] 从以上学者的研究成果我们可以得知，大禹治水不仅在历史上真实存在过，而且大禹治水还真的成功了。

4."禹生石纽"传说

治水成功、定鼎九州、开启夏朝的大禹，足迹遍布黄河、长江流域，全国各地有很多大禹遗迹。四川汶川、北川一带的龙门山，传说是大禹的出生地，还有一段"禹生石纽"的传说。20 世纪上半叶罗香林先生的《夏民族发祥于岷江流域说》、姜蕴刚先生的《治水及其人物》、陈志良先生的《禹与四川的关系》、林民均先生的《四川治水者与水神》均提出夏民族源于四川一带。李学勤先生又在《走出疑古时代》（修订本）中重申了这一观点："它（夏民族源于四川）反映着古代的历史实际……有着相当深远的历史背景。"此后，这一主张被越来越多的学者所接受，尤其是四川一带的学者。他们从历史文献、考古资料、民风民俗、神话传说等出发，认为大禹文化与古羌族、巴蜀文化有着一衣带水的关系。

我们知道，在古代社会"石"往往被赋予多产的象征。"禹生石纽"的传说反映了中华民族早期民间信仰的宗教学意义。在原始宗教信仰中，持久、威武、高大的物品本身就是一种神秘的象征，石头恰好代表了这种象征。文献中有很多石头崇拜的记载，如女娲补天、木石前盟等。而且，这也跟中国的玉崇拜息息相关，"玉，石之美者也"。《尚书·禹贡》在描写九州风俗特产时写到，"海、岱惟青州……岱畎丝、枲、铅、松、怪石"。《山海经》里同样记述了大量的奇特怪异之石：美石、奇石、采石、文石、泰山玉石、乐石、蚨石、冷石等，此外还记录了各地的山神。实证资料是洛阳二里头夏都考古

① 赵逵夫：《从〈天问〉看共工、鲧、禹治水及其对中华文明的贡献》，《社会科学战线》2001 年第 1 期。
② 范毓周：《中原文化在中国文明形成进程中的地位与作用》，《郑州大学学报》2006 年第 2 期。

出土的各种石器，尤以镶嵌绿松石铜牌、绿松石龙闻名于世。因此有学者说，正是因为石头在人们生活中随处可见，再加上原始时代信仰“万物有灵论”，石头便被先民们赋予人格化，从而具有了生殖繁育能力。

所以，杨栋先生认为，“‘禹生于石’传说是以丰富的民俗文化和宗教意义为基础的传说，是原生态的神话，具有原型意义”①。大禹经过千辛万苦的努力，终于把洪水给控制住了。大禹治水在中华民族发展史上具有极其重要的地位，不仅为先民们的生活提供了安身立命之所，还间接地加强了各民族之间的交流和往来，为中华民族的形成奠定了坚实的基础。大禹留给我们的不仅是其治水的丰功伟绩，更多的是他身上承载和凝聚的许多中华民族的优秀品质。这些可贵、优秀的品质，激励了一代又一代治水人在与洪水作斗争时不怕困难、奋勇当先，因而取得了极大的成就，在世界水利史上也具有很高的地位。

5.“娶于涂山”

禹娶涂山氏、合诸侯之事多见于战国秦汉以后的典籍，如《尚书》《左传》《国语》《楚辞》《吕览》《史记》《吴越春秋》等。关于大禹“娶于涂山”一事，众说纷纭，莫衷一是。《尚书·益稷》载：“（禹）娶于涂山，辛、壬、癸、甲。启呱呱而泣，予弗子，惟荒度土功。”这里记载了大禹在治理洪水时，途径涂山娶妻生子的事件。《国语·鲁语下》记载了孔子与吴国宾客就大禹之事的问答：“仲尼曰：‘丘闻之，昔禹致群神于会稽之山，防风氏后至，禹杀而戮之。’”《楚辞·天问》载：“禹之力献功，降省下土四方，焉得彼涂山女，而通之于台桑？闵妃匹合，厥身是继，胡维嗜不同味，而快鼌饱？”这是说大禹在治水时得到了一位涂山女，并且在台桑这个地方结成了夫妇。《韩非子·饰邪》载：“禹朝诸侯之君会稽之上，防风之君后至，而禹斩之。”以上先秦诸文献均记载了大禹娶于涂山，可见不仅仅是传说。而《吕氏春秋·音初》记载则更为详细：

> 禹行功，见涂山之女；禹未之遇，而巡省南土。涂山氏之女乃令其妾候禹于涂山之阳。女乃作歌，歌曰：“候人兮猗。”实始作为南音。

① 杨栋：《“禹生石纽”传说的文化阐释》，《中原文化研究》2015年第5期。

周公及召公取风焉，以为《周南》《召南》。

这里记载了大禹因为治水的缘故，走到了淮河流域的涂山一带，在此遇到了涂山氏之女并且与之结婚、生子。此外，在这里还诞生了中国最早的歌曲“南音”。大禹“娶于涂山”，历代不绝于书。

1975年12月在湖北省云梦县睡虎地秦墓中出土了大量竹简，这些出土秦简中有类似的记载，如《睡地虎秦简〈日书〉甲种·吏》载：“禹以娶涂山之女日也，不弃，必以子死。”

《世本·帝系》中认为大禹不仅娶了涂山氏之女，还给她取名女娇、攸女，“禹纳涂山氏女，曰女娇，是为攸女”。

《大戴礼记·帝系》也坚持此说：“禹娶涂山氏之子，谓之女憍氏。”《连山》记载涂山氏的女儿叫攸女：“禹娶涂山氏之子，名曰攸女，生余是也。”

《史记·夏本纪》记载了大禹结婚、生子的时间，“禹曰：予辛壬娶涂山，癸甲生启，予不子，以故能成水土功。”《史记·外戚世家》也说“夏之兴以涂山”。

《吴越春秋·越王无余列传》记载大禹婚后有了孩子启：“禹因娶涂山，谓之女娇。取辛壬癸甲，禹行。十月，女娇生子启。”

《列女传·母仪》曰：“启母者，涂山氏长女也，夏禹娶以为妃，既生启。”《太平御览》交代了大禹结婚时候的年龄以及结婚生子的原因：“禹年三十未娶，行涂山，恐时暮失制，乃娶涂山女。”

《姒氏世谱》也坚持此说：“封禹于夏，赐姓姒氏。娶涂山氏女娇，历辛、壬、癸、甲四日，即往治水。”

此外，成书于北魏时期的《水经注·淮水》在征引《吕氏春秋》时候，也有相关记载：“禹娶涂山氏之女，不以私害公，自辛至甲四日，复往治水，故江淮之俗以辛、壬、癸、甲为嫁娶日也。”

由此可见，大禹娶于涂山不仅在先秦时期广泛流传，郦道元生活的时期也是为人所周知。《清一统志》引《怀远县志》云“涂山，在县东南八里，淮河东岸，亦名当涂山。（涂山）周四十六里，高三百十三丈”，与杜预所谓“在寿春东北”相吻合。涂山，位于今安徽省怀远县东南部，在怀远县城关镇东南 3.5 公里，地处淮河东岸，与荆山隔河相对。此外，涂山南部至今还存有夏禹庙、涂君祀，亦有庙铭存焉。魏晋时期的常璩、庾信也曾有禹“娶于涂山”的言论。

近年来，关于大禹“娶于涂山”的原因及意义，学者们做了深入的探讨。比较有代表意义的是董其祥先生的《涂山新考》①。董先生在文中指出，夏族是农业部族，禹是该部族的首领，“禹娶于涂山氏”，说明夏族与涂山氏是互为婚姻的氏族共同体。董先生指出，原始社会末期的婚姻制度是偶婚制，两个互通婚姻的氏族比较牢固地结合成婚姻关系——这就是“禹娶涂山”的历史意义。叶文宪先生在《“禹娶涂山”的考古学观察》②则认为，“夏人与淮夷联姻结盟就成为一种遏制商人与东夷的极有价值的战略，这也许就是‘禹娶涂山’的根本原因”。彭邦本先生《禹娶涂山新探》③认为，华夏集团在与南方三苗集团的长期斗争中，注意到了同东夷部族的关系，才是禹娶涂山的深刻的政治联姻背景。

大禹是中国古史传说中一位伟大的人物，成功治理了水患，为中华民族的生存和发展奠定了基础。

二、水利的早期开发与利用

自从大禹成功地治理了水患，淮河流域便得到了长足的发展。由于该流域河网密布，水量充沛，农业发展取得了很大的进步，人们也逐步摆脱了逐水草而居的生活。先民们逐水而居，人类社会的早期文明也多孕育于河流沿岸，水资源对人类历史的发展具有举足轻重的地位。纵观世界四大文明古国，其发展都离不开河流：古中国文明孕育在黄河、长江流域；古巴比伦文明孕育在两河流域；古埃及文明孕育于尼罗河流域；古印度文明孕育于印度河、恒河流域。前文述及，淮河流域早在远古时期就出现了人类活动，先民们充分利用该流域水资源丰富的自然条件，因地制宜发展了芍陂、邗沟等灌溉和

① 董其祥：《涂山新考》，《重庆师范学院学报》1982 年第 2 期。

② 叶文宪：《“禹娶涂山”的考古学观察》，《中原文物》2002 年第 4 期。

③ 彭邦本：《禹娶涂山新探》，《西南民族大学学报（人文社科版）》2004 年第 5 期。

航运工程，对发展农业生产、开发水利事业产生了巨大的促进作用。淮河流域的水利工程比巴蜀大地的都江堰、关中平原的郑国渠早了 300 多年。

（一）伯益凿井

1. 伯益其人

伯益最突出的贡献就是辅佐大禹平治水土，其事迹在《史记》之《夏本纪》《秦本纪》等文献中均有记载，伯益辅佐大禹治水十三年，足迹遍布许多地方。大禹治水确为我国古代一件辉煌的史实，是古代劳动人民战胜大自然的壮举。水井是开拓远古人类居住、饮食生活的重要条件，传说东夷族的伯益是远古人工凿井的发明者。《国语·郑语》："少昊之后伯益也。"《史记》记载，伯益是五帝中颛顼的后人，嬴姓的祖先："孝王曰：'昔伯益为舜主畜，畜多息，故有土，赐姓嬴。'"又："太史公曰：'秦之先伯益，尝有勋于唐虞之际，受土赐姓。及殷夏之间微散。至周之衰，秦兴，邑于西垂。自缪公以来，稍蚕食诸侯，竟成始皇。'"东汉王充《论衡》卷一《逢遇》记载："禹王天下，伯益辅治，伯成子高委位而耕。"清中叶姚东升辑录的《释神》载，"（伯益）名隤鼓"。周明先生考证，伯益是传说时代大禹的臣子，而且北魏郦道元《水经注》在注释"洛水"条时征引了《百虫将军显灵碑》——"（伯益）将军姓伊氏，讳益，字隤鼓，帝高阳之第二子伯益也。"成书于南朝的《古今乐录》曰："《伯益》，言赤乌衔书，有周以兴，今圣皇受命，神雀来也。"伯益，亦称作伯翳、柏翳、柏益、伯鹥，又称大费、伊氏，字隤鼓。据此可知，伯益是上古时期跟随大禹治水的良臣，而且他还深谙治水之道，被舜帝赐姓嬴。此外，伯益还辅佐了舜、禹职掌了山川，深受百姓爱戴。南宋郭茂倩的《乐府诗集·鼓吹曲辞》记载了晋代傅玄辑录的《晋鼓吹曲二十二首·古黄雀行》：

伯益佐舜禹，职掌山与川。德侔十六相，思心入无间。智理周万物，下知众鸟言。黄雀应清化，翔集何翩翩。和鸣栖庭树，徘徊云日间。夏桀为无道，密网施山河。酷祝振纤网，当奈黄雀何。殷汤崇天德，去其三面罗。逍遥群飞来，鸣声乃复和。朱雀作南宿，凤皇统羽群。赤乌衔书至，天命瑞周文。神雀今来游，为我受命君。嘉祥致天和，膏泽降青云。

兰风发芳气，阖世同其芬。[①]

伯益不仅在治水方面取得了很大的成绩，而且在种植、政治、教育上也卓有建树。首先，伯益根据被洪水侵袭地方地势低洼的特点，教民众种植稻谷，促进了农业的发展。因此，当禹在平定洪水后，帝舜赏赐伯益以皂游，还将自己家族的女子许配给伯益。《尚书·尧典》记载，伯益曾经做了舜虞官，“帝曰：‘畴若予上下草木鸟兽？’佥曰：‘益哉！’……汝（伯益）作朕虞，益拜稽首”。伯益遂掌管山泽，繁育鸟兽。而伯益的后人，包括费昌、仲衍、造父、处父辈以长于训鸟兽而闻名于世。其次，伯益在政治上也很有建树。他曾经告诫大禹要有前瞻意识，要有未雨绸缪的准备来处理国家大事；不能违反法则；不能过度游乐享受，不可违反民意去满足自己的欲望。他强调治国理政要胸怀天下，不可懈怠荒废政事，还提出了选贤任能、除奸去邪的建议。第三，伯益在处理民族矛盾方面也表现出了远见卓识。帝舜之时，三苗族离心背德搞分裂活动，舜便委派大禹前去武力镇压，三苗诸族奋力抵抗，大禹未能成功。随行的伯益建议恩威并施、德武相济，大禹接受了这一建议。后来，大禹撤退了军队，在三苗之地推行文德之制，三苗诸族受到教化，终于归顺。此外，相传伯益还是我国古代地理名著《山海经》的作者。《吴越春秋》卷六云：“（禹）遂巡行四渎，与益、夔共谋，行至名山大泽，召其神而问之山川脉理、金玉所有、鸟兽昆虫之类，及八方之民俗、殊国异域、土地里数。使益疏而计之，故名之曰《山海经》。”[②]

2. 伯益凿井

新石器初期，原始农业处在“刀耕火种”的初始阶段，“古者民茹草饮水，采树林之食，食蠃蚌之肉”，不懂耕耘、靠天吃饭。由于耕作技术极为粗放，粮食产量不但长期低下难以满足人民需求，而且更为严重的是这样的耕种方式很快就把土地的肥力破坏殆尽了，只能另外寻找土地。这种落后的生产方式不可能形成长期的定居生活，只能逐水草而居。《淮南子·修务训》中讲了神农氏为先民寻找水源、食物的记载：“时多疾病毒伤之害，于是神农氏

① 赵光勇、王建域：《〈傅子〉〈傅玄集〉辑注》，陕西师范大学出版2014年版，第363页。
② 赵晔著，张觉译注：《吴越春秋全译》，贵州人民出版社2008年版，第179页。

乃始教民播种五谷，相土地宜燥湿肥硗高下，尝百草之滋味，水泉之甘苦，令民知所避就。”当时追逐水源主要是为了解决人们的用水问题，还没有发展到引水灌溉农田。当原始农业进入“锄耕”阶段以后，人们逐渐学会了翻土整地，出现了磨制精致的石铲、石锄、骨耒等相对先进的农业生产工具，这就为长期的村落定居提供了可能。

据学者考证，我国是世界上发明水井最早的地区，文明古国埃及在新王国二十王朝（前1206—前1070）时期，还未有水井的记载；两河流域底格里斯河中游地区的亚述城邦国家，利用水井也是公元前2000年以后的事情；古代印度有水井的记载更是公元前324年至前185年的孔雀王朝时期。由此可见，我国开发利用水井时间之悠久。据贾兵强先生考证，仅河南地区出现的先秦时期古代水井已经达到104处——新石器时代水井遗迹13处；青铜时代水井遗迹40处；铁器时代水井遗迹51处[①]。此外，作者考证出最深的古水井在荥阳的薛村，“最深水井是荥阳薛村18米深的古井”。水井的出现是文明社会的一种表现和重要特征，在一定意义上说，自从有了水井，中华民族真正迈入文明的行列。同时，它还改变了人类生活的进程，促使先民由渔猎为生到从事农业生产、饲养家畜、纺织与制陶，从而出现了早期人类农业文明的曙光。马世之先生在《史前文化研究》一书中专门论述了水井及其对中华民族发展的作用：“它解除了人类对江、河、湖泊为日用水源的依赖，从而可以离开狭窄的河谷地带，向平原纵深处转移开拓发展农业生产。”

3. 考古发现

中国的水井最早出现在淮河流域，近年来的考古发掘亦证明了这一点，尤其是中原地区出现的水井群。《淮南子·本经训》载“伯益作井”，《吕氏春秋·勿躬》载“化益作井”，《世本·作篇》亦载“化益作井”。汉代的宋衷在《世本》注里解释道：“化益，伯益也。”据学者考证，伯益是上古时期淮河下游夷族部落的首领，曾经与大禹一起共同治理洪灾水患。伯益在跟随大禹治水过程中积累了丰富的土木建筑方面的知识，又在汲取前人取水经验的基础上发明了凿井技术。孟子说：“舜使益掌火，益烈山泽而焚之，禽兽逃匿。”在上古蛮荒时代，有了水井就不用再长途跋涉去远离河流的地

① 贾兵强：《河南先秦水井与中原农业文明变迁》，《华北水利水电大学学报（社会科学版）》2012年第1期。

方焚烧林木、开垦土地，极大地保证了先民们的生命安全，以至于文献记载“伯益作井，而龙登玄云，神栖昆仑”[①]。水井的出现，一方面提供了先民定居所必需的水源，为先民们的定居生活创造了条件；同时也为灌溉农业的发展提供了条件。水井适应了先民们村落定居的需要，因而得到了快速的传播。1983年，在地处郑州的商代遗址中发现了很多水井的遗迹，甚至还出现了大小不一的水井群。1991年在郑州电力学校附近的一次考古发掘中，在一处水井遗迹中发现了刻有“# #”两个符号的骨片[②]。

在郑州商城遗址中，还发现了一些长方形的竖行水井。这些竖行水井井口一般长2—3米、宽1米左右，较深的水井甚至还超过了7米。考古发现，在一些水井周围还有一些陶圈——学者推断，这可能是先民们为了防止井壁四周坍塌而修建的。考古发现的这些水井的结构，均采用了烧制陶器的方法，把烧制好的圆桶瓦圈放在挖好的土井内。难能可贵的是，先民们在安放瓦圈的时候还在井壁空隙处用土夯实——这就使得水井更加结实耐用不易坍塌。在新郑“郑韩故城”李唐庄、阁老坟等处发掘的战国时期文物中，就出土了不少陶圈构件券筑的陶圈井，这些井的形状皆为口径大而底座相对较小的圆筒形。据发掘报告得知，一号水井的口径为83厘米，底径为60厘米，圈厚为2—3厘米，圈高31厘米，共券筑了7节。井圈四周皆为泥质灰陶，圈内是典型的螺旋纹，圈外装饰绳纹。值得注意的是，在陶圈水井旁边还发现了陶质的水管，其形制为一端粗一端细的圆筒形，而且还带有子母榫口，使用时节节相连，子榫扣接母榫，构成许多节输水管道。这种管道，可能是用作灌溉园圃和农田的专门特制的输水涵管。

此外，在河南临汝中山寨遗址中还发现了一座战国时期的水井[③]。该井自耕土下开口，口径约1.3米，上下基本直壁。考古工作者在发掘至将近5米的时候，便发现了地下水的痕迹。这口水井的发现，不但证明了战国时期先民凿井技术的提高，而且还说明了当时地下水位是相当浅的、地下水是很丰富的。此外，考古工作者通过进一步研究发现，该水井还是一个多文化累积

① 刘安：《淮南子》，岳麓书社2015年版，第64页。

② 中国考古学年鉴编辑委员会：《中国考古学年鉴（1991）》，文物出版社1992年版。

③ 中国社会科学院考古研究所河南一队：《河南临汝中山寨遗址试掘》，《考古》1986年第7期。

型遗址——该井出土了除战国时期盆罐、豆把等残片外，还有仰韶文化陶片、石磨盘、石刀等。

另外，根据考古发现可以得知商代的水井群大都分布在居住区，手工业区也有少量分布。值得一提的是，在农田里也发现了少量的水井。所以，上述中原地区水井遗迹发现，可以视为商代井水灌田的萌芽。张帆先生在《安徽大农业史述要》中这样评价伯益的成就："伯益凿井技术的发明，对人类的进步实在是一个伟大的贡献，其影响比禹治水更为深远。"

（二）沟洫

中国是农业大国，农业在中华民族的形成发展中具有极其重要的地位。万物生长、发展都离不开水，所以农田灌溉在农业生产中就起着极为重要的作用。劳动人民在征服农田水旱灾害的斗争中逐渐创造、发展了农田水利工程，并在封建土地所有制代替奴隶井田制的过程中，进一步由引水沟洫发展成为较大型的渠系工程。

农业的发展离不开雨水的滋养，但是自然降水往往不能与农作物的生长相协调。因此，发展农业是离不开灌溉的。文献记载，早在夏商时期先民们便有农田规划的意识了，"笃公刘，既溥既长，既景乃冈。相其阴阳，观其流泉。其军三单，度其隰原。彻田为粮"[①]。这里的"观其流泉"，郑玄注解说，"流泉浸润所及，皆为利民富国"，指的也是引水灌溉。《周礼·考工记》也有记述：

> 匠人为沟洫，耜广五寸，二耜为耦。一耦之伐，广尺、深尺谓之甽，田首倍之，广二尺、深二尺谓之遂。九夫为井，井间广四尺、深四尺谓之沟。方十里为成，成间广八尺、深八尺谓之洫。方百里为同，同间广二寻、深二仞谓之浍，专达于川。[②]

《中国水利史稿》在分析浍、洫、沟、遂、甽时认为："沟"的作用是引水、

① 程俊英：《诗经译注》，上海古籍出版社 2004 年版，第 448 页。
② 吕友仁：《周礼译注》，中州古籍出版社 2004 年版，第 619 页。

输水；“遂”的作用是“均”水；“洫”的作用则是停蓄灌溉水的田间垄沟，即所谓“施舍”“施灌”的意思；“浍”则是起排泄余水的作用。而“专达于川”则是渠道与河流相接，从河中取水或排水入河的意思。据此可知，早在西周时期推行的井田制上，就已经出现了灌溉渠道，甚至还有排水的管道——形成了灌排相结合的初级农田灌溉系统。

从大禹治水、伯益凿井可以清楚地看到，中国古代的农业生产向平原低地过渡的趋势。先秦时期发展的这些水利设施，使农业生产获得了充足的水源，对提高粮食产量、发展农业起了重要的促进作用。文献记载，此时的沟洫水利又与井田制相结合，逐渐形成了井田沟洫系统。沟洫，是中国古代对农田排水沟道系统的统称。文献记载，早在西周时期，农业生产实行井田制时就有了比较完备的排水系统——小的排水沟称为“沟”，大的称为“洫”，后来便统称为“沟洫”。《周礼·地官·遂人》记载：“十夫有沟……百夫有洫。”可见，灌溉面积大的称为洫，灌溉面积小的称为沟。

《世本》曾说：“汤旱，伊尹教民田头凿井以灌田。”《氾胜之书》也说“汤有旱灾，伊尹作为区田，教民粪种，负水浇稼”。从考古资料看，河南省郑州市东里路遗址、郑州市电力学校遗址的相继发掘，证明商代已经利用井水来灌溉农田是完全有可能的。

农田沟洫系统的存在是夏、商、西周时期农业发展的显著特点之一。上古时期，在中华大地广泛分布着森林、草原等植被，同时水网密布、河流纵横。这种自然景观，在《诗经》《楚辞》《淮南子》等先秦典籍中都有记载。在原始农业初期，先民们大多选择在山前地带开垦耕地——既便于耕种劳作，又方便采集和狩猎。随着生态环境的改变，先民们逐渐向平原的台地迁徙，以求寻找更多更好的农耕地和猎物。到了夏、商、西周时期，为了进一步扩大农业耕种面积、提高农业产量，先民们便开始较大规模地对平原低洼地进行开垦。因淮河流域一带当时夏秋两季多暴雨，而且地势较为平坦，所以河流很容易泛滥成灾。因此，防洪排涝就成为垦田植谷的前提。在古史传说中，自黄帝至尧、舜、禹时代，洪水泛滥成灾，不仅影响到了先民们的生活，也影响到了对低地农业的开发利用。上文讲到的大禹治水传说，正是中国上古时代先民为发展低地农业而与洪涝灾害作斗争的集中写照。《尚书·益稷》

记载，禹“（予）决九川，距四海，浚畎浍距川。暨稷播，奏庶艰食鲜食”。郑玄在注释“浚畎”时指出：“畎浍，田间沟也。”《论语·泰伯》也说：“禹，吾无间然矣！菲饮食而致孝乎鬼神，恶衣服而致美乎黻冕，卑宫室而尽力乎沟洫。”说明大禹治水主要包括两方面的内容：一是疏通河道；二是用沟洫排水。河道疏通以后，洪水便得以排入大海，这就为发展农业巩固了基础。这是巩固和发展低地农业的基础。经过这番整治，出现了“桑土既蚕，降丘宅土”的景象：洪水消退以后，先民们在土地上便可以种植桑树，也可以养蚕了，这不仅是原始农业经济的萌芽，同时也提高了先民们的生活水平；从更长远的意义来看，人们可以从丘陵等较高地带迁徙到陆地平原了。人们来到平地以后，便可以在田野进行垦荒种植。

后来，商代先民便在夏代开垦土地的基础上继续耕种田地，还形成了农田畎亩的规范。畎亩，是古代的一种耕种方法。畎，小沟状，畎田即以开沟的方式实行垄作，一亩地划作三畎三垄。畎的深度皆为一尺，把农作物种在畎内。这样做不仅可以保墒，还可以保护种子不受其他鸟兽的侵害，更提高了农作物的成活率。等到次年的时候，垅与畎的位置相互调换，不仅达到了休耕的目的，还提高了土地的利用效率，使得土地更具肥力。

到了春秋战国时期，连年的诸侯争霸战争破坏了井田制，再加上土地私有制度的出现，农田沟洫制度遭到了严重的破坏，代之而起的是农田水利工程设施的兴建以及灌溉渠塘的开挖。徐善辰、斯维至二位先生认为，这时期的农田水利工程建设有比较显著的特点：“工程规模从中小型突破到大型；工程技术开始从单纯泄洪和灌溉走向防旱、防沙、填淤、洗碱，以至航运等综合利用；水源则从地面水利用发展到地下水的开发；以及因地、因水制宜发展成多种类型水工建设。”

农田沟洫系统的修建，对当时农业的发展产生了重要的影响，而且还促进了农业生产技术的多个方面，成为先秦时期农业的重要特征。不仅如此，沟洫制度的建立对当时的政治制度还产生了影响。从《周礼》等文献记载来看，井田制是与沟洫制度互为表里的。正如张芳先生在《中国农业科技史》一书中所说的：“集体修建和维护农田沟洫系统这种公共经济职能，使建立和维持农业公社组织成为必要。而井田制度正是由农村公社蜕变而来的……把握沟洫制度的形成及其发展，成为历届我国上古农业以至整个社会历史的关键之一。”①

（三）桔槔提水

桔槔，是中国古代较为常用的一种汲水工具。有关桔槔的最早记载见于《墨子·备城门》：“城上之备，渠谵、藉车、行栈、行楼、到、颉皋、连梃、长斧。”禽滑厘向墨子请教如何抵挡外敌进攻，墨子告诉禽滑厘要在城墙上装备桔槔，而且每三尺要准备一台。张毅捷教授推测，这种汲水器具用在军事上，很可能是解决从平地向城墙上运送重物的问题。先秦时期，淮河流域河网密布，降雨量大，先民们经常受到洪水的侵袭，生存环境堪忧。为了维护生存环境，先民们便展开了规模宏大的治水活动。古往今来，水是人类生存和发展的重要资源，没有水人类就无法生存，更别说从事其他社会活动了。水资源尤其是淡水资源的分布是不平衡的，尤其是自然存在状态并不能完全符合人的需要——水利、水害在一定条件下是相互转化的。

中国古代以农业立国，故对水资源的开发利用尤为重视。冀朝鼎先生在《中国历史上的基本经济区与水利事业的发展》一书中根据方志对历史时期的陕西、河南、山西等 15 个省区的治水情况进行统计得出：春秋 6 项，战国 8 项，秦 1 项，汉 56 项，三国 24 项，晋 16 项，南北朝 20 项，隋 27 项，唐 254 项，五代 13 项，北宋 290 项，南宋 543 项，金 24 项，元 390 项，明 2270 项，清 3234 项，共计 7176 项。在这些水利事业中，也有很多与生活用水相关的设施——多为提水机具。我们知道，河水、渠水水位较浅，所以在利用起来相对较为容易，可以用缶、罐、桶等提水；但是相对于那些水位较深的井水而言，则需要借助于桔槔、辘轳等水利设施来提水了。

文献记载，最早的提水工具是瓮——抱瓮汲水。《左传·襄公九年》记载：“具绠缶，备水器。”《淮南子·氾论训》说：“古者剡耜而耕，摩蜃而耨，木钩而樵，抱甀而汲，民劳而利薄。后世为之耒耜耰锄，斧柯而樵，桔皋而汲，民逸而利多焉。”这里讲了先民耕种、取水的一些方法，尤其是文中提到的“桔槔而汲”，对我们研究先民们的生产生活提供了重要的参考。

① 张芳、王思明：《中国农业科技史》，中国农业科学出版社 2011 年版，第 42 页。

桔槔发明于春秋之前，先秦文献如《墨子》《庄子》《周礼》《淮南子》等多有记载。桔槔在汉代已经相当普遍，形制多出现在汉代画像石中[①]。最早的桔槔形象发现于1786年的山东嘉祥武氏祠汉画像砖，朱锡禄先生认为这些画像砖是刻于东汉桓帝末年至灵帝初年（约公元200年）[②]。相似的形象也见于其他文献中，如《农书》《天工开物》。据《水利大辞典》介绍，桔槔俗称“吊杆”。它是一种利用杠杆原理制作的原始提水农具。这种器具是在一根横木上选择一个适当位置作支点，然后再支点位置系一根绳子，将其悬挂在木桩或者树干上，一端用绳子挂水桶，另一端系比较重的物品，使得两端上下运动来汲取井水。桔槔是一种提挈重物或向深井汲水的提水工具。东汉许慎在《说文解字》里说桔槔是一种汲水器具：“桔槔，汲水器也，从木皋声。”王祯在《农书》里面表述的较为详备：“取其俯仰则桔槔，绠短而汲浅……挈水械也。”王祯认为，“桔”就是指树立的木桩，“槔”就是安装在“桔”上可以前后的杠杆。贾兵强先生在《图说治水与中华文明》中认为，古代桔槔的构造运用了杠杆原理——木桶盛满水以后，杠杆的前端由重点变为力点。东汉服虔《通俗文》则强调了桔槔的机械性和灵敏性，“机汲曰桔槔”。《庄子》则记载了较为翔实的桔槔方面的资料：“子贡南游于楚，反于晋，过汉阴，见一丈人方将为圃畦，凿隧而入井，抱瓮而出灌，搰搰然用力甚多而见功寡。子贡曰：‘有械于此，一日浸百畦，用力甚寡而见功多，夫子不欲乎？’为圃者仰而视之曰：‘奈何？’曰：‘凿木为机，后重前轻，挈水若抽，数如泆汤，其名为槔。’为圃者忿然作色而笑曰：‘吾闻之吾师，有机械者必有机事，有机事者必有机心。机心存于胸中，则纯白不备；纯白不备，则神生不定；神生不定者，道之所不载也。吾非不知，羞而不为也。’子贡瞒然惭，俯而不对。”同样的故事还见于西汉刘向的《说苑》。这里不仅讲了桔槔的便捷，还说明了桔槔取水在当时社会的普遍应用。

在古代社会，桔槔对先民们的生活产生了重要的影响，很多诗文都有反映。三国魏人周斐《汝南先贤传》曰：“蔡君仲，井桔槔坏，在母没年命上，忧，不敢治，而扶老生绕之。”在魏晋南北朝这个混乱的时代，桔槔被赋予了新

① 周昕：《中国农具通史》，山东科学技术出版社2010年版，第26页。

② 朱锡禄：《武氏祠汉画像石》，山东美术出版社1986年版，第3—4页。

的含义——兵器。在周访与杜弢作战期间，杜弢竟然用桔槔来攻打周访："帝以（周）访为振武将军、寻阳太守，加鼓吹、曲盖。复命访与诸君共征杜弢。弢作桔槔打官军船舰，访作长岐枨以距之，桔槔不得为害。"[①] 唐代大诗人王维也写有桔槔方面的诗歌如其《辋川闲居》："一从归白社，不复到青门。时倚檐前树，远看原上村。青菰临水拔，白鸟向山翻。寂寞於陵子，桔槔方灌园。"《春园即事》："宿雨乘轻屐，春寒着弊袍。开畦分白水，间柳发红桃。草际成棋局，林端举桔槔。还持鹿皮几，日暮隐蓬蒿。"元稹亦有描写农具桔槔的诗句，如《归田》："陶君三十七，挂绶出都门。我亦今年去，商山淅岸村。冬修方丈室，春种桔槔园。千万人间事，从兹不复言。"不仅如此，还有诗人用赋来歌咏桔槔，如唐朝王契的《桔槔赋》：

> 智者济世以设功，强名之曰桔槔，何朴斫之太简，俾役力兮不劳。作固兮为我之身，临深兮是我之理……郑圃之侧，潘园之旁，沟塍绮错，畎亩相望。带嘉蔬兮映芳草，背古岸而面垂杨。欲建标以取别，能举直而自强。若垂杆兮匪钓，象爟火兮无光。不忘机以弃俗，乃习坎而为常。随用舍而俯仰，应浅深而短长。重泉之水兮不滞，九畹之兰系益芳。虽欲绝学以弃者，其若得存而失亡。歌曰：大道隐兮世人薄，无为守拙空寂寞。老圃之道可行，何耻见机而作。[②]

到了宋代，咏唱桔槔的作品就更多了。如胡寅的《和叔夏田舍三绝》（其二）："作堨辛勤雨更迟，桔槔谁语汉阴知。不嫌机事侵纯白，一日何妨灌百畦。"由此可见，桔槔在后代也是备受人们欢迎的农具。

作为农业工具的桔槔，从发明之日起历经几千年的演变，其原理和结构都没有发生过实质性的变化。桔槔本身具有很明显的优点，它结构简单，形体要求不太严格，更重要的是安装起来很容易。此外，它的应用十分广泛，河、湖、池、塘都可以应用。我国很多地区仍在使用这种工具，尤其是一些比较偏远的地区，现在仍能发现它们的身影。

---

① 房玄龄：《晋书·周访传》，中华书局 1974 年版，第 1579 页。

② 董诰：《全唐文》卷四三三，嘉庆刻本。

（四）火耕水耨

水耨，是盛行于唐宋之前的中国古老的耕种方法。水耨最早出现于《史记·平准书》，“是时山东被河灾，及岁不登数年，人或相食，方一二千里，天子怜之，诏曰：‘江南火耕水耨，令饥民得流就食江淮间，欲留，留处。遣使冠盖相属于道，护之，下巴蜀粟以振之。”裴骃《史记集解》在解释“火耕水耨”时说：“烧草，下水种稻，草与稻并生，高七八寸，因悉芟去，复下水灌之，草死，独稻长，所谓火耕水耨也。”此外，“火耕水耨”还出现在其他文献，现辑录于下：

《史记·货殖列传》：“楚越之地，地广人稀，饭稻羹鱼，或火耕而水耨，果隋蠃蛤，不待贾而足，地艺饶食，无饥馑之患，以故呰窳偷生，无积聚而多贫。是故江淮以南，无冻饿之人，亦无千金之家。”

《汉书·地理志》曰：“江南地广，或火耕水耨，民食鱼稻，以渔猎山伐为业。果蓏蠃蛤，食物长足。”

《盐铁论·通有篇》曰：“伐木而树谷，燔莱而播粟，火耕而水耨，地广而饶财。”

《汉书·武帝纪》曰：“秋九月，诏曰：‘仁不异远，义不辞难，今京师虽未为丰年，山林、池泽之饶，与民共之。今水潦移于江南，迫隆冬至，朕惧其饥寒不活。江南之地，火耕水耨，方下巴蜀之粟致之江陵，遣博士中等分循行，谕告所抵，无令重困。’”

“火耕”，顾名思义就是指在春种之前把稻田上的杂草用火烧掉，用焚烧的秸秆灰作为肥料增强土地肥力的行为。尤其是火耕，本来就是先民们拓荒垦地的基本手段之一：先民们为了获得更多的耕地，仅仅依靠木器、蚌器、石器把杂草丛生的荒原辟成耕地是远远不够的；简单的木器、石器、蚌器不能芟除丛生的杂草，于是便想到了火烧。随着越来越多的荒地被开垦出来，先民们便逐渐停止了放火烧荒的行为。由此可见，火耕最初主要是用来焚烧草木，开辟土地的，后来才逐渐向除草、施肥转变。庄辉明先生在《南朝齐梁史》中认为：“运用火耕方法最多的是水稻种植，通常是在翻耕之前放火烧去上年干枯的稻秆和杂草。”晋代文学家陆云在《答车茂安书》中说：“遏长川以为陂，燔茂草以为田。火耕水种，不烦人力。决泄任意，高下在心。

举锸成云，下钑成雨。既浸既润，随时代序也。”[①] 这里描写的是用火焚烧杂草、开垦土地的场景。庾信在《归田》中说“穿渠移水碓，烧棘起山田”[②]，这里也是用火焚烧山上的杂草，开垦“山田”。《晋书·食货志》引晋初杜预语：“诸欲修水田者，皆以火耕水耨为便，非不尔也，然此事施于新田草莱，与百姓居相绝离者耳。往者东南草创人稀，故得火田之利。自顷户口日增，而陂堨岁决，良田变生蒲苇，人居沮泽之际，水陆失宜，放牧绝种，树木立枯，皆陂之害也。”徐陵亦有“烧田云色暗”“野燎村田黑”之句。所以说，南朝时期仍然把火耕肥田作为农业生产的重要方式。此时烧田的作用，已经不仅仅是开垦荒地，而是除草害、提高土地肥力。直到魏晋南北朝时期，“火耕水耨”仍频繁出现于各种文献之中——这种耕种方式已成为农业的重要内容。

徐喜辰、斯维至两位先生认为，先秦农业耕作制度是一个逐渐发展变化的过程——最早是刀耕火种的“生荒耕作制”，人们用刀石、石斧砍倒树木，然后放火焚烧，既开辟了土地，灰烬又是天然肥料，种植几年后，土地肥力耗尽就另去其他地方垦荒。此外，书中还说：“夏商周时期，熟荒耕作制普及盛行，而且技术上还得到了进一步的发展，有计划地耕种和休闲，地力不像以前那样完全靠自然的过程来恢复。”[③] 这一时期所采取的恢复地力的方法是“肖田”“灌荼”“烧薙行水”。这种熟荒的耕作制度，在《诗经》《尔雅》《周礼》《吕氏春秋》等先秦文献中都有相关记载。《诗经·采芑》记载：“薄言采芑，于彼新田，于此菑亩。”《诗经·臣公》云“嗟嗟保介，维莫之春。亦有何求，如何新畬”，程俊英先生在解释“畬”时说，“新畬，就是指开垦了三年的熟田”。程先生接着说，古时实行轮种，种过的田在休闲几年后再种，故称“新畬”。由此可知，早在周代就有了“轮耕制度”。《尔雅·释地》曰：“田，一岁曰菑，二岁曰新田，三岁曰畬。”这里说明了一块田地有不同的发展阶段：第一年休耕长草，让其逐渐恢复土地肥力；第二年清除草木，再次开垦为田地，所以成为“新田”；第三年继续整治，接着利用这块田地。随着耕种技术的

① 陆云：《陆云集》，《答车茂安书》，中华书局 1988 年，第 175 页。

② 庾信撰，倪璠注：《庾子山集注》，中华书局 1980 年版，第 279 页。

③ 徐喜辰、斯维至：《中国通史》第三卷，上海人民出版社 1980 年版，第 480 页。

进步，到了春秋战国时期，耕作制已经开始从菑、新、畬等休耕方式逐渐过渡到土地连种。

《周礼·地官·大司徒》曰：“凡造都鄙，制其地域而封沟之。以其室数制之，不易之地家百亩，一易之地家二百亩，再易之地家三百亩。”郑玄在《周礼注》引郑司农云：“不易之地，岁种之……一易之地，休一岁乃复种……再易之地，休二岁乃复种。”这里是按照土壤肥瘠来划分的，说明最迟在郑玄生活的年代，已经出现了在肥沃土地连年耕种的模式。《吕氏春秋·任地》载曰：“凡耕之大方：力者欲柔，柔者欲力；息者欲劳，劳者欲息；棘者欲肥，肥者欲棘；急者欲缓，缓者欲急；湿者欲燥，燥者欲湿。上田弃亩，下田弃甽。五耕五耨，必审以尽。其深殖之度，阴土必得，大草不生，又无螟蜮。今兹美禾，来兹美麦。是以六尺之耜，所以成亩也；其博八寸，所以成甽也；耨柄尺，此其度也；其耨六寸，所以间稼也。地可使肥，又可使棘。人肥必以泽，使苗坚而地隙；人耨必以旱，使地肥而土缓。”由此可见，这段描述很好地说明了先秦时期的轮耕制度。由此得知，至迟在战国晚期，我国有些地方已经开始了轮作复种技术的萌芽——这种技术不仅引导人们更加合理地利用土地，而且还在一定程度上提高了土地的肥力、单位面积的产量。

王健先生在《史学新探》一书中对“火耕”有比较独特的见解。书中把“火耕”分成了两种形式：一种是“垦辟山泽型”，一种是“正常生产型”。王先生认为，自上古时期就开始的以烧火垦辟山林沼泽的“火耕”之法，一直延续到了魏晋时期，而且在南方初期的开发中起了重要作用。更为重要的是，王健先生提出了火耕的主要作用是用来杀灭害虫，“火耕烧田的作用，一般认为是除草和施肥，笔者以为杂草大多以种子和根茎繁殖，种子秋季成熟后已落于地下。烧田只能烧掉妨碍整地播种的枯草，并不能真正起到除草的作用，正如白居易诗所云：‘野火烧不尽，春风吹又生。’两汉六朝，南方稻田已经施用粪肥，并在田中种苕草堆积沤制绿肥和农家肥，已不再完全依赖烧取草木灰。我们认为，从实际效果逆推，火耕最重要的作用是防治病虫害”①。

这里需要思考的是，“火耕水耨”的区域仅仅是江淮一带吗？文献中的“楚越之地”“荆扬南”“江南”，具体都包括哪些地方呢？我们知道，《史记·货

① 王健：《史学新探》，江苏人民出版社 2008 年版，第 96—97 页。

殖列传》曾经把楚地分为西楚、东楚、南楚，而且还划分了具体的界限：“自淮北沛、陈、汝南、南郡，此西楚也。……彭城以东，东海、吴、广陵，此东楚也。……衡山、九江、江南、豫章、长沙，是南楚也。”根据司马迁划分的界限，我们知道“楚越之地”包括的地域很广，西到今河南东部，东到今江苏东部，南到今江西湖南。司马迁接着又说：“九疑、苍梧以南至儋耳者，与江南大同俗。”儋耳，仓修良先生在《汉书辞典》中说：“儋，本儋耳国地，儋，本作‘聃’。汉武帝六年置郡，治儋耳县（今海南儋州西北南滩）。辖境相当今海南省海南岛西部地区。”由此得知，说明岭南地区乃至海南一带就有可能与江淮地域一样实行“火耕水耨”。所以，彭世奖先生认为不仅仅是江淮地区实行了“火耕水耨”，岭南乃至南越一带都曾经实行过这种耕作方式[①]。到了魏晋时期，由于北方长期战乱，人口锐减，土地逐渐荒芜，这种耕作方式逐渐向黄淮一带推广。不过，此时的火耕水耨已经与陂塘蓄水工程相联系。《晋书·食货志》也记载了这一史实：“良田变生蒲苇，人居沮泽之地，水陆失宜。”

先秦直至唐宋的“火耕水耨”耕作方式，农业产量尽管不高，但是相对于“靠天吃饭”的方式来说已经有了很大的进步。一方面，“火耕水耨”耕作方式改变了不耘不耨、一任于天的模式，在一定程度上调动了人们生产的积极性——中耕除草、维护禾苗生长；另一方面，这种耕作方式还开启了对天然肥料的利用——用水促使杂草腐烂变成肥料，对提高土地产量具有重要意义。

第二节　早期的农田水利工程

我国开发利用水利的历史悠久，而且成就巨大，在长期的水利实践中形成了独特的水文化、水利文化。李可可教授还提出：“水利历史与文化是我国历史与传统文化的重要组成部分，具有十分重要的价值。”[②]先秦时期是我国奴隶社会逐渐瓦解、封建社会逐渐确立的重要阶段。先民们在长期的生产

① 骆世明主编：《华南农业大学校友论文选集》，第 774 页。
② 李可可：《水文化研究生读本》，中国水利水电出版社 2015 年版，第 246 页。

实践中不断把握和认识水的运动规律，兴建了早期的陂塘等灌溉工程和人工运河。春秋战国时期，铁制工具广泛应用到生产实践中，大大促进了社会生产力的发展，一些大型水利工程应运而生。

我国自古以来就有重视农田水利的传统。淮河流域很早就出现的沟洫、桔槔、“水耨”等，无不说明该流域开发历史的悠久、农业生产技术的进步，同时也表明了淮河流域在早期中国具有重要的历史地位。

一、概况

首先，淮河流域水系发达。水利事业的兴废与农业生产的发展状况息息相关，水利事业发达，农业就能获得较大发展；水利事业荒废，农业就会停滞或者发展缓慢。淮河流域丰富的水资源不仅为先民们的生活提供了保障，更促进了该流域农业生产的发展。文献记载，先秦时期该流域不仅有众多的支流，还有丰富的湖泊沼泽。《禹贡》《山海经》《周礼·职方》《尔雅》《史记·河渠书》《汉书·地理志》《水经注》等文献更是保存了这一时期的淮河水系状况。

纵观中华文明史，历朝治国安邦的大政方针均与治水密切相关，早在两千多年前的管子就说：“善治国者必先治水……水兴则邦盛，邦盛则民安，民安则天下太平。”兴水利、除水害与人民的生活、国家的盛衰、社会的进步息息相关。此外，在长期的水利实践过程中，人们也逐渐形成与水利相关的政治、思想、文化与风俗等——这些又是水利文化的表现。淮河流域气候宜人，河网密布，水量充沛，为发展灌溉农业提供了极其有利的条件。

先秦时期，淮河流域气候温和湿润，植被覆盖率高，水资源丰富，在相对平坦的广大平原上分布着许多的湖泊和沼泽。关于先秦时期淮河流域湖沼的数量问题，邹逸麟先生的《历史时期华北大平原湖沼变迁述略》[①]、张修桂先生的《中国历史地貌与古地图研究》均做了相关探究，并且得出了这一时期共有 46 个湖沼的结论。后来，张文华先生的《汉唐时期淮河流域历史地理

① 中国地理学会历史地理专业委员会、《历史地理》编辑委员会：《历史地理》第 5 辑，上海人民出版社 1987 年版。

研究》一书充分利用传世文献和近年来的出土文物重新考证出“仅淮河流域地区就有各类湖沼 48 个”的结论[①]。该流域湖沼之众多、水资源之丰富，由此可见一斑。

《水经注》作为北魏时期杰出的地理学著作，不仅记载了当时的地理情况、风土民情，而且还回溯过去的情况，为我们探究先秦时期的淮河及其支流提供了最主要、最珍贵的第一手资料。不过，需要指出的是，古代的淮河水系与今天的淮河水系有极大的不同，该书记载的许多河流、河道很难证实它们的存在。诚如陈桥驿先生所说：“淮河是我国古今变迁最大的河流之一，所以用郦注记载对比古今，这在水利史研究上具有很大价值。正是由于变迁甚大，所以今天我们要把所有古代淮河干支流和沿河湖陂的位置、流路、地名等进行逐一考实，是一件难度很大的工作。”[②] 郦道元《水经注·淮水》记载，淮河约有大大小小 19 条支流，而且这些河流长而缓、汇而慢，多为自西北向东南走向。除河流众多外，这一时期的淮河流域还有许多湖泊，大的如圃田泽（今郑州市东）、孟诸泽（今商丘东北）、荥泽（今郑州西）等；较小的湖泊更是数以百计，星罗棋布，各处还分布着大片湿地。当时淮北呈现一派水乡景象。

其次，淮河流域水利开发历史悠久。流域内水利事业的发展一直伴随着历史的进步而进步，也伴随着朝代的更迭而起伏衰落。自从先贤圣哲大禹以疏导代替围堵治水，到春秋时期楚国人孙叔敖主持修建我国最早的大型引水灌溉工程——期思雩娄灌区，再到隋唐时期大面积修建农田水利事业、开通大运河，虽历经千百年时光荏苒，水利对中国农业生产的支撑作用却是不可替代的。中华五千年的文化是建立在农业经济基础之上的，而农业又是以各时期众多的水利活动为保障的，所以说中华农业文明的形成与水利事业息息相关。

春秋中期，楚国孙叔敖在淮河流域兴建了我国最早的灌区——期思雩娄灌区和芍陂蓄水灌溉工程，芍陂几经演变成了现在的安丰塘，至今仍在造福人民。两汉时期，在淮河北岸和汝水两岸兴建了许多陂塘，郦道元《水经注》记载了淮河以北的陂塘达到了 90 处之多，汝水两岸的陂塘也有 37 处之多。

---

① 张文华：《汉唐时期淮河流域历史地理研究》，上海三联书店 2013 年版，第 33 页。

② 陈桥驿：《〈水经注〉记载的淮河》，《学术界》2000 年第 1 期。

这些陂塘还连通了沟渠，形成了浓密的灌溉网，农田水利工程在这一时期有了长足的发展。三国曹魏时期由于屯田需要，修陂塘、通河渠、筑坝堰、改建邗沟，也在一定程度上修整了淮河流域的灌溉工程。隋唐两朝在两淮兴建、整修了许多陂塘灌溉工程，农田灌溉能力大大提高。北宋政府制定的《农田利害条约》，极大地调动了全社会兴修水利的积极性，农田水利出现了一派欣欣向荣的景象。

孙叔敖（约前630—前593），蔿氏，名敖，字孙叔，今湖北荆州人，春秋时期杰出的政治家、水利专家。在出任相尹之前，孙叔敖就展露出了卓越的才能——在期思雩娄（今河南省固始县）等地兴建水利工程。公元前601年，孙叔敖出任楚尹，辅佐楚庄王实施仁教、劝导百姓，使得国家上下一片祥和，民俗淳朴，上行下效，政府官员廉洁奉公，民间也少有盗贼。到了秋冬季节，便劝导百姓上山采摘，风调雨顺，全国百姓和睦相处。司马迁《史记·循吏列传》记载："孙叔敖者，楚之处士也。虞丘相进之于楚庄王，以自代也。三月为楚相，施教导民，上下和合，世俗盛美，政缓禁止，吏无奸邪，盗贼不起。秋冬则劝民山采，春夏以水，各得其所便，民皆乐其生。"由于孙叔敖实行了顺应民心的政策，一时间取得了很大的成就，"孙叔敖治楚，三年而楚国霸"，使得楚国在短时间内增强了国力，终于霸于一时。此外，孙叔敖还是古代清正廉明官员的典范——在任相尹期间，轻车简从、吃穿朴素，去世时家徒四壁，以至于儿子曾一度以打柴为生，"其子穷困复薪"。由此可见，孙叔敖不仅具有卓越的政治才能，而且他一生廉洁奉公、洁身自好，对中华优秀传统文化尤其是廉政文化的形成具有十分重要的意义。

不仅如此，孙叔敖还在水利开发方面也取得了很大的成就。楚国由南方的蛮夷小国一跃发展成为泱泱大国，孙叔敖的治国方略功不可没。孙叔敖在楚国境内实行了"治国先治水，治水以兴邦"的策略。不仅如此，孙叔敖还兴建了云梦通渠，开凿了我国最早的蓄水灌溉工程——芍陂，一时间使得楚国仓廪充实，国势强盛。这三大成就不仅对楚国的崛起起了重要的推动作用，在中国水利史上的地位也举足轻重。这一历史功绩不但昭示了孙叔敖在治水方面的卓越成就，而且还证明了淮河流域水利开发历史的悠久。公元前605年，楚人孙叔敖在今河南固始一带主持兴建了我国历史上最早、持续时间最长的大型引水灌溉工程——期思雩娄灌区。该灌区不仅用于农田灌溉，而且在汛期时还能起到调蓄洪水的作用，可以说是先秦时期卓越的综合治理工程。相比较而言，后世著名的都江堰、郑国渠都要晚于300年以后才出现，该灌区发展之早由此可见一斑。

二、期思雩娄灌区

孙叔敖修建的位于淮河流域的期思雩娄灌区，是我国最早的渠系灌溉工程。《淮南子·人间训》记载："孙叔敖决期思之水，而灌雩娄之野，庄王知其可以为令尹也。"期思故城位于今河南信阳市淮滨县南，雩娄故城在今河南固始县东南。胡世厚先生在《河南风物志》中说："期思之水当是今天的史河和灌河，这个灌区就在现在的河南固始一带。"[①] 孙叔敖在充分总结前人经验的基础上，利用流域内湖泊众多的地理条件，引河聚水。文献记载，他曾多次组织乡民在今天的史河附近凿石挖地，引水向北，人们称之为"清河"；此外，又在史河下游的东岸开渠引水，称之为"堪河"。孙叔敖便利用这两条引水河渠灌溉位于史河、泉河之间干旱的土地。张芳研究认为："'决期思之水'，建成期思陂，在今固始西北的期思集；雩娄地在今固始县东南，雩娄灌区引史河水，为另一工程。因期思比雩娄地势低数十米，两地之间相隔灌河、白露河数条河流和分水岭，所以期思之水不能灌雩娄之野。"[②] 乾隆《固始县志》记载："（史河）又西北十五里，过安丰县故城西又径茹陂南，茹陂又名龙潭口，有闸分水北流，是为清河。"这里说的"茹陂灌区"即是史河的分支——清河灌区。位于龙潭口的茹陂，在当时是具有相当储水能力的水利工程，该陂塘又与清河相连，清河又与灌区内的陂塘相连——由此构成了陂塘间的串联。顺治《固始县志》有这样的记载：

养民莫大乎田亩，田亩莫急于水利。固始东南多沟洫，西北多塘池。塘池蓄宿水仰乎天泽，沟洫引河水资以人力。是故东南歉岁亦丰，西北

① 胡世厚：《河南风物志》，河南人民出版社1985年版，第23—24页。

② 张芳：《中国古代淮河、汉水流域的陂渠串联工程技术》，《中国农史》2000年第1期。

丰岁亦歉。然民逸吏玩，利则半矣。深浚而厚筑之，惟有司者督责焉。

《固始县志》又讲了史河的状况以及河上的两座水闸，“史河东分二支，上一支曰清河，立闸二，灌塘堰三十有六”。

由此可见，固始境内在开发利用水资源方面具有得天独厚的优势。张芳先生考证，“清河首建有两座水闸，即上闸（又名均济闸）和中闸（又名清河闸）。上闸是引水口的节制闸，节制引水量的大小；中闸是控制闸，关闭中闸，可把清河水引入下胜湖和石梁堰，石梁堰还可把过盛的水排入泉河。中闸以下因清河水位低于地面，则顺次在清河上筑有谭家坝、土坝、滩湖坝、蚂蟥池坝、裴家坝、袁家坝、左家坝、淇河坝、吴荣坝等9座土坝，坝上游分别设有引渠，将水引入清河两侧的36座陂塘。其下还有4座闸坝，用以抬高水位引水灌田”。据此得知，清河兴建了两座水闸，而且这两座水闸不仅能管控水的流量，而且还能分流至不同的水塘。文献记载，清河的总长度超过了90里，如果要将沿河的36座陂塘依次灌满则需要将近一个月的时间——这些注入陂塘的水则可以满足一年的灌溉需要。这一灌区南北长百里，东西宽约50里，故被称为“百里不求天灌区”。

期思雩娄灌区经过后世的不断续建、扩建，逐渐形成了一个“长藤结瓜”式的灌溉系统。它的兴建，不仅为大面积开发农田提供了有利的条件，而且由于水量的充足，水稻的大规模种植也成为可能。楚庄王在看到孙叔敖修建的期思陂后赞叹不已，不久便重用了孙叔敖为楚国相尹。在孙叔敖的推广下，楚人广泛传播、推广了这一水利技术，大大改善了当地的农业生产条件。这一政策的推广和实施，不仅提高了农作物的产量，而且还满足了楚庄王军事征伐对粮食的迫切需求。

东汉崔寔在《四民月令》中说，“孙叔敖作期思陂”；唐代马聪《意林》说，“叔敖作期思陂，而荆土用赡”。朱成章先生在《我国最古老的灌溉工程——期思雩娄灌区》中说，“期思陂就是‘百里不求天灌区’的古代称谓”[①]。清代马骕《绎史·孙叔敖碑》在评价他的历史功绩时说：“宣导川谷，陂障源泉，

① 朱成章：《我国最古老的灌溉工程——期思雩娄灌区》，《自然科学史研究》1983年第1期。

灌溉沃泽，堤防湖浦，以为池沼，钟天地之美，收九泽之利，以殷润国家，家富人喜。”孙叔敖为相期间注重兴修水利与发展农业的治国理念相结合，为楚国的崛起奠定了坚实的物质基础。《中国水利史稿》称，我国“堤防之设，始于楚相孙叔敖”。他主持修建的期思雩娄灌区比魏国的西门渠、秦国的都江堰，还早二百到三百年。期思雩娄灌区的修筑不仅促进了当时楚国的农业生产和经济发展，而且为后来的水利建设打下了坚实的基础。《水利大辞典》在介绍孙叔敖时说，“（期思雩娄灌区）中国历史上人工蓄水库的最早记录”①。孙叔敖不仅在淮河流域修建了中国历史上最早的期思雩娄灌区，还在今安徽寿春一带修建了伟大的水利工程——芍陂，为中华农业文明的发展作出了极大的贡献。

三、芍陂

芍陂，兴建于楚庄王时期（前613—前591），距今已有超过2500年的历史。它不仅是我国古代四大水利工程（芍陂、漳河渠、都江堰、郑国渠）之一，而且也是兴建时间最早的。据《后汉书》和《水经注》记载，芍陂为楚相孙叔敖所建。芍陂位于今安徽省寿县境内，因水流经过芍亭而得名。芍陂兴建后，历代都有修缮——东汉的王景、刘馥，晋代的刘颂，以及隋唐、宋元、明清各代均有修浚。特别是清康熙三十年（1691）寿州州佐颜伯珣，负责督修芍陂，“盛暑大寒从不懈怠”。后人为纪念孙叔敖的丰功伟绩，在今芍陂北岸建有孙公祠堂，祠内殿阁俨然，碑石林立，蔚为壮观。《水经注·肥水》记曰：“水北径孙叔敖祠下。”由此可知，孙公祠的修建年代最迟也不会晚于北魏时期（386—534）。颜公（颜伯珣）在修缮之后曾撰有《安丰塘志》和诗词，可惜今已亡佚，仅存《颜公重修芍陂碑记》。

1. 修建芍陂的历史背景

春秋战国时期，我国正处在封建社会的大变动时代，铁器的广泛使用和社会生产力的提高，进一步加速了淮河流域农田水利事业的发展。在长期的生产实践中，先民们不断认识和掌握水的规律，修建了大型的农田灌溉工

① 河海大学《水利大辞典》编辑修订委员会：《水利大辞典》，上海辞书出版社2015年版，第8页。

程——芍陂。《安徽通志·水系稿》记载，芍陂本来有三个源头：“一淠水，今湮塞；一淝水，今失故道；一龙穴山水。”1959年，安徽省文化局曾在陂塘堤坝附近，发掘了汉代水利工程——草土混合结构的坝堰遗址。在出土遗址中还发现了刻有“都水官”字样的铁锤，“证明至少在汉代就曾设官管理此陂”[①]。明嘉靖《寿州志》称：“（安丰塘）旧有白芍亭，汩而为湖，因名芍陂。”《水经注·肥水》对芍陂的记载较为翔实，现将有关文献辑录如下：

> 水受芍陂，陂水上承涧水于五门亭南，别为断神水，又东北径五门亭东，亭为二水之会也。断神水又东北径神迹亭东，又北，谓之豪水，虽广异名，事实一水。又东北径白芍亭东，积而为湖，谓之芍陂。陂周百二十许里，在寿春县南八十里，言楚相孙叔敖所造。魏太尉王淩与吴将张休战于芍陂，即此处也。陂有五门，吐纳川流，西北为香门陂，陂水北径孙叔敖祠下，谓之芍陂渎。又北分为二水，一水东注黎浆水，黎浆水东径黎浆亭南。文钦之叛，吴军北入，诸葛绪拒之于黎浆，即此水也。东注肥水，谓之黎浆水口。

最早在淮河流域出现农田灌溉工程不是偶然的，是先民长期经验总结的结晶。公元前605年，楚国孙叔敖在今安徽金寨、河南固始一带开发了期思雩娄灌区，而且取得了很大的成效，“宣导川谷，波障源泉，溉灌坂泽，堤防湖浦，以为池沼，钟天地之美，收九泽之利，以殷润国家，家富人喜，优赡乐业”[②]。史料记载，他还兴建了阳泉陂、大业陂等灌溉工程。芍陂最早见于《汉书·地理志》：“如溪水首受沘，东北至寿春入芍陂。”《水经注·肥水》记载：“东北径白芍亭东，积而为湖，谓之芍陂……言楚相孙叔敖所造。”该工程的规模很大，“陂周百二十许里……在寿春县南八十里，陂有五门，吐纳川流”。所以，芍陂的水源相对就比较丰富，陂内可以存蓄数千万立方米的水量——在少雨时节放水灌溉，在干旱的年份就可以提供充足的灌溉水源。芍陂的修建，很大程度上减轻了这里的旱涝灾害，使该地区的农业获得

① 刘军等：《水与流域文化》，中国水利水电出版社2015年版，第244页。
② 洪适著，张元济撰：《隶释》，《四部丛刊三编·史部》，上海书店1935年版，第367页。

了大发展。这一时期，兴修水利固然是出于军事争霸的目的，但是在客观上也产生了很大的政治作用。唐人樊询说，“昔叔敖芍陂，能张楚国”，直接说明了水利对楚国的富强具有密切的关系。《太平寰宇记》记载，“泰伯开渎以备旱涝，百姓利之”。泰伯开挖河道虽然是为了水田灌溉，但是也收获了民心，有力地巩固了政治的稳定。大型灌溉工程芍陂，更是产生了巨大的经济、政治效益。

2. 芍陂概况

文献记载，早在春秋中叶寿春一带就已经成为楚国的重要产粮区了。但是，这里东、西、南三面被群山包围，每逢汛期，山间洪水便汇聚在此地，对农田造成了很大的危害。如果遇到旱季或者少雨的年份，则又会造成很大的旱灾，严重的年份甚至会颗粒无收。到了楚庄王时期，楚国在令尹孙叔敖的辅佐下国力大增，遂开始了争霸称雄的战争。楚国为了富国强兵，便令孙叔敖在今河南固始，安徽霍邱、寿春一带大力发展农田灌溉事业。光绪《寿州志·水利志》记载了芍陂修建的始末，现辑录如下：

> 芍陂在州南六十里，亦曰期思陂，又为龙泉陂，今名安丰塘，楚令尹孙叔敖所造。周一百二十里，灌田万余顷。旧有五门，隋赵轨更开三十六门，后存二十八门。滚水坝一，减水闸二。有义民，有塘长，有门头，有闸夫，启闭以时。来源三：一淠水，今湮塞；一肥水，今失故道；一龙穴山水，发源六安州龙穴山，由莱河会番山，白堰河、石堰河水入陂。《读史方舆纪要》曰：“芍陂在安丰城南百步，淮南子孙叔敖决期思陂之水灌雩娄之野。”《意林》：“孙叔敖作期思陂，而荆之土田赡。”《水经注》：“肥水东北径白芍亭东，积而为湖，谓之芍陂。陂周百二十里，在寿春县南八十里，陂有五门，吐纳川流。西北为香陂门，北经孙叔敖祠下，谓之芍陂渎。又北分为二水：一栋注黎浆，一北至肥水。”《皇览》：“楚大夫子思造芍陂。”崔寔《月令》：“孙叔敖作期思陂。”《华夷对镜图》：“芍陂周回二百二十四里，与阳泉、大业陂并，孙叔敖所作。开沟引淠水为子午渠。开六门灌田万顷。”《通鉴地理通释》：“芍陂首受淠水，西自六安北界驺虞石，东自濠州之南横石水，皆入焉。”

芍陂的兴建，很大程度上缓解了这里的旱涝威胁，这一带的农业得到了很好的发展。楚考烈王二十二年（前241），秦楚之战楚国战败后，楚国便把国都迁都到这里，并把寿春改名为郢。相传孙叔敖还于公元前622年在今霍邱县境内修建了大业陂（现名水门塘），此堤长10余公里，蓄水面积万余亩。芍陂陂径及灌溉面积，古代记载多不相同。《后汉书》《通典》《太平御览》《太平寰宇记》《元和郡县图志》等书都说“陂径百里”，或“凡径百里”“芍陂周二百二十四里”。北魏郦道元在《水经注》中则说，“芍陂周百二十许里”。夏尚忠《芍陂纪事》亦载，“周围凡一百余里，此孙公当日之全塘也”。安徽省文物局编的《安徽省全国重点文物保护单位纵览》[①]记载，安丰塘周长24.6千米，面积34平方千米，堤顶高程31米，塘底高程26.5—27.8米；堤顶宽度：北堤10米，其他三堤均为8米；环塘用石块护坡，堤坝上筑起一道1.5米高的防浪石墙，开设闸口28个，各类建筑物7000余座，蓄水量约1亿立方米。芍陂所达到的灌溉面积，也存在较多的分歧，比较通行的说法有“数万顷”“万千余顷”“数百顷”。综合陂塘的长度以及当时农业经济的发展水平，“数百顷”较为允当。

芍陂历史悠久，选址科学，布局合理，水源充沛，控灌自如，具有重要的历史、科学价值，对研究我国古代科技史、水利史具有重要的意义。芍陂不仅历史悠久，还是中国水利史上最早的大型陂塘灌溉工程之一，它为后世建造大型陂塘水利工程提供了宝贵的经验。两千多年来，芍陂在灌溉、航运、屯田等方面起了重要的推动作用。芍陂水利工程历史之悠久，设计建造之科学，在世界水利史上也都是很少见的——难能可贵的是，芍陂至今还在发挥着巨大的经济效益。1986年，芍陂被安徽省人民政府列为省级文物保护单位；1988年，被国务院列为第三批全国重点文物保护单位。

芍陂等水利灌溉事业的发展，使淮河流域的农业获得了长足的进步，农业的发展又进而推动了淮河流域的文明化进程。郑国渠、都江堰则在其300年后才出现，足见该流域灌溉农业发展之早。可以说，先秦时期淮河流域的灌溉事业在我国乃至世界水利史上都具有举足轻重的地位。

---

① 安徽省文物局：《安徽省全国重点文物保护单位纵览》，安徽美术出版社2015年版，第147页。

第三节　人工运河——人类水利史上的奇迹

淮河流域的先民们利用"河网密布、水流众多"的优势，开凿了巢肥、邗沟等运河，后世的灵渠则晚了200余年才出现。司马迁在《史记·河渠书》中所描述的水利工程，已基本遍布全国的主要水系，可见运河已经发展成全国性的事业。而且，已发现的原始人类文化遗存，大部分也都分布在河流两岸，"在我们迄今已发现的原始社会人类文化遗址中，几乎所有的遗址都位于河流沿岸或湖滨地区，其原因可能很多，而河流交通的便利应是其中很重要的一个因素"[①]。

春秋战国时期，淮河流域各诸侯国为了发展经济、拓展疆土，再加上造船技术的进步，便相继开凿了沟通长江、淮河、黄河的人工运河。先秦时期修建的这些运河不仅被诸侯用作运送战备物资的通道，还在一定程度上促进了农业、水养业的发展。先秦时期淮河流域的运河得到了很大的发展，这一时期运河的发展情况，我们可以从《史记·河渠书》略窥一二："荥阳下引河东南为鸿沟，以通宋、郑、陈、蔡、曹、卫，与济、汝、淮、泗会。于楚，西方则通渠汉水、云梦之野，东方则通（鸿）沟江淮之间。于吴，则通渠三江、五湖。于齐，则通菑济之间。于蜀，蜀守冰凿离碓，辟沫水之害，穿二江成都之中。此渠皆可行舟，有余则用溉浸，百姓飨其利。至于所过，往往引其水益用溉田畴之渠，以万亿计，然莫足数也。"文献记载，最早的运河出现在淮河流域。而且，这些早期的运河在促进经济社会发展、文化交流等方面均起了重要的作用。

一、早期的"巢肥运河"

农业在古代社会占有重要的地位，是中国古代的经济支柱，所以历朝历代都对农业发展尤其是水利的发展投入了巨大的人力物力。古代社会在发展农田灌溉的同时，人工运河也得到了相应的发展，如《左传·昭公二十四年》曾

① 耿占军：《中国历史地理学》，西安地图出版社2000年版，第241页。

记载“楚子为舟师以略吴疆”[①]，可见楚国进攻吴国走的是水路。据《左传》《史记》《汉书》《水经注》等文献记载，中国最早的运河应当是公元前613年因晋楚争霸战争的需要，由孙叔敖主持开凿的“荆汉运河”“巢肥运河”。

楚国是先秦时期开凿运河最早的诸侯国，也是中国历史上开凿运河最早的地区。公元前613年，随着楚国国力的日渐强盛，北上争霸之心陡增。楚庄王为了向北拓展自己的疆土、问鼎中原，遂令楚国相尹孙叔敖“激沮水作云梦大泽之地”，为修建运河创造条件。文献记载，孙叔敖先后开凿了两条运河：一条是“通渠汉水、云梦之泽”的“荆汉运河”，这条运河位于沮水和扬水之间。沮水，古代称为睢水，发源于今湖北襄阳市保康县西南的景山附近，向东南流经楚国都城郢西南，在今湖北当阳市东南纳漳水（今湖北南漳县西南处）注入长江。扬水，是古汉水的一条支流，发源于郢都之北，向东北流经古云梦泽地区，至扬口（今湖北潜江市西北）入汉水。这条连接沮水与扬水的“荆汉运河”，贯通了长江直达汉水的水上通道，为楚国在争霸中原的战争中运送军队、粮食、作战物资提供了很大的便利。这条运河不仅缩短了运送物资的距离，而且还方便了两地人民的互通有无，促进了经济文化之间的往来。楚昭王年间，吴国大臣伍子胥率领军队攻打楚国，就是从这条“荆汉运河”由汉水经扬水进入的楚国。为了进一步方便运输物资，伍子胥又对这条运河进行了修浚和疏导，所以“荆汉运河”又称“子胥渎”。

孙叔敖开凿的另一条运河即是“巢肥运河”，又称“施肥运河”“江淮运河”。自1958年杨钧先生在《地理学报》上发表《巢肥运河》[②]一文之后，曾经有一段时期，学者们围绕巢肥运河问题展开了激烈的探讨。学术界曾经在相当长的时间里莫衷一是，直到最近许昭堂、贾猛先生的《巢肥运河的形成与历史演变蠡测》[③]才给出了相对全面的解释。二位先生证诸史籍并实地勘察了巢肥运河的相关问题，研究了巢湖湖泊的演变对施水的影响、施水肥水相汇地点等问题。不仅如此，该文还分析了施、肥两水汇合与水道的相关问题。

① 左丘明撰，蒋冀骋标点：《左传》，岳麓书社1988年版，第343页。

② 杨钧先生认为，古代江淮之间曾经有两条水路：一条是邗沟运河，另一条是巢肥运河。关于邗沟运河，先生并未作过多阐释。先生重点分析了巢肥运河存无的问题：“在某一历史时期，巢肥运河的重要性曾远过于邗沟。”

③ 许昭堂、贾猛：《巢肥运河的形成与历史演变蠡测》，《巢湖学院学报》2015年第1期。

上文说过，肥水和施水是同源异流的两条自然河道，尽管在源头上能实现“施合于肥”，但是不能因此说此时已经能通航——因为在江淮分水岭的南北有陡山相隔，造成了施、肥水位的高度差。现实情况下，这种“施合于肥”的状况，一般情况下不是经常能保持的，所以不太容易能长期保持水量和通航。王鑫义先生认为在先秦时期的运河航运上，合肥具有很重要的地位——当时的合肥是连接江淮、沟通水运网的重要枢纽之一，淮南王刘安从南方购进大批皮革鲍木之类物资，都是从合肥转运过来的①。

孙叔敖开凿这条运河是为了使长江与淮河联系起来，把同源而不同流的两段肥水加以沟通。《水经注》记载，肥水是古淮河的支流，“（肥水）出九江成德县广阳乡西……北过其县西，北入芍陂……又北过寿春县东，北入于淮”。肥水源出红石桥（今肥西县高刘镇岗北村何老家西北侧）附近，向北约 20 里在今安徽省合肥市附近一分为二：一段向东南注入巢湖，再由巢湖经濡须水到达长江北岸的濡须口，称“施水”，俗称南肥水；一段向西北流 200 里出寿春（今安徽省寿县），与淮水合流，称“肥水”，俗称东肥水。如果在肥水分流的地方开凿一条运河，使同源不同流的“两条肥水”沟通——就可以贯通长江与淮河，从而使两地的交通更加方便，也更加利于军队、粮食和作战物资的输送。三国时期曹操大战孙权、俘虏吴国都督公孙阳，走的就是这条路线。《史记·河渠书》中说“于楚，西方则通渠汉水、云梦之野，东方则通鸿沟江淮之间”，这里需要说明的是，此“鸿沟”不是起自荥阳、贯通黄淮的鸿沟水系——因为后文交代了这条运河连接的是“江淮之间”，并不是黄淮之间。再根据下文所说“于吴，则通渠三江、五湖”可以断定这条运河当是指沟通江淮的巢肥运河。应岳林、巴兆祥二位先生也持上述这一说法，与此同时，两位先生还提出了“鸿”可按“广大之义”“衍文”来解释的观点②。

此外，文献记载，周代也有运河的开凿。修建运河的人，相传是周朝淮夷的一个方国首领，叫徐偃王（一说楚庄王时人）。他在政治上颇有建树，“（徐

① 陆勤毅、李修松：《安徽通史·秦汉魏晋南北朝卷》，安徽人民出版社 2011 年版，第 109 页。
② 应岳林、巴兆祥：《江淮地区开发探源》第九章第一节，江西教育出版社 1997 年版。

偃王）处汉东，地方五百里，行仁义，割地而朝者三十有六国”[①]。他为方便陈、蔡两地人民的往来，就在两国间开凿了一条运河，“偃王治国，仁义著闻，欲舟行上国，乃通沟陈蔡之间”[②]。但是该运河不久便湮没了。这条旧河道虽湮没无存，但是它的成功开凿不仅方便了当时陈、蔡两国人民的往来，更为后世运河的开凿积累了经验。

早期的“荆汉运河”“巢肥运河”连通的区域还比较小，但表明了淮河流域先民们对发展运河航运的渴望，昭示着更大规模开凿运河时代的到来。

二、沟通江淮的邗沟

在古代，河、淮、江是不连通的。随着荆汉运河、巢肥运河的开凿以及造船技术、铁器的广泛使用，再加上拓展疆土、诸侯争霸，南方诸国遂加紧了对运河的开凿。商周时期，东南的水军是一支很强的作战力量，经常威胁到中原政权的稳定。学者考证，曾经有很长一段时间，中原政权都在为日益崛起的淮夷而恐慌。学者研究认为，在周王东征过程中就是因为东南方的水军太强，所以才未能完全控制该地区[③]，近年来的出土文物也证明了这一点。

在吴国打败楚、越两国后，为北上继续跟北方的齐、晋等国争霸，遂于周敬王三十四年（前 486）下令开挖了沟通江、淮的邗沟运河。《水经注》载：“昔吴将伐齐，北霸中国，自广陵城东南筑邗城，城下掘深沟，谓之韩江，亦曰邗溟沟。”《左传・哀公九年》载：“秋，吴城邗，沟通江、淮。”杜预注曰：“于邗江筑城穿沟，东北通射阳湖，西北至末口（今江苏淮安市新城北辰坊）入淮。”《左传・哀公十年》也记载了这一历史事件：“徐承帅舟师将自海入齐，齐人败之，吴师乃还。”南宋王应麟的《玉海》曾转引了这一事件：“吴会黄池，阙深沟于商、鲁之间。城邗，沟通、江淮。”清乾隆年间编修的《淮安府志》卷六《运河志》也记载：“春秋时，吴将伐齐，于邗江筑城穿沟，曰渠水。首受江于江都县，县城临江，北至射阳入湖。”

① 韩非著，高华平译注：《韩非子》，中华书局 2010 年版，第 702 页。

② 郦道元：《水经注》，岳麓书社 1995 年版，第 132 页。

③ 〔美〕夏含夷：《古史异观》，上海古籍出版社 2005 年版，第 121—126 页。

文献记载，“邗”本来是先秦时期的一个邦国。东汉许慎《说文解字》说：“邗，国也，今属临淮。一曰邗本属吴。”需要指出的是，许慎的解释是前后矛盾的。《汉书·地理志》记载：“临淮郡，武帝元狩六年（前117）置。莽曰淮平。”据此可知，临淮郡是汉武帝时期设立的，包括高山、泗洪、淮阴、射阳、东阳、西平等地。而吴国的地理方位则在其南方。早在清代就有段玉裁和钱大昕指出了许慎对“邗”字解释的前后不同这一相悖之处。从临淮郡的地望来分析，这一范围当在今长江北岸由扬州市至淮安附近。嘉庆《重修扬州府志·河渠志》记载：

《尚书·禹贡》言：扬州贡道沿于江海，达于淮泗。《孔氏传》云：顺流而下曰沿。沿江入海，自海入淮，自淮入泗，盖禹时江淮不通，故贡道如此。《春秋·鲁哀公九年》传：秋，吴城邗，沟通江淮。杜预注：于邗江筑城穿沟，东北通射阳湖，西北至末口入淮，通粮道也。今广陵邗江是。《国语》：阙为深沟，于商鲁之间，北属之沂，西属之济，以会晋公午于黄池。《吴越春秋》所言亦与此略同。盖沟通江淮以后，由此以达于商鲁之间。北属沂，西属济，皆自邗始也。《汉书·地理志·江都》：渠水首受江北，至射阳湖入湖。桑钦《水经》：淮水东过淮阴县北，中渎水出白马湖东，北注之。郦道元《注》：中渎水首受江于广陵郡之江都县，县城临江。……昔吴将伐齐，北霸中国，自广陵城东南筑邗城，城下掘深沟，谓之邗江，亦曰邗溟沟，自江东北通射阳湖。《地理志》所谓渠水也。西北至末口入淮。

公元前484年，吴国在广陵城下修筑了邗城，又在城下开凿了邗江。在北上争霸中原时，吴国就是沿着新修建的邗沟运河进入的淮河流域。而且，夫差在这场战争中取得了胜利，打败了霸主齐国——这是人工修建的运河在战争史上第一次发挥重要作用的历史证明。该运河在当时尽管还存在着河道窄、水流慢等问题，“但在当时条件下，仅用了很短时间，开创了沟通江、淮的这一伟大工程，充分显示了古代劳动人民的聪明才智”[①]。这条修建于公

① 水利部治淮委员会：《淮河水利简史》，水利电力出版社1990年版，第41页。

元前 486 年的邗沟运河，比灵渠早了 260 余年，足见该流域运河开发历史之悠久。

邗沟不仅加强了不同地区间的联系，而且还对沿岸养殖业、商业的发展产生了重要的促进作用。就养殖业方面来说，先民们把猪、羊等家畜放在有水的陂池周围饲养，规模很大，产生了很大的经济效益，“陆地牧马二百蹄，牛蹄角千，千足羊，泽中千足彘，水居千石鱼陂”[①]。可见当时水产养殖的规模很大，已经有了养殖基地的雏形。就商业方面来说，自从邗沟连接了江淮之后，商人便可以从事水上长途贩运，往来两地做生意，“宋人资章甫而适诸越”[②]。由此可见，当时通畅的水路交通对商业的发展也产生了重要的影响。这种趋势在后代愈加明显，如隋唐时的京杭大运河。

运河的发展对当地的商业、农业、手工业等都产生了重要的影响，后代沿岸城市的经济随着运河的兴废而盛衰，“水利事业的兴废与经济的盛衰紧密相连，水利兴则农业兴，航运兴；水利废，则农业废，航运衰”[③]。运河成了沿岸经济发展的关键因素。

先秦时期修建的邗沟运河，不仅有力地支援了吴国的北上征伐战争，而且在此后的 1000 年间随着历朝历代修缮，运河的经济、文化等作用愈加明显。我们知道，修建邗沟运河主要是为了北上征伐、诸侯会盟的需要，而且这一作用到了春秋战国时期发挥得更为明显。历史上有名的“黄池之会”，就是借用了这条运河。文献记载：“夏，公会单平公、晋定公、吴夫差于黄池……秋，七月辛丑，盟，吴、晋争先……乃先晋人。”[④]这次会盟发生在鲁哀公十三年，南方的吴国就是沿着这条邗沟运河北上与晋、鲁相会的。春秋战国至曹魏、南北朝时期，均有不少利用邗沟运河运送兵马粮草的记载。因此，邗沟运河在当时的军事意义很重要，控制邗沟运河的一方就能具有很大的主动权。相反，在太平盛世政府往往会疏于对运河的修缮治理，邗沟运河的地位便随之下降。应岳林、巴兆祥两位先生认为，邗沟运河从军事性质向经济性质的转化始于西汉初年，也就是吴王刘濞利用其用作盐运。

① 司马迁：《史记》卷一二九，中华书局 1959 年版，第 3272 页。

② 王先谦：《庄子集解》，中华书局 1954 年版，第 4 页。

③ 吴海涛：《淮北的盛衰：成因的历史考察》，社会科学文献出版社 2005 年版，第 124 页。

④ 左丘明撰，蒋冀骋标点：《左传》，岳麓书社 1988 年版，第 408 页。

三、连接商鲁的菏水

公元前483年，吴王夫差率军渡淮之后，沿着泗水北进，在艾陵打败了齐国，“甲戌，齐国书帅师及吴战于艾陵，齐师败绩，获齐国书”①。为继续与晋等诸侯会盟，吴国就用开凿邗沟的老办法，在今山东菏泽市定陶区和鱼台县开挖了一条运河，“阙为流沟，通于商、鲁之间，北属之沂，西属之济，以会晋公午于黄池”②。吴国充分利用济、泗间的菏泽、雷泽、大野泽等广袤沼泽作为水源，历时很短就开创了这一伟大的工程，因其主要水源是菏泽，故后世称为菏水。

先秦时期的济水与泗水之间是一片沼泽地，交通往来不便。《水经注·济水》记载，济水是发源于黄河的一条支流，“济水出河东垣县东王屋山，为沇水。又东至温县西北，为济水”。徐从法先生考证，济水自今河南省荥阳市北荥口石门处分河水东流，注入了荥泽（今河南郑州西北古荥北），自荥泽流出以后分为南济水、北济水两支。北济水由东北流经今原阳县南、封丘县东北，再东流至今山东菏泽市定陶区汇为古之菏泽，继而东北流，注入古巨野泽。徐从法先生认为，在济泗流域还有雷泽等由济水汇潴而成的湖泊。泗水，发源于今山东省泗水县东陪尾山，“泗水出鲁卞县北山，西南过鲁县北，菏水从西来注之”。泗水向西流至今曲阜境内，并在此折向南流，经今济宁市兖州区、鱼台县折向东南流，再经今江苏省徐州市沛县继续向东南流并在山东境内入淮。吴王夫差遂利用上述众沼泽的自然条件，开凿了连接商鲁的菏水。

菏水的通航，第一次将江淮流域与中原地区联系起来了。齐鲁的礼仪文化得以传播到南方的吴、楚等国；南方的造船技术、歌舞绘画等艺术也流传到中原大地，两地民族融合、经济文化交流进一步加强了。随着沿河两岸经济的发展，大型商业都会逐渐兴起了，“齐带山海，膏壤千里……临淄亦海岱之间一都会也”。更重要的是，运河加快了南北的思想文化交流。“言偃，字子游，吴人，孔子高第，在文学之科，尝为武城宰……今言偃宅，在常熟

① 洪亮吉：《春秋左传诂》（下册），中华书局1987年版，第867页。

② 左丘明撰，韦昭注：《国语》，商务印书馆1935年版，第219页。

县西。”[①]吴地常熟的子游，不远千里去拜孔子为师，学成回去之后便在南方大兴儒家礼乐文化。也有一些孔子北方的学生，他们南下吴越等地，把儒家学说传播到了南方。“子贡结驷连骑，束帛之币以聘享诸侯，所至，国君无不分庭与之抗礼。夫使孔子名布扬于天下者，子贡先后之也。”[②]子贡一方面“聘享”诸侯，进行外交活动；另一方面，他积极宣扬儒家文化，使孔子的学说名扬江南。儒家学说能传播到南方，离不开运河等交通的发展。“子墨子游公尚过于越。公尚过说越王，越王大说，谓公尚过曰：‘先生苟能使子墨子于越而教寡人，请裂故吴之地，方五百里，以封子墨子。’”[③]墨家学派的代表人物墨子，派公尚过南下游说越王，越王听了公尚过的学说之后很高兴，许以五百里以封墨子，可见墨家学说在当时已经传播到了吴、越等地。“墨子学说之所以能较快传播，与包括运河在内的交通条件的改善有关”[④]。另外，吴楚等地的音乐、歌舞等艺术，也传播到了北方大地。现代考古发现的一些北方青铜器，其形制、花纹有典型的南方色彩。

但是该运河的范围仍局限于泗水、济水之间，淮河的其他支流还没有完全贯通。直到魏国开通鸿沟以后，才实现了江、淮、河的真正大融通。

四、贯通黄淮的鸿沟

鸿沟，是连通黄河和颍、睢、涡、沙等淮河支流的运河。战国中期，魏惠王为进一步向中原地区扩充自己的势力、加紧与各国的争霸，于公元前360年开凿了此运河。《汉书·沟洫志》记载：“自是之后，荥阳下引河东南为鸿沟，以通宋、郑、陈、蔡、曹、卫，与济、汝、淮、泗会。于楚，西方则通渠汉川、云梦之际，东方则通沟江、淮之间。于吴，则通渠三江、五湖。于齐，则通淄、济之间。于蜀，则蜀守李冰凿离碓，避沫水之害，穿二江成都中。此渠皆可以行舟，有余则用溉，百姓飨其利。至于它，往往引其水用灌田，沟渠甚多，然莫足数也。”郦道元的《水经注》也记载了这个四通八

① 陆广微撰，曹林娣校注：《吴地记》，江苏古籍出版社1986年版，第300页。
② 司马迁：《史记》卷一二九，中华书局1959年版，第3258页。
③ 墨翟著，毕沅校注：《墨子》，上海古籍出版社2014年版，第251页。
④ 陈璧显：《中国大运河史》，中华书局2002年版，第39页。

达的鸿沟水系，“梁惠王十年，入河水于甫田，又为大沟而引圃水者也……又有一渎，自酸枣受河，导自濮渎，历酸枣，径阳武县南出，世谓之十字沟，而属于渠。或谓是渎为梁惠之年所开”。魏惠王三十一年（前339），又继续引圃田水与沙水沟通。此时的鸿沟，河道大为改善，通航能力显著提高，贯通了今豫、鲁、苏、皖等省的河渠，逐渐形成了闻名遐迩的“鸿沟水系”。《战国策集注》载，“卒戍四方，守亭障者参列，粟粮漕庾，不下十万”，通过鸿沟运送的军粮已超过十万石，有力地配合了魏国的争霸扩张战略。

鸿沟水系支流多，流域面积大，水源充足，再加上其连接黄河水，而且还与济、汝、淮、泗等主要河流互相贯通，所以在先秦时期形成了规模宏大的“鸿沟系统”。在黄河与淮河之间的广大平原上，形成了以“鸿沟”为主干，以自然河流为分支的完整的水道交通网。傅崇兰先生考证，“鸿沟”的大致范围包括荥阳之东、泗水之西、淮水之北、济水之南，亦即现在的河南省东部、山东省西南部、安徽省北部、江苏省西北部。此外，在“鸿沟”这个大的运河系统下，还分布着汳水、获水、濉水、浪荡渠、鲁沟水、涡水等支流水系。据此我们知道，分布在这一流域的众多河流共同形成了规模庞大的“鸿沟”运河系统——运河及其众多支流在黄淮平原还形成了经济和社会文化网，而且这一地区还是古代经济文化相对发达的地区。

该运河在当时成了南北水运的交通枢纽，极大地方便了各诸侯国之间的物资交换和贸易往来。《荀子·王制》云：“北海则有走马吠犬焉，然而中国得而畜使之；南海则有羽翮、齿革、曾青、丹干焉，然而中国得而财之；东海则有紫紶、鱼盐焉，然而中国得而衣食之；西海则有皮革、文旄焉，然而中国得而用之。”① 通过淮河流域的水、陆交通，南方的奇珍异宝得以运送到北方，东海的物产得以远销中原，各地区之间的联系极大地增强了。《楚辞·招魂》篇云“秦篝齐缕，郑绵络些……郑卫妖玩，来杂陈些”；《楚辞·大招》也有“代秦郑卫，鸣竽张只……讴和扬阿，赵箫倡只”；《楚辞·国殇》更有“操吴戈兮被犀甲……带长剑兮挟秦弓”。楚国能得到秦、郑、陈、晋、卫、赵、扬、吴等各地的宝贝，与淮河流域便利的交通是密不可分的。鸿沟运河的通航，不仅促进了魏国农业、手工业和商业的发展和繁荣，而且还极大地增强了魏

① 《荀子》，中华书局2007年版，第87页。

国的国力——这就为频繁的对外用兵提供了足够的粮食等战备支撑。

此外，鸿沟运河的开通，也促进了大梁、临淄等沿河地带都会的兴起与繁荣，更促进了南北文化、习俗的交流和发展。“鸿沟”在后世为人所熟知，还与历史上著名的楚汉之战以鸿沟为界划分天下相关。公元前 203 年，楚王项羽和汉王刘邦订立盟约，以“鸿沟”为界，“项王乃与汉约，中分天下，割鸿沟以西者为汉，鸿沟而东者为楚”①。中唐诗人张祜写有《鸿沟》一诗：“龙蛇百战争天下，各制雄心指此沟。宁似九州分国土，地图初割海中流。”晚唐诗人胡曾也有《鸿沟》一首：“虎倦龙疲白刃秋，两分天下指鸿沟。项王不觉英雄挫，欲向彭门醉玉楼。”

“运河的开凿最初往往源自经济、政治、军事等动机，但一旦形成之后，又会超越经济、政治、军事，对包括文学艺术在内的文化的交流与传播起到巨大的推动作用。”② 随着运河的开凿以及区域的贯通、融合，不同地域被置于多民族国家统一的关照之下。运河事业不仅带动了农业、商业、手工业等部门的发展，也加速了整个社会的文明化进程。尤其是作为南北水利交通枢纽的淮河流域，在推动南北经济、文化发展方面作出了巨大的贡献。更为后来大一统的秦、汉帝国的建立创造了条件，“历史上的运河对我国统一的中央集权制国家的形成、巩固和发展，以及促进各地区之间经济和文化交流诸方面都起了积极作用”③。

第四节　先秦时期淮河流域的水利盟约

先秦时期淮河流域诸侯国林立，都城多建在淮河及其支流上。“春秋无义战”，在激烈的兼并战争中，各诸侯国遂以邻为壑，以水代兵，私设关卡堵塞河流。这些行为不仅危及了百姓的生命财产安全，还阻碍了社会的进步。为了减少、约束诸侯国破坏水利的行为，迫切需要制定水利盟约。“毋曲堤”“无障谷”“毋壅泉”“毋曲防”等盟约的制定，在一定程度上缓和了水利矛盾，

① 司马迁：《史记》，中华书局 1959 年版，第 377 页。

② 梅新林：《中国文学地理形态与演变》，上海人民出版社 2014 年版，第 187 页。

③ 孟繁清：《中国古代环渤海地区与其他经济区比较研究》（上册），河北人民出版社 2004 年版，第 117 页。

标志着我国早期水利法治化的萌芽，在淮河水利史、中华文明发展史上都具有重要地位。

淮河流域早期文明程度较高，是华夏文化的重要发祥地之一，该流域所创造的早期东方文明，不仅推动了多民族国家的统一化进程，还促进了封建大一统思想的形成，是延续、发展华夏文明不可或缺的重要内容。周崇云先生也认为，“（淮河流域）为中国古代文明的形成和发展奠定了坚实的基础，淮河流域是中华民族远古文明的一个发源地”。公元前7世纪左右，周王室日渐衰微，宗族政权渐趋瓦解，传统的礼乐制度难以维系，逐步形成了“礼崩乐坏”的局面。淮河流域开发早、交通便利，很多诸侯国遂选择在淮河及其支流上建都。据统计，仅淮河北岸就有20多个诸侯国。所以，在诸侯争霸的春秋战国时期，该流域不可避免地成了诸侯逐鹿争霸的主战场。争霸战争带来了深重的灾难，如楚成王熊恽在出兵讨伐郑、宋两国时，不仅放火烧了郑国的城墙，还在宋国境内建坝拦水，使上游的宋国淹没了四百余里，百姓苦不堪言，“要宋田夹塞两川，使水不得东流。东山之西，水深灭垝，四百里而后可田也”①。明代学者郑晓在评价这一时期的水战时说：“至周之衰，井田渐废。侯国争水利者筑堤，以包沃饶之利。避水患者亦筑堤，以邻国为壑。堤日多，水日束，日失其性而至怒，决溢之害不小。”②长此以往，淮河上下游及左右两岸的水利矛盾更加突出，迫切需要制定水利盟约来阻止、约束这样的灾难发生。

一、水利盟约的制定

淮河流域开发历史悠久，在远古时期便出现了早期人类活动，先民们充分利用该流域水资源丰富的自然条件，开发、兴建了很多水利工程。起初，修建的渠、堰、堤、坝等水利工程是用来造福人民的，如楚国修建的芍陂、吴国开凿的邗沟、魏国修建的鸿沟等。但是，随着宗法制的瓦解、兼并战争的推进，“水利”逐步变成了“水害”——用水作为争霸的工具，淮河流域

① 黎翔凤：《管子校注》（上册），中华书局2004年版，第459页。
② 傅泽洪：《行水金鉴》，商务印书馆1936年版，第5页。

上演了很多以水代兵的战争场面。

1. 以水代兵的历史渊源

文献记载，以水代兵的历史是很早的，大约在距今 5000 年前的黄帝时代发生的阪泉之战就有了水攻。学者考证，在殷商的甲骨文中也发现了水上作战的记载[①]。古老军事著作《孙子兵法》更是多次讲到水战、水攻，如“兵无成势，水无常形”，意思是说用兵不应固守程式，要像水一样随时变化；再如“绝水必远水，客绝水而来，勿迎之于水内，令半济而击之，利”“水可以绝，不可以夺”等。可见，这些军事理论不仅用水来比喻行军用兵之道，还涉及了具体的作战法则。《墨子》还有一章专门研究城池防御、如何应对敌军引水灌城：“城内堑外周道，广八步。备水谨度四旁高下。城地中遍下，令耳其内，及下地，地深穿之，令漏泉。置则瓦井中，视外水深丈以上，凿城内水耳。”《左传》也记载了发生在淮河流域的战事：“鲁襄公二十四年，楚子为舟师以伐吴……无功而还。”这里所说的舟师便是水军。《战国策》记载：“齐涉渤海，燕出锐师以佐之。”《竹书纪年》《史记》《水经注》等也有水战的记录（见下表）。据此可知，淮河流域的水战历史由来已久，而且还形成了较为系统的作战理论。

事　件	出　处
决荥泽水灌大梁	《史记·魏世家》
引水灌其城，城不浸者三版。城中悬釜而炊，易子而食	《史记·赵世家》
楚师出河水，以水长垣之外	《竹书纪年》卷下
汉祖北定三秦，引水灌城，遂灭章邯	《水经注》引《洪范·五行传》
隗嚣闻略阳陷，悉众以攻歙，激水灌城	《水经注》卷一七

2. 水利盟约的制定

到了春秋时期，周天子已经名存实亡，无力阻止各诸侯间的兼并战争，更不能制止破坏水利的行为。以邻为壑、以水代兵也就愈演愈烈，给百姓带来了深重的灾难，迫切需要制定盟约来制止诸侯国的这种荒蛮行径。

为推动制定水利盟约作出重大贡献的是北方的齐国。齐桓公在管仲的辅

① 车安宁：《人类与水》，中国水利水电出版社 2016 年版，第 58 页。

佐下，充分利用齐国有利的地理条件，奖励农耕，重视开发水利，齐国很快强大起来。管仲名夷吾，字仲，春秋时期著名的思想家、政治家，有“管仲相齐，桓霸诸侯”之说。管仲对水有很深的认识，并且还形成了较为系统的理论，在水利开发史上具有重要地位，“《管子》中《水地》《度地》《地员》诸篇论水的见解继承了《周易》原理，发挥了稷下学派阴阳家之言，并应用在相桓公、霸诸侯的大业中”①。他在2000多年前就总结出“水者，地之血气，如筋脉之通流者也……是以水者，万物之准也”②的重要论断，为齐国的水利事业、淮河流域水利盟约的制定作出了重要贡献。

会盟在先秦时期是诸侯国巩固霸主地位的工具，对解决社会矛盾和纠纷有重要意义，“春秋会盟对当时社会历史的发展起着不可忽视的作用，在政治、经济、军事、列国交往、列国文化交流等方面都有着重大影响”③。公元前679年，齐桓公成了“挟天子而令诸侯”的霸主，并开始会盟诸侯。齐桓公率郑、许、曹、宋等八国军队南下攻楚，“四年春，齐侯以诸侯之师侵蔡。蔡溃，遂伐楚”④。齐楚两国遂在召陵（今河南漯河）订立了盟约，管仲向楚国提出“毋曲堤”“毋贮粟”等要求，“与楚王遇与召陵之上，而令于遇上曰：‘毋贮粟，毋曲堤，毋擅废适子，毋置妾以为妻。’”⑤这就是历史上有名的“召陵之盟”。此外，齐国还要求楚国帮助恢复坍塌的城墙，“因以郑城与宋水为请于楚”。楚国没有答应恢复重建，齐国便指使本国军队修筑城镇，“楚人不许，（齐）使军人城郑南之地，立百代城焉”。齐国此举在一定程度上缓和了郑、宋、楚之间的矛盾，“自此而北，至于河者，郑自城之，而楚不敢隳也。东发宋田，夹两川，使水复东流，而楚不敢塞也”。尽管楚国没有妥协，但是这毕竟是大国匡扶正义的有益尝试，对后世产生了积极的影响。

之后，齐桓公、管仲又把“召陵之盟”重新加以修订、补充——“无专立妾以为妻、毋专杀大臣、无国劳、毋专予禄……毋曲隄、毋贮粟、毋禁材。”约定一年后检查，如果有诸侯违反将要进行处罚，“行此卒岁，则始可以罚矣”。

① 李树菁：《〈管子〉对水的认识及其历史地位》，《管子学刊》1998年第3期。

② 黎翔凤：《管子校注》（上册），中华书局2004年版，第813—814页。

③ 张全民：《试论春秋会盟的历史作用》，《吉林大学社会科学学报》1994年第6期。

④ 洪亮吉：《春秋左传诂》（下册），中华书局1987年版，第273页。

⑤ 黎翔凤：《管子校注》（上册），中华书局2004年版，第460页。

一年以后，吴国侵犯了齐国谷城，齐桓公将要对其征伐，吴人便落荒而逃，“桓公告诸侯未遍，诸侯之师竭至，以待桓公……吴人逃”。齐国借此机会，于公元前651年召集宋、卫、郑、许、曹等国第二次到淮河流域的葵丘（今河南民权县）会盟，“九月戊辰，诸侯盟于葵丘”①。这次会盟，齐桓公又提出“无曲防”的条约，“无曲防，无遏籴，无有封而不告”②。盟约重申了“召陵之盟”的约定，明文禁止以水为兵、以邻为壑的做法，在一定程度上阻止了诸侯破坏水利的行为。除了以上这两次著名的盟约外，还有公元前657年的济水会盟，“秋，会于阳谷，谋伐楚也”③，盟约内容亦是“毋壅泉”“无障谷”“毋曲隄”“毋曲防”等。

齐桓公在“四禁”“五禁”“七禁”等法令中制定的“毋曲堤”“无障谷”“毋壅泉”“毋曲防”等水利盟约，缓和了流域内各诸侯国的水利纠纷、矛盾，在一定程度上遏制了破坏水利的行为，对后世水利法治化的萌芽、中华文明的发展产生了重要的影响。

二、水利盟约制定的原因

水利盟约会较早地出现在淮河流域，与这里独特的地理环境、水利事业的发达、时代大变革的社会背景、早期契约精神的萌芽等有很大的关系。淮河流域较早出现水利盟约，正是这些因素综合作用的结果。

1. 独特的地理环境

淮河位于长江、黄河两大河流之间，流域内河网密布，湖泊众多。淮河的诸多支流把流域内诸侯国的疆域切分得相对零散，所以上下游之间如果协调不好就会产生水利矛盾和纠纷。

春秋时期，淮河流域诸侯国林立，而且这些诸侯国大多临河建都，“在我们迄今已发现的原始社会人类文化遗址中，几乎所有的遗址都位于河流沿岸或湖滨地区，其原因可能很多，而河流交通的便利应是其中很重要的一个

① 范宁：《春秋穀梁传集解》（附札记），中华书局1985年版，第116页。

② 金良年：《孟子译注》，上海古籍出版社2016年版，第271页。

③ 洪亮吉：《春秋左传诂》（下册），中华书局1987年版，第272页。

因素”[①]。这些诸侯国之所以会选择在淮河及其支流上建立都城，是因为这样既便于生活用水，又可以发展水利，还能巩固国家安全。河流对当地的农业、商业等都有重要的影响。据学者考证，在淮河干支流上分布着众多的诸侯国：淮河干流有息（都城在今河南息县）、钟离（都城在今安徽凤阳），颍水有许（都城在今河南许昌市东）、项（都城在今河南沈丘），睢水有滑（都城在今河南杞县）、宋（都城在今河南商丘），70 泗水有鲁（都城在今山东曲阜）、滕（都城在今山东滕州）。据此可知，淮河及其支流如颍、汝、沙、睢、泗等，在当时都是流经多个诸侯国的河流。这些诸侯国为了本国的利益和军事征伐，肆意在各自管控的河段修堤筑坝，严重破坏了下游诸侯国的生产。为了遏制诸侯国破坏水利的行为，实力雄厚的诸侯国如齐国在会盟时便提出了制定水利盟约的建议。

春秋时期淮河流域兼并战争不断，给人民带来了深重的灾难。尤其是位于淮河上游的诸侯国，为了取得战争的胜利便肆意以水为兵、以邻为壑，人民苦不堪言。该流域较早出现水利盟约，跟该流域河道密布、水量充沛的地理环境是分不开的。正是该流域河道纵横、水网密布，才有了发动水战的可能，才出现了较早制定水利盟约的契机。

2. 水利事业的发达

先秦时期淮河流域河道密布，水量充沛，灌溉和水运事业都很发达，这一时期的水利技术已经达到了很高的水平——修建了大型灌溉工程芍陂以及邗沟、鸿沟等运河。所以沿河的各诸侯国，都打算把水截留在本国以发展灌溉、航运等水利事业来增强国力。为了协调上下游诸侯国之间的矛盾，合理利用水资源，迫切需要水利盟约来解决此类争端。

淮河流域开发利用水利的历史是很早的，最早可以追溯到大禹时期。传说大禹带领先民们发展沟洫来灌溉农田，“恶衣服而致美乎黻冕，卑宫室而尽力乎沟洫”[②]。《周礼·地官·司徒》还记载了主管沟洫的“稻人”，“稻人，掌稼下地，以潴畜水，以防止水，以沟荡水，以遂均水，以列舍水，以浍泻水”。此外，据学者考证当时的人们已经学会负水浇灌。随着生产实践的不断积累，

① 耿占军：《中国历史地理学》，西安地图出版社 2000 年版，第 241 页。

② 杨伯峻：《论语译注》，岳麓书社 2009 年版，第 97 页。

先民们对水利的开发利用不断深化，终于在公元前605年修建了大型的农田灌溉工程——芍陂。这一彪炳史册的大型灌溉工程，起初并不是专门用来发展灌溉农业的，而是增强国力加大对外征伐的产物——为发展军事力量提供物资。

春秋战国时期，流域内各诸侯国为了增强国力、发展经济，相继开挖了前文已述的沟通长江、淮河、黄河的人工运河。淮河流域河道纵横、水量充沛，水利开发历史悠久。到了春秋战国时期，随着宗法制的瓦解，诸侯争霸战争此起彼伏，沿岸诸侯更是利用占有河道的优势肆意破坏水利。开发利用水利事业本来是为人民谋福利的，如果为了满足本国的利益而不顾别国安危或者以此作为征伐、要挟别国的砝码，就没有正义可言了。淮河流域水利事业发达，水战产生的破坏力极强，所以就更要制定相关的水利盟约来规范开发、制止破坏水利的行为。

3. 早期朴素契约精神的萌芽

随着周王朝的衰微，春秋时期的会盟、盟约变得比较活跃。而这一时期的盟会，具有鲜明的时代特点——此时的盟约已经脱离宗法礼制的束缚，“礼乐征伐自天子出”变成“礼乐征伐自诸侯出”，具有了早期契约精神的萌芽。

到了春秋战国时期，会盟不仅变成了诸侯主要的外交形式，而且还成了军事征伐、政治较量的载体。尽管盟约的宗旨强调和睦、友好，但是此时的和平是多种因素共同作用的结果——实际上变成了权力、利益的角逐。据《礼记》记载，“盟”“会”是不同的两种形式：“诸侯未及期相见曰遇，相见于郤地曰会。诸侯使大夫问于诸侯曰聘，约信曰誓，涖牲曰盟。”[①]《文心雕龙·祝盟》记载：“盟者，明也。骍毛白马，珠盘玉敦，陈辞乎方明之下，祝告于神明者也。”[②] 据此可知，盟在古代社会中具有很重要的地位，而且还具有一定的约束力。

春秋战国时期虽然是强国政治时期，但是诸侯国要想取得霸主地位仅仅依靠政治变革、增强国力是不够的。文献记载，诸侯国还要适时举行一定形式的“会盟”来取得道义上的支持。《荀子·王霸》在论述如何成为霸主之

① 孙希旦：《礼记集解》（上册），中华书局1989年版，第140页。

② 杨明照：《文心雕龙校注拾遗补正》，江苏古籍出版社2001年版，第97页。

道时说："故用国者，义立而王，信立而霸，权谋立而亡。"① 虽然国力强盛，但是如果缺少道义上的支持，称霸也是不能长久的。有学者按照动机、目的将会盟分成了五类，"为两国通好而盟、为了攻打别国而盟、为促成他国间的友好而盟、为了自保而盟、因其他原因如顺从或有求于别国而盟"②。由此可知，会盟涵盖了社会内容的多个方面，在当时的重要程度可见一斑。试看鲁昭公十三年（前 529）齐晋之间的盟约："是故明王之制，使诸侯岁聘以志业，间朝以讲礼，再朝而会以示威，再会而盟以显昭明。志业于好，讲礼于等，示威于众，昭明于神。"由于晋国是强国，因此便强迫他国签订盟约，但是齐国拒绝这种不平等的约定。晋国便冠以"道义之名"的契约论进行劝说，又在武力上加以胁迫。再看鲁襄公十一年（前 562）晋国主导的这次盟约，"凡我同盟，毋蕴年，毋壅利，毋保奸，毋留慝，救灾患，恤祸乱，同好恶，奖王室"。从中可以看出，这里讲的是所有诸侯国都应遵守的义务——不能在荒年囤积粮食、不能垄断商品流通、不能包庇恶人等。上述这些条约中，隐约可见早期朴素社会契约的萌芽。

刘伯骥先生认为，春秋战国时期的诸侯会盟讲究道义、信守，对维护社会公平正义具有重要的意义："故会盟者，必须重精神、尚道义、讲信守，祛其功利所蔽，推己及人，和睦相亲。诚如是，则会盟方为弭乱之一法，进可为生民立命，为万世开太平也。"③ 这一时期，诸侯兼并战争不断，会盟也就更加频繁。而淮河流域出现的这些水利盟约，正是早期朴素契约精神的显现。

早在 2600 多年前，齐桓公和管仲就反对以水为兵、以邻为壑，还给出了解决水利纠纷的方法和策略——水利盟约。水利盟约的制定不仅减少了百姓的伤亡，更维护了社会的稳定，还在一定程度上促进了社会生产力的发展。随着诸侯争霸战争的加剧，水利盟约被肆意践踏，收效甚微。但是，水利盟约仍然具有深刻的历史意义和社会价值，"它推动了中华民族在这一历史时期中的融合，让文化的火种在纷繁的政治炮火中仍能传承发展"④。水利盟约不仅是为解决淮河流域水利矛盾的一次有益尝试，更是中国古代以德治国的

① 王先谦：《荀子集解》，中华书局 2013 年版，第 239 页。

② 朱增力：《〈左传〉中的盟之释义》，《山东教育学院学报》2010 年第 6 期。

③ 刘伯骥：《春秋会盟政治》，中华丛书编审委员会出版社 1977 年版，第 479—480 页。

④ 曾丽意：《〈左传〉盟约文化研究》，暨南大学硕士论文，2015 年。

政治文明的体现，在中国水利史、中华文明史上都具有重要的地位。

上述可知，淮河流域的先民们为了改善生存环境，先后开发了沟洫、桔槔、芍陂等农田灌溉以及邗沟、菏水、鸿沟等运河工程，极大地促进了该地区农业、手工业、商业的发展，对后世产生了巨大的影响。首先，农田灌溉技术增强了抵御旱涝灾害的能力，加速了农业文明的发展进程。灌溉农业提高了粮食产量，保证了人们能够进行更加细致的社会分工，进而从事更高层级的社会劳动，如城市管理者、手工艺人、战士、医生等。纵观世界文明发展史，农业尤其是灌溉农业的出现，无不发挥了重要的推动作用。淮河流域作为中国灌溉农业的发源地之一，为早期东方文明的发展作出了卓越贡献。其次，邗沟、鸿沟等运河的开凿，促进了不同地区间的贸易往来，丰富了人民的日常生活，增强了思想文化等方面的交流，巩固了统一多民族国家的发展基石，为中华文明注入了持久的活力。先秦时期在淮河流域开凿的这些运河，不仅奠定了后世航运的里程碑，更是中国对世界文明的贡献。

先秦时期修建的这些水利工程，虽历经千百年风雨，有些至今仍在造福人民，有力地彰显了淮河流域在早期中国的历史地位。该流域所创造的早期东方文明，不仅推动了多民族国家的统一化进程，还促进了封建大一统思想的形成和认同，更成为延续、发展华夏文明不可或缺的重要一环。

第五章 文化遗产

淮河流域在5000多年的中华文明史中孕育了灿烂辉煌的文化遗产，这些丰富多彩的历史遗存不仅代表了中华史前文明的卓越成就，而且还彰显了淮河流域在古代社会的重要地位，更对中华思想的形成产生了重要作用。淮河流域在先秦时期就处在政治、经济、文化的中心地位——史前时期的农业、手工业、家畜饲养以及历史遗存如聚落、建筑是其物质文化的重要基础；文字、音乐、思想等则是当地精神层面的典型表现。孕育于淮河流域的这些文化因素，不仅起源时间早，而且发展程度较高，为早期中华文明的形成作出了重要贡献。

第一节　聚落古迹

恩格斯指出："随着完全形成的人的出现而产生了新的因素——社会。"[①] 恩格斯所说的"社会"，在古代中国指的就是"群"。"群"是人类居住的基本特征之一，《吕氏春秋·恃君》记载了早期的居住形式：

> 凡人之性，爪牙不足以自守卫，肌肤不足以扞寒暑，筋骨不足以从利避害，勇敢不足以却猛禁悍。然且犹裁万物、制禽兽、服狡虫，寒暑燥湿弗能害；不唯先有其备，而以群聚邪？群之可聚也，相与利之也。

早期人类繁衍于河流沿岸，聚落也不例外——河流交汇处、大河沿岸往往会形成人口聚集地以及较大的村落。淮河流域河湖众多、水资源充沛，孕

① 恩格斯：《自然辩证法》，《马克思恩格斯全集》（第20卷），人民出版社1971年版，第513—514页。

育了光彩夺目的古代文明。作为先民们生产生活的根据地——聚落，在早期社会的发展中扮演了重要的角色。作为早期人类居住的高级形态，聚落及其由聚落形成的文化对宗法时代的乡土文化、乡土生活的影响是多方面的。中华民族安土重迁、相对较浓的乡土情结似乎与早期聚落形态有或多或少的关系。

在原始社会，先民们为了生存必须建立安全、适当的居住地——防止野兽侵袭、防暑避寒、遮风避雨。但是，在人类初期并没有固定的栖息地，主要是利用自然洞穴藏身。先民们之所以会选择栖息洞穴，一方面是因为生产力不发达，没有适当的生产工具来从事房屋建造等活动；另一方面则是因为先民们逐水草而居，即使有了固定的居住场所也要随水源迁徙。正如李伟先生所说："由于人们完全依靠天然食物，如兽、树果、草类等，而这些天然食物容易枯竭，食物的获取具有强烈的季节性和地域性，因此人类活动的范围经常大范围地移动，居住地流动不定。"①

一、淮河流域早期聚落的成因

聚落，是人类聚集在一起生产、生活的地方，通俗地讲就是先民们居住的根据地、大本营。随着人类社会的不断发展，聚落便被赋予了复杂的含义——兼有祭祀等其他内涵。先秦时期的聚落历经了漫长岁月的消磨，起初模样早已荡然无存。不过，随着近年来考古工作者的不懈努力并结合文献记载，早期聚落的模样正在被逐渐恢复。

随着生产力的发展，人类社会逐渐走向家畜饲养、栽培农作物等定居生活。在新石器时代中期产生的人类社会的第一次大分工，农业与手工业发生了分离，出现了从事农耕生产的固定居民点——村落。

聚落是人与环境、资源相互作用的产物，而且一旦固定下来便对生产生活产生重要的影响。《中国大百科全书》认为"（聚落）是指人类各种形式的居住场所，在地图上常被称为居民点，它不仅是人类活动的中心，同时也是人们居住、生活、休息和进行各种社会活动以及进行劳动生产的场所"。

① 李伟：《中国旅游文化》，清华大学出版社 2013 年版，第 105 页。

余英先生进而认为，“（聚落）在一定地域内发生的社会活动和社会关系，特定的生活方式，并且有共同的人群所组成的相对独立的生活空间和领域”①。村落是我国乡土社会的基本经济单位，是乡土社会人群聚居、生息、生产的地方。

早期人类大多逐水草而居，所以先民们的生活就有很大的不固定性、不稳定性。后来，伯益在总结前人经验的基础上开凿了水井，在一定程度上解决了饮水问题，为人类走向定居生活提供了水源保证。水井的开凿，使得先民们可以远河而居，为聚落的形成提供了前提条件。

考古工作者在郑州商城遗址中发现了很多不同类型的水井，甚至还发现有水井群。据《中国农业文物宝典·农田水利》统计，新石器时代就已经出现了水井，而且这些水井已经分布在全国的大部分地区②。淮河流域的水井就有河南新郑唐户遗址出土的新石器时代裴李岗文化水井、山东济宁张山的新石器时代北辛文化水井、山东济宁张山洼的新石器时代北辛文化水井等。为便于更直观地展现淮河流域先秦时期水井的规模，兹列表如下：

数量	年代	地区	出处
1	新石器时代裴李岗文化	河南新郑唐户	《考古》2010 年 5 期
1	新石器时代北辛文化	山东济宁张山	《考古》1996 年 4 期
1	新石器时代北辛文化	山东济宁张山洼	《考古》2007 年 9 期
4	夏代	河南驻马店杨庄	《考古》1995 年 10 期
1	商代	河南郑州电力学校	《考古》1986 年 4 期
1	商代	山东济宁玉皇顶	《考古》2005 年 4 期
32	商代晚期	河南荥阳关帝庙	《考古》2008 年 7 期
1	周代	河南南阳十里庙	《考古》1959 年 7 期
1	战国	河南汝州中山寨	《考古》1986 年 7 期
1	战国	山东济宁张山	《考古》1996 年 4 期

先秦时期修建的这些水井，在先民们的定居生活中起了重要作用。这里需要说明的是，郑州商城遗址内的水井都位于城内的东北部或者东部，而且

① 余英：《中国东南系建筑区系类型研究》，中国建筑工业出版社 2001 年版，第 116 页。
② 胡泽学：《中国农业文物宝典》，中国农业出版社 2013 年版，第 579 页。

离城东墙的距离都在100米左右——说明郑州商代遗址里的水井在建造时是比较讲究的，已经有了比较合理的布局，而且也说明了商代的先民们在寻找水源的能力、凿井技术等方面已有相当的进步①。

进入原始社会后期，人们之间的亲情纽带逐渐建立起来了，家庭的观念也相对稳固。家庭、亲情的出现，使得联姻成为可能。

随着人类社会的发展，氏族之间通过联姻、互助等联系逐渐形成更大的群体，这时就出现了氏族、部落两类群体。无论是氏族还是部落，都是群居生活——因为当时的生产力还比较落后，在部落中生活，集体的力量会强大一些，生活可以更安全、更稳定。近些年来，考古工作者在淮河流域的遗址中相继发掘出很多的家庭墓葬、氏族墓葬就说明了这一点。而且，一些氏族势力强大以后，就会出现彼此间的战争与联姻——再次加深彼此之间的联系，促进更大规模聚落的形成。

淮河流域会较早地出现聚落、部族，与该流域气候条件的适宜、水井的发明、血缘纽带的巩固有很大的关系。这些早期的聚落、部族在推动城镇的发展、文明的形成过程中发挥了很大的作用。

二、淮河流域聚落的特点

淮河流域人类开发历史悠久，河流众多，水资源丰富，在古代社会具有很重要的历史地位。马俊亚先生认为："自远古至唐朝，鲁南、豫南、皖北、苏北均为中国经济相对发达的地区。"②在中华文明的早期阶段，淮河流域创造了灿烂辉煌的华夏文明。近年来，考古工作者在该流域相继发现了众多的史前文化遗存，其中不乏大型村落、聚落等遗址。

1. 出现的时间早

淮河流域出现村落遗址的时间是很早的，有学者认为远古时期就有了聚落的初级形态。1978年考古工作者在河南新郑裴李岗发现了8000年前的氏

① 河南省文物研究所：《郑州商城考古新发现与研究1985—1992》，中州古籍出版社1993年版，第90页。
② 马俊亚：《区域社会经济与社会生态生活》，三联书店2013年版，第186页。

族村落遗址，有力地证明了淮河流域村落起源悠久的历史[①]。根据发掘情况分析，当时的住所大多为窝棚式——以圆形或近方形居多。裴李岗遗址作为淮河流域新石器时代的杰出代表，具有很大的典型意义。首先，该遗址地处高山之阳的河水冲积平原，该遗址海拔较高——超出了现代河床达 25 米。先民们选择在高地建造聚落，说明当时已经掌握如何进行住地选址的知识，在人类建筑史上具有很大的进步意义。近几年又在登封、许昌、郑州、中牟、郏县、长葛、尉氏、郡陵、舞阳、项城等地，陆续发现裴李岗类型的遗址近 60 处——由此可以说明在新石器早期，汝水、颍水等淮河流域上游地区的人们已是定居生活。不仅如此，龙厚昕、张博等先生又根据鲁中山地西麓的北辛等遗址群分析得出，“淮河流域的聚落最早形成于山前冲积扇平原地区”[②]。

2. 规模较大，出现了功能分区

到了新石器时代中后期，淮河流域的农业生产得到了很大的发展。此外，先民们的生产工具及建筑技术也有了很大的提高——已经有了较为锋利的石斧，可以用来砍伐树木建造质量稍好、面积稍大些的房屋。随着时间的推移，农耕的范围逐渐扩大，村落分布的密度、规模也多有增长。此外，这一时期村落的结构也有了功能分区，出现了制陶区、墓葬区以及沟壕状防御设施。

位于郑州地区的大河村落遗址，是这一时期的典型代表。大河村遗址位于郑州北郊，该遗址中保存较好的是房屋遗迹。该遗址共发掘出大小房基达 42 座，而且根据考古学家测定，该房基涵盖了不同时代的土层，这就说明大河村遗址的年代跨度很大。出土的这些房基大多较为完整，呈东西并列形。难能可贵的是，该遗址还出现了房墙——残留的墙壁最高达到了 1 米。考古学家发现，这些墙体的材料是草拌泥，而且还是泥块砌法——在国内同时期发现的房基中也是绝无仅有的。

此外，考古学家还在大河村落遗址周围发掘出大片的墓葬、制陶窑洞以及大小不一的窖穴。该遗址出土的墓葬及瓮棺很多，高达 300 余座；通过这些墓葬还能看出较为明显的等级制度。考古工作者在该遗址内发掘的制陶窖穴也很多，达到了 280 个。这些窖穴不但形制不一，而且窖穴的内壁还出现

① 开封地区文管会，新郑县文管会：《河南新郑裴李岗新石器时代遗址》，《考古》1978 年第 2 期。

② 龙厚昕、张博、鲁大伟、王燕：《淮河流域聚落的起源及环境》，《枣庄师范专科学校学报》1997 年第 4 期。

了烧陶，这在同时期的窖穴遗址中也是不多见的。另外，在该遗址中完整和通过复原的陶、石、骨、蚌、玉器高达3500件。大河村聚落遗址的发现，强有力地说明了淮河流域聚落形成时间之早、规模之大，在我国考古学上占有重要地位。类似大河村遗址类型的，还有郑州林山寨、荥阳青台村、禹县谷水河、鲁山邱台城等遗址。

1959年5月，在宁阳堡头村和大汶口镇发现的村落遗存，被定为大汶口文化类型。这里发现的聚落遗址大体上可以算是初级的农业部落，出土了大量的农业生产工具、粮食作物、家畜等。此种文化型以鲁中山地分布最多，如山东兖州西南的王因遗址①就属此类。王因村落遗址的特殊之处在于，它比周围高出了1.5米左右，房基10余座，窖穴、灰坑近百个，墓葬899个，是目前我国发现的最大的史前墓地之一②。该聚落中的住房与窖穴、墓葬都是设在一起的——可以看作家庭私有制的萌芽。尤其值得注意的是，房屋的地表有白灰拌土压实的痕迹，说明房屋质量已经有了很大的提高。

到了新石器时代后期，气温带渐趋南移，这里的天气逐渐变得干燥，东部的海岸线也渐趋东退，淮河流域的面积也就得以逐渐扩大，曾经的海岸变成了如今的桑田，这就为生活在淮河流域东部的淮夷氏族提供了更多的土地和活动空间。勤劳的淮夷氏族在这片土地上不断辛勤劳动，筑造了很多质量较好的建筑。尤其是发现于这一时期的海岱地区村落遗址，已经有了现代房屋的雏形。

三、聚落对后世的影响

在聚落形成之前，淮河流域已经有了人类活动，在淮河流域发现了60万—1万年前的人类活动遗址，如沂源土门、许昌灵井、泗洪下草湾、连云港桃花涧等遗址。在人类聚居之前，先民们可能会像其他动物如鸟儿一样栖居在树杈上。随着生产力水平的提高和社会实践经验的增加，先民的居住形式也随之改变，如《周易·系辞下》记载：“上古穴居而野处，后世圣人易

---

① 王芬：《王因墓地分析》，《考古学报》2006年第1期。

② 智介：《山东王因——新石器时代遗址发掘报告简介》，《考古》2000年第7期。

之以宫室，上栋下宇，以待风雨。”在淮河流域沙颍河上游地区分布着大面积的黄土性冲积扇，土质疏松，易于挖成洞穴。有些人群干脆在平地上用木棍、树枝、茅草搭成窝棚或风障，是对树巢的一种模仿，虽结构简单，十分简陋，但毕竟是人造。人造住所，是人类居住史上的一大进步，能人造住所，人类便可采用定居生活方式，这为选择环境优越的住地提供了保证。穴居作为先民们的早期居住形式虽然相比之前的“露天而居”有了很大的进步，但是仍然受地理环境和自然条件的限制。地穴呈圆形的半地穴式坑，墙壁的表面也涂有细泥，居住的室内地面涂抹了一层黄土细泥，显得平整而坚硬，屋内有灶坑，室外有斜坡状的出口。这种穴居的居住方式一直到西周晚期仍然存在。

淮河流域的早期聚落虽然结构简单、稳固性不是很好，但这毕竟是人造住所的早期形态。淮河流域原始住所最早出现在冲积扇平原上，以穴室、窝棚为主要形式。传说中“三皇”之首的太昊就居住在今淮阳一带；被称为“人文初祖”的黄帝，也曾在今新郑一带活动过（新郑市每年农历三月初三还举办祭祖大典），还有少昊氏族、高辛氏族、高阳氏族等。

淮河流域较早出现了村落，又较早出现了城，这与它优越的环境条件是分不开的。它适合人类生存，能为人类提供赖以生存的食物和环境，有利于人群的成长壮大。“淮河流域聚落起源很早，反映了流域文化之深厚、久远，这是我们淮河流域的居民引以自豪的。”①

先民们在生活走向定居之后，再加上血缘、姻亲纽带的巩固，不可避免地会对外进行征伐、扩张，以获取更多的社会财富来满足本聚落的需要。这种看似对外扩张的行为在一定程度上加速了私有制的进程：一方面，实力强大的部落获取了更多的奴隶、财富来满足自己的欲望；另一方面，他们将获取来的奴隶用来从事其他活动，如耕种、养殖、对外征伐。聚落部族的形成对社会制度的转变、思想文化的传播、“民族观念”的形成都具有极其重要的意义。

考古工作者发现的这些新石器时代的聚落遗址（群）对我们研究早期人类的生存状况具有很大的指导意义。这里需要指出的是，郑州大河村遗址原始社会陈列展览已经于 1986 年 5 月 22 日正式展出，“这次展出的古文物近

① 龙厚昕、张博等：《淮河流域聚落的起源及环境》，《枣庄师范专科学校学报》1997 年第 4 期。

500件，原始社会完整的房基一座；同时，还复原出一座原始人模拟村，展现了五、六千年前人类的文明”[①]。

淮河流域较早出现聚落、部族，对淮河流域文化的发展产生了积极的作用。一方面，先民们走向定居生活有利于从事更加复杂的劳动如畜牧业、水产养殖业、手工制陶业等，不仅可以满足先民们日益增长的物质文化需要，还加速了早期文明的进程；另一方面，定居生活加强了各部落之间的联系——各部族之间通过联姻、血缘等关系巩固了家庭、民族的观念，对形成华夏民族的观念产生了积极的作用。考古工作者通过复原、再现史前聚落遗址，为我们研究上古时期先民们的生产生活提供了最为直观的材料。

淮河流域人类开发历史悠久，郑州大河村、蒙城尉迟寺等大型聚落遗址的相继发现，无不证明淮河流域历史之源远流长、文化之博大精深。

第二节　神话传说

一般认为，神话传说是生产力不发达的产物，往往具有迷信色彩。其实，神话传说作为先民们的遥远记忆，承载了太多的信息。这些信息是我们打开上古社会的钥匙，更是我们弥足珍贵的寄托——这些神话传说往往与图腾、信仰有很大关系。马克思在《〈政治经济学批判〉导言》中对人类的起源问题、神话传说等做了阐释：“通过人民的幻想用一种不自觉的艺术方式加工过的自然和社会形式本身。”[②]这里强调了人民在神话创造中的地位和作用，并且认为神话是以故事的形式表现远古人民对自然、社会现象的认识和愿望。神话产生于原始社会，因此人们也通常把缺少文字记录的原始社会时期称为“神话时期”。马克思在《黑格尔法哲学批判导言》中也说：“古代各族是在幻想中、神话中经历了自己的史前时期。”可见，神话与先民们的想象与幻想是分不开的。

神话作为先民们“不自觉”创造的早期文化形态，不仅是我们了解上古

① 谢遂莲：《郑州大河村遗址陈列正式开放》，《中原文物》1986年第3期。

② 马克思、恩格斯《马克思恩格斯选集》（第12卷），中共中央马克思恩格斯列宁斯大林著作编译局译，人民出版社1962年版，第721页。

社会的重要途径，而且还对后世的文学（尤其是小说、诗歌）、人类学、文化学、历史学等都产生了重要的影响。所以说，神话的意义已经不仅仅局限在对某种自然或社会现象的解释这一层面上，还在某种程度上表达了早期人类征服自然、变革社会的强烈愿望。

淮河流域河流众多，湖泊纵横，水资源丰富，早期先民们在这片土地上劳动、生活，创造了丰富多彩的神话故事。

一、创世神——盘古

桐柏山不仅是淮河的发源地，而且还是盘古文化的重要发源地之一，“桐柏山除了独特的淮源文化外，更重要的文化资源是盘古文化”[①]。河南南阳桐柏山一带的神话资源十分丰富，尤其是有关盘古文化的神话传说，可以说是妇孺皆知。该地区不仅有丰富的盘古文化，还有盘古山、盘古庙、盘古井、盘古磨、盘古船等遗迹。中国著名神话研究大家袁珂先生到这里考察后认为：“桐柏山是中原盘古文化产生的中心。”

每个民族都会追溯本民族的历史，进而追溯宇宙万物的发展变化与人类的起源。众多民族的神话传说，赫然写在第一页上的都是关于宇宙万物从何而来的创世故事以及开天辟地创造世界的神话人物。关于宇宙、人类的来源，是我们永恒不变的话题，早在 2300 多年前的屈原便发出了“曰遂古之初，谁传道之；上下未形，何由考之”[②]的疑问。那么，中华民族开天辟地的神话人物是谁？“自从盘古开天地，三皇五帝到如今。”这是中华民族乃至世界华人妇孺皆知的一句民谣，体现了各民族强烈的文化认同。可以说，盘古、盘古神话是中华民族历史文化伟大开端的一个不朽的、永恒的象征。

盘古“开天辟地”已为人们所熟知，但是如果深究其人其事，则往往难以阐述明白。正如吕思勉先生在《读史札记》中所言：“今世俗无不知有盘古氏者，叩以盘古事迹，则不能言，盖其说甚旧，故传之甚广，而又甚荒矣。”[③]

① 韩广峰：《山海经易读》，上海古籍出版社 2015 年版，第 217 页。
② 董楚平：《楚辞译注》，上海古籍出版社 2016 年版，第 70 页。
③ 吕思勉：《读史札记》（上），译林出版社 2016 年版，第 1 页。

直到公元三世纪的三国时代，盘古神话才出现在徐整的《三五历纪》中。为了引述的方便，我们把散见于其他典籍的文献辑录于此：

《山海经·大荒北经》："西北海之外，赤水之北，有章尾山。有神，人面蛇身而赤，直目正乘，其瞑乃晦，其视乃明。不食不寝不息。风雨是谒，是烛九阴，是谓烛龙。"①

《山海经·海外北经》："钟山之神，名曰烛阴，视为昼，瞑为夜，吹为冬，呼为夏，不饮不食不息，息为风，身长千里。在无䏿之东，其为物，人面，蛇身，赤色，居钟山下。"②

《艺文类聚》卷一一引《三五历记》："天地浑沌如鸡子，盘古生其中，万八千岁，天地开辟，阳清为天，阴浊为地。盘古在其中，一日九变，神于天，圣于地。天日高一丈，地日厚一丈，如此万八千岁，天数极高，地数极深，盘古极长，后乃有三皇。数起于一，立于三，成于五，盛于七，处于九，故天去地九万里。"

三国吴徐整《三五历纪》："盘古之君，龙首蛇身，嘘为风雨，吹为雷电，开目为昼，闭目为夜。死后骨节为山林，体为江海，血为淮渎，毛发为草木。"

东晋葛洪《枕中书》云："昔二仪未分，溟涬鸿蒙，未有成形。天地日月未具，状如鸡子，混沌玄黄。已有盘古真人，天地之精，自号元始天王，游乎其中，溟涬经四劫，天形如巨盖，上无所系，下无所依。天地之外，辽阔无端。玄玄太空，无响无声，元气浩浩，如水之形，下无山岳，上无列星。积气坚刚，大柔服维。天地浮其中，展转无方。若无此气，天地不生。天者如龙，旋回云中。复经四劫，二仪始分，相去三万六千里。崖石出血成水，水生原虫。原虫生滨牵、生刚须、刚须生龙。元始天王，在天中心之上，名曰玉京山。山中宫殿，并金玉饰之，常仰吸天气，俯饮地泉。复经二劫，忽生太元玉女，在石涧积血之中，出而能言，人形具足，天姿绝妙，常游厚地之间，仰吸天气，号曰太元圣母。元始君下游见之，乃与通气结精，招还上宫。当此之时，二气细缊，覆载气息，阴阳调和，无热无寒，天得一以清，地得一以宁，并不复呼吸，宜气合会相成自然饱满。大道之兴，莫过于此，结积坚固，是以不朽。金玉

① 袁珂：《山海经校注》，巴蜀书社 1993 年版，第 499 页。
② 袁珂：《山海经校注》，巴蜀书社 1993 年版，第 277 页。

珠者，天地之精也，服之能与天地相毕。”

梁代任昉《述异记》：“昔，盘古之死也，头为四岳，目为日月，脂膏为江海，毛发为草木。秦汉间俗说：盘古氏头为东岳，腹为中岳，左臂为南岳，右臂为北岳，足为西岳。先儒说：盘古氏泣为江河，气为风，声音为雷，目瞳为电。古说：盘古氏喜为晴，怒为阴。吴楚间说：盘古氏夫妻，阴阳之始也。今南海有盘古氏墓，亘三百里，俗云后人追葬盘古之魂也。桂林有盘古祠，今人祝祀，南海中有盘古国，今人皆以盘为姓。昉按：盘古氏，天地万物之祖也，然则生物始于盘古。”

南宋诗人曾丰《题盘古山》：“清风扑袂次飕飕，吹到盘山最上头。石室少开嫌俗看，莲花时落任僧收。铜人阅世几寒暑，木客嘲风谁唱酬。故老相传半疑信，粥盂茶碗慰吾游。”

明代李贽《史纲评要》：“相传首出御世者，曰盘古氏，又曰浑敦氏。生于大荒，莫知其始，明天地之道，达阴阳之变，为三才首君，于是混茫开矣。”

《路史》引《初三皇纪》：“荆湖南北，今以十月十六日为盘古氏生，以候月之阴晴。”

明代董斯张《广博物志》：“盘古垂死化身，气成风云，声为雷霆，左眼为日，右眼为月，四肢五体为四极五岳，血液为江河，筋脉为地里，肌肉为田土，发髭为星辰，皮毛为草木，齿骨为金石，精髓为珠玉，汗流为雨泽，身之诸虫，因风所感，化为黎氓。荆湖南北以十月十六日为盘古生日。”

明代周游《开辟衍绎通俗志传》：“盘古将身一伸，天即渐高，地便坠下。而天地更有相连者，左手执凿，右手持斧，或用斧劈，或以凿开。自是神力，久而天地乃分。二气升降，清者上为天，浊者下为地，自是混沌开矣。”

明代周游《开辟衍绎通俗志传》附录《乩仙天地判说》：“天地合闭……就像个大西瓜，合得团团圆圆的，包罗万物在内，计一万零八百年，凡一切诸物，皆溶化其中矣。”一作：“止有金木水火土五者混于其内，硬者如瓜子，软者如瓜瓤，内有青黄赤白黑五色，亦溶化其中。合闭已久，若不得开，却得一个盘古氏，左手执凿，右手执斧，犹如剖瓜相似，辟为两半。上半渐高为天，含青黄赤白黑，为五色祥云；下半渐低为地，含青黄赤白黑，为五色石泥。硬者带去上天，人观之为星，地下为石，星石总是一物，若不信，今有星落地下，若人掘而观之，皆同地下之石。然天下亦有泉水，泉水无积处，流来人间，而注大海。”

明代徐道《历神仙通鉴》：“元者，本也。始者，初也，先天之气也。此气化为开辟世界之人，即为盘古；化为主持天界之祖。”

清代马骕《绎史》卷一引徐整《五运历年记》：“元气濛鸿，萌芽兹始，遂分天地，肇立乾坤，启阴感阳，分布元气，乃孕中和，是为人也。首生盘古，垂死化身：气成风云，声为雷霆，左眼为日，右眼为月，四肢五体为四极五岳，血液为江河，筋脉为地里，肌肉为田地，发髭为星辰，皮毛为草木，齿骨为金石，精髓为珠玉，汗流为雨泽，身之诸虫，因风所感，化为黎氓。”

《古今图书集成·岁功典》卷八三引《补衍开辟》：“天人诞降大圣，曰浑敦氏，即盘古氏，初天皇氏也。龙首人身，神灵，一日九变，一万八千岁为一甲子，荆湖南北以十月十六日为生辰。有初地皇氏，初人皇氏。”

《路史·前纪一》：“代所谓盘古氏者，神灵，一日九变，盖元混之初，陶融造化之主也。《六韬·大明》云：‘召公对文王曰：“天道净清，地德生成，人事安宁。戒之勿忘，忘者不详。盘古之宗不可动也，动者不祥。盘古之宗不可动也，动者必凶。”’今赣之会昌有盘古山，本盘古名。其湘乡有盘古保，而雩都有盘古祠，盘古之谓也。按《地理坤鉴》云：‘龙首人身。’而今成都、淮安、京兆皆有庙祀。事具徐整《三五历纪》及《丹壶记》。至唐袁天罡推言之《真源赋》，谓元始应世，万八千年为一甲子。荆湖南北今以十月十六日为盘古氏生日，以侯月之阴暗，云其显化之所宜，有以也。《元丰九域志》‘广陵有盘古冢、庙’，殆亦神假者。《录异记》成都之庙有盘古三郎之目，庸俗之妄。”

《山海经》里记录的只是盘古其人其事，并未突出盘古作为创世神的形象，也未形成完整的神话系统。虽然盘古神话传说出现在三国时期，然而并不是说盘古神话在三国之前不存在，“盘古的名字，虽然三国时才见经传，而口头流传则很早，南朝梁任昉《述异记》在谈到盘古时就有‘秦汉间俗说’‘古说’‘吴楚间说’的提法，由此可以断定，盘古神话产生的年代，当早于秦汉”①。三国以后，经过徐整的传播，盘古开天辟地的神话遂散见于其他史籍文献——

① 尹荣方：《洪水神话的文化阐释》，上海人民出版社 2016 年版，第 126 页。

盘古也成为中华民族开天辟地、创造世界的神话人物。

桐柏县，位于今河南省南阳市，是淮河的发源地。盘古与桐柏县的渊源要从三国时期吴国徐整的《三五历纪》说起，“盘古之君，龙首蛇身，嘘为风雨，吹为雷电，开目为昼，闭目为夜。死后骨节为山林，体为江海，血为淮渎，毛发为草木”。盘古在开天辟地之后，他的血液化为了淮河之水，成了淮河之源。

在桐柏水帘洞的西面，有一座山岭，从远处看，好似人形，呈南北仰卧状。该山海拔 990 米，周长约 6600 米。明代文学家李梦阳在其《大复山赋》描述了盘古山的走向及形成原因：“昔盘古氏作，兹焉用宅。是以浊清判，三纪揭，澒洞开，明划日月，厥山既形，余乃发。故而上冠星精，下首地络。聚膏以为崇，渗石以成川。窍若浮肺，万谷滮定，神瀑涌焉。飞流崩崖，走壑蹴石。喷雪打钟，隆砰铿峋。迅霆击虹，震干太空。若其势磅礴逆状，折若胎簪。嵩首殿其北，荆沔包其南。右枕熊耳之岭，左朝桐柏之山……”

水帘洞西面盘古溪内的峡谷中，有一块巨石——在该石头的中间裂开了一条大缝。当地老百姓说，这道缝叫作斧劈石。当地流行说是盘古当年用斧头开天辟地的时候，留下的印迹。

峰顶太白顶以西的峡谷中，倒立着一块巨石。从远处看去，该巨石就像一轮斧子。传说盘古开天以后，创造了桐柏山，但是由于身体太累，遂将神斧扔到这峡谷中，躺下休息了。

月河徐寨的山沟里，也有一块巨石，人称盘古磨。当地居民称，这就是盘古奶奶从祖师顶滚磨成亲滚下的一盘磨，可称天下第一磨——该磨最为古朴、原始，没有一点人为雕琢的痕迹。

桐柏不仅是淮河的发源地，而且还孕育了丰富的盘古神话——不仅丰富了当地的精神文化生活，还促进了中华民族神话谱系的构建。不仅如此，盘古神话还是国家公布的第二批非物质文化遗产项目，桐柏县更是经中国民间文艺家协会命名的“中国盘古之乡”。在中国，盘古开天辟地的故事是最早也是流行最为广泛的创世神话，其数量壮观、内容丰富、类目齐全，可谓举世无双。

南阳盘古神话是由一系列的故事集合而成的，按内容可分为四大部分[①]，即风物记忆中的盘古神话、民俗记忆中的盘古神话、口头记忆中的盘古神话、文字记忆中的盘古神话等，共计 56 项内容之多。

盘古神话流传广泛、情节完整、内容丰富，是中原古老神话传说的组成部分，体现了中原文化的特点。这一神话是人类早期历史的浓缩，几乎包含了自然万物与自然现象、人类起源的全部解释，最具原始风貌和宏大气魄，是自然力人格化和抽象概念具体化的展现，它体现了人类对生活、生命、死亡、爱恋和真、善、美及假、恶、丑的朦胧认识。流行于南阳桐柏一带的盘古神话，更是加上了后天文明时代的特色，融入了道教思想、伦理思想。博大精深的盘古文化独立于南阳的农耕文化和楚汉文化之外，独树一帜。盘古文化不仅有历史研究的学术性，而且有当代意识的现实性，在国内外有着巨大影响。近年来，桐柏成立了盘古文化研究会，大批学者踊跃加入，对桐柏山的盘古神话资源进行了比较系统的研究，提出了很多开发利用的建设性意见，先后出版了《盘古之神》《盘古学启论暨人类早期史纲》《历代盘古论》等专著，并按照图腾、地理、民俗、敬祖和活化石五个标准衡量、论证了桐柏山即是中国盘古神话的发源地这一结论。

2005 年 5 月 23 日，经国家专家组实地考察论证后，中国民间文艺家协会正式命名桐柏县为“中国盘古之乡”。近年来，桐柏县成功举办了多届世界华人祭祀盘古大典，成为华夏子孙寻根敬祖的圣地。

二、火祖——燧人氏

纵观人类文明史，控制、利用火为人类造福是一个漫长的实践过程。《淮南子·览冥训》载：“往古之时……火爁炎而不灭。”《绎史》卷一引《真源赋》载：“天皇……时遭劫火。”先民们在看到大火时不知所措，对火产生了很大的恐惧感——火祖燧人、火神阏伯这两个形象正好说明了先民们火神崇拜的原型思维。在中华文明发展史上，“火”具有极其重要的意义——不仅改变了先民们的饮食结构，还加速了华夏文明的历史进程。

① 姚进忠：《经典南阳》，河南大学出版社 2011 年版，第 219 页。

传说发明火的是被称为上古“三皇”之一的燧人，亦称燧人氏。《白虎通·号》记载：“谓之燧人何？钻木燧取火，教民熟食，养人利性，避臭去毒，谓之燧人也。”燧人氏发明的人工取火，改变了先民们茹毛饮血的生活方式，不仅减少了肠胃疾病，有利于人体消化吸收，更促进了体质、智力的发展。郇恒先生在《国史源》中还认为，钻木取火技术的发明及石器制作技术的进步，推动了此时期人类的进化。《韩非子·五蠹》载：“上古之时……民食果蓏蚌蛤，腥臊恶臭，而伤害腹胃，民多疾病。有圣人作，钻燧取火，以化腥臊，而民悦之，使王天下，号之曰燧人氏。”由于燧人氏发明了火，教人食用熟食，减少了胃肠道疾病，故后世皆尊奉燧人为火祖。至今在河南商丘仍有“阏伯台”“燧皇陵公园”。

燧人氏，作为上古传说人物，历代典籍语焉不详，再加上文献散佚严重，给我们的研究带来了很大的困难。现就笔者所掌握的资料，来对这一传说人物做一番梳理。

提起中华民族的历史，人们常说“三皇五帝”。后世关于“三皇”有众多的说法，学者多认同《尚书大传》“遂人、伏羲、神农”之说：“遂人为遂皇，伏羲为戏皇，神农为农皇也。遂人以火纪，火，太阳也。阳尊，故托遂皇于天。”《三坟》云：“燧人氏，有巢氏子也。生而神灵，教人炮食，钻木取火，天下生灵尊事之。始有日中之市，交易其物，有传教之台，有结绳之政。”《风俗通义·皇霸》篇引《礼纬·含文嘉》云：“遂人始钻木取火，炮生为熟，令人无复腹疾，有异于禽兽，遂天下之意，故曰遂人也。”《三坟》《风俗通义》告诉我们在燧人氏发明钻木取火之后，先民们的生活发生了很大的变化——不仅减少了胃肠道疾病，还促进了物品的简单流通。据杨东晨先生考证，这个始为“皇”的燧人氏，不是所谓的“时代符号”或者“时代烙印”，而是新石器时代早期（10000—7500 年前）氏族的首领，约与华胥氏同期，世代子孙均称“燧人氏”。《通志·三皇纪》引《春秋世谱》云：“华胥生男子为伏羲，女子为女娲。”据此可以推断，燧人是伏羲、女娲的“父”族，其生活的年代比伏羲氏、女娲还要早。

燧人氏一直受到人们的敬重和崇拜，被尊为“三皇之首”，奉为“火祖”。

皇甫谧在《帝王世纪》载：“太昊帝庖牺氏，风姓也。燧人之世，有巨人迹出于雷泽，华胥履之，而生包牺。长于成纪，蛇身人首，有圣德。”《三坟》云：“伏羲氏，燧人子也，因风而生，故风姓。”从上述古代典籍中的记载，我们可以很明确地了解到：其一，燧人氏是伏羲氏、女娲的“父”族；其二，燧人氏是伏羲氏先祖，更是当之无愧的“三皇之首”；其三，伏羲为华胥氏之子，实际也是燧人氏的后人。

记载燧人氏较早的文献是《庄子·盗跖》篇：“古者民不知衣服，夏多积薪，冬则炀之，故命之曰知生之民。”学者认为，这里的“知生”指的就是燧人氏。《礼记·礼运》篇记载：“昔者先王未有宫室，冬则居营窟，夏则居橧巢。未有火化，食草木之实、鸟兽之肉，饮其血，茹其毛。未有麻丝，衣其羽皮。后圣有作，然后修火之利，范金合土，以为台榭、宫室、牖户，以炮以燔，以亨以炙，以为醴酪。治其麻丝，以为布帛，以养生送死，以事鬼神上帝，皆从其朔。”[①]这里说明，远古先民们生活条件是极其恶劣的：冬天生活在动物的洞窟，夏天生活在树巢，吃鸟兽之肉、喝动物之血。自从有了火之后，先民们便可以“炮”“燔”来改善自己的生活条件。《管子》《韩非子》中的记载已经初步具有人格化，“燧人作，钻燧生火”“有圣人作，钻燧取火，以化腥臊，而民悦之，使王天下”。这里不仅指出了“圣人”是燧人氏，还指出其由于杰出的功德，而“王天下”。

关于燧人氏钻木取火的时代，学术界一般多认同翦伯赞先生在《先秦史》一书中的旧石器时代中期之说。

因为时代的久远，我们今天很难对燧人氏生活的年代做出一个具体的界定，但是根据古籍的记载和生活景象的描述，我们仍然可以有个大概的把握。清代学者马骕《绎史》在引《帝王世纪》时说：“燧人氏没，庖牺氏代之继天而王，首德于木，为百王先。”据此可以肯定，燧人氏属于我国原始社会早期的一个古老的母系氏族，先于伏羲氏出现。此外，在旧石器时代中期的文化遗址中，还相继发现了先民利用火的痕迹——进一步证实了这一结论。

陕西历史博物馆杨东辰先生在《中华“遂皇”考——燧人氏的事迹及时代之考察》中认为：“著名史学家翦伯赞在《先秦史》中说：‘相当于传说中燧人氏时代，亦即蒙昧中期的社会经济构造，是中期旧石器时代的文化……

① 崔高维：《礼记》，辽宁教育出版社 2000 年版，第 76 页。

火的发现与应用，是这一时代的主要特征。传说中也说燧人氏是中国最初发明用火的神人。’”据此可知，翦伯赞先生不仅认为火的发明者为燧人氏，而且还指出了发明火的大概年代“蒙昧中期”。李绍连先生在《华夏文明之源》中说：“在旧石器时代中期时可能有过一段不会用火的时期，起码有过不会用火的时期……根据民族学资料，不少民族都有各种生火的方法，其中钻木取火是较普遍的一种，有鉴于此，上古钻木取火之说亦是可信的。而用火对于人类的自身发展有着重要的意义。”李绍连先生认为，新石器时代各民族发明火的条件是客观存在的，而且认同了钻木取火的传说。关于钻木取火的时代，杨先生认为，“燧人氏与华胥同期或稍后，为新石器时代早期的氏族首领”。

需要特别指出的是，钻木取火的传说有三种不同的说法。除了燧人氏钻木取火，还有伏羲氏钻木取火、黄帝钻木取火之说。如《绎史》卷三引《河图挺辅佐》曰：“伏羲禅于伯牛，钻木取火。”《太平御览》卷七九引《管子》云：“黄帝钻燧生火，以熟荤臊，民食之无肠胃之病。”

但是，学界还是普遍倾向于认为钻木取火是燧人氏发明的。记载伏羲、黄帝发明钻木取火的文献不仅相对较少，还非常笼统、不具体。与此同时，我们还要认识到，黄帝生活的时代距今约5000年，而火的发明是早已就有的事。如果说火的发明者是黄帝，在时间上也与历史不符。此外，《帝王世纪》《三坟》《通志·三皇纪》记载伏羲乃是燧人氏的后人，燧人氏在发明钻木取火的技术之后，肯定会在伏羲时代得到传承。所以说，伏羲只能说是取火技术的传承者，不能说是发明者。

由此说来，燧人氏是世界有史料记载的人工取火的信史祖先。燧人氏发明的钻木取火技术，是中国火文化的源头，燧人氏也是当之无愧的“火祖”。

关于燧人氏发明火以及生活的区域，学界有不同的认识。比较主流的认识，主要有南方说、北方说。

燧人氏的生活区域，学者大多认为是在南方，也有部分学者认为是中原地区。1988年考古工作者在湖北荆门包山出土的2300年前的楚简卜辞上发现了“火神”的相关记载①，进一步证明了燧人氏生活的区域在南方的说法。

① 湖北省荆沙铁路考古队包山墓地整理小组：《荆门市包山楚墓发掘简报》，《文物》1988年第5期。

还有一部分学者认为，燧人氏生活的地域主要集中在北方一带，以王大有先生为代表。王大有先生在《三皇五帝时代》一书中认为，燧人氏的先祖发源于今青藏高原昆仑山一带。随着该部落的发展壮大，约在公元前 15000 年燧人氏一脉从昆仑山向四周迁徙，又经过 1 万余年的发展，该部落族群迅速扩大遍布于黄河、长江两大流域。学界普遍认为，该部落就是后来中华民族的先祖，成为中华民族进入远古文明时代的第一始祖。

商丘，古称归德府，国家级历史文化名城，是华夏文明和中华民族的重要发祥地，被称为“三商之源，华商之都”，在中华文明发展史上具有重要地位。2006 年 4 月，中国首届火文化研讨会在商丘市睢阳区召开，与会 30 多位专家就燧皇陵在商丘达成了共识。与会专家认为：“燧皇陵在商丘，商丘是古黎丘，是燧人氏作为首领时在瞿水、睢水流域的中心都邑。”① 中国社会科学院华夏纽带工程组委会专家委员王大有先生在《三皇五帝时代》一书中说：“燧人氏以‘风’为姓，确定了人伦，确定了氏族。以‘风’命族姓，以‘氏’命族的分支，命族所居住的地方，以族称来命名山川百物。‘氏’指山根、山底，因为古人要生活在依山傍水的台坝，要按照风向建造水面环绕的方泽坛，又名辟雍坛，来观察天象。现在的商丘古城是典型的‘辟雍’城。‘辟’是观天象的地方，‘雍’字里的‘玄’是指玄女燧人氏，‘隹’是玄女的玄鸟族图腾。”② 据此可知，现在的商丘古城，是在燧人氏时代在商丘观天象时建立的辟雍坛的基础上建造的。河南省文物考古研究所研究员秦文生先生在《火・燧人・商丘》一文中说：“燧人上观辰星，但燧人上观辰星与地上对应的是什么地方呢？《左传・昭公十七年》记载：‘若火作，其四国当之，在宋、卫、陈、郑乎？宋，大辰之虚也……皆火房也。’古人将天上的星宿与地上的州郡相对应，宋国是大辰之虚，大辰即大火，当时的宋国即今天的商丘，燧人上观辰星，辰星与商丘对应，可见燧人与商丘是有联系的。”

通过先秦文献的记载，我们知道燧人氏的发祥地位于今商丘一带，近年来出土的文化遗存进一步证实了这一观点。明代李贤主持编纂的《明一统志・归德府志》、清代康熙四十四年（1705）《商丘县志》均载：“燧皇陵在阏伯

① 张学勇主编：《中国民间文化之乡丛书・中国文化之乡・河南睢阳》，大象出版社 2010 年版，第 46 页。
② 王大有：《三皇五帝时代》，中国社会出版社 2000 年版。

台西北，相传为燧人氏葬处。俗云土色皆白，今殊不然。”康熙《商丘县志》又载：“阏伯台在城西南三里。高八十八尺，周二百步。”阏伯台旧址现存有清代康熙五十三年（1714）的残牌一通，碑文作者是虞城县儒学增广生员王思——为“郡东宋家集居民进香”而立。碑文内容有：“阏伯封于商，业主辰，今在归德城西南隅，其西燧人氏之墓也，其东雷将军之临堞处也，阏伯台岿然之中……”由此说明，至迟在清代燧皇陵也位于商丘。北京收藏家协会研究员李福昌先生在《人类用火方式的研究与收藏》一文中说：“现今河南商丘仍矗立着有35米高的火神台，是历代人民纪念火正阏伯的火神庙。四千多年前，阏伯在此一边守护火祖——燧人氏，一边在台上照看保护火种，同时观察大火星的运动，研究历法，指导农耕。这里的火种代代相传，人称‘中华第一火种’。一手拉开华夏文明序幕的燧人氏，为人类的发展做出了杰出的贡献。”在商丘市睢阳区商丘古城西南1.5公里处的商丘火文化景区内，一边是燧皇陵，一边是阏伯台，这一台一陵承载的不仅仅是商丘文化底蕴的厚重与辉煌，更展现了商丘历史文化的博大精深、源远流长——它们更是中国火文明史和管理史的立体再现。

燧人氏发明的人工取火技术，开创了中华民族火文明史，中华民族的发展迈入了崭新的阶段。2009年3月12日，中国民间文艺家协会正式把“中国火文化之乡”“中国火文化研究中心”两块牌匾授予商丘，实至名归。

三、人文始祖——伏羲

人类从原始洪荒告别野蛮进入文明社会之际，经历了一段开天辟地、英雄辈出的神话传说时代——在中国就是指“三皇五帝”时代。“三皇五帝”在古代有多种不同的理解：“三皇”，较为通行的说法是燧人、伏羲和神农；“五帝”，为黄帝、颛顼、帝喾、尧和舜。他们就是鸿蒙混沌之时在中华先民们创榛辟莽、开物成务、创造文明进程中，脱颖而出的杰出代表和酋邦首领。这些被称为华夏始祖的先民们前后相继，究天文，探地理，开人伦，共同开创了中华文明，塑造了中华民族。所以，他们被中华民族尊奉为人文初祖。

伏羲，又称羲皇、庖牺、庖羲，作为三皇之一，在中华文明发展史上具有重要的地位。皇甫谧在《帝王世纪》载："太昊帝庖牺氏，风姓也。燧人之世，有巨人迹出于雷泽，华胥履之，而生包牺。长于成纪，蛇身人首，有圣德。"[①]《三坟》云："伏羲氏，燧人子也，因风而生，故风姓。"根据古史传说和文献记载，我们知道伏羲氏为燧人氏的后人，生活年代应在燧人氏稍后即新石器时代中晚期。《周易》《礼记》《左传》《山海经》《汉书》《尚书序》《帝王世纪》等文献记载，伏羲氏之母为华胥氏，在雷泽踩巨人足印有感而孕。南宋罗泌《路史·后纪》注引《宝椟记》曰："帝女游于华胥渊，感蛇而孕，十三年而生伏羲。"晋代王嘉《拾遗记》亦说："神母游其上，有青蛇绕神母，久而方灭，既觉而有娠，历十二年而生伏羲。"有学者指出，这种"圣人皆无父，感天而生"的感生神话，实际透露出三皇时代正处于由母系氏族的群婚制向父系氏族的对偶婚过渡的前夜，故而只知其母的伏羲自然成为第一位男性部族首领；又相传伏羲与女娲兄妹结为夫妇，繁衍了人类，所以，伏羲自然就成为华夏始祖[②]。

闻一多先生在《伏羲考》一文中认为："伏羲与女娲的名字，都是战国时才开始出现于记载中的。"战国后期的文献如《易·系辞下传》《管子·封禅篇》《庄子·人间世篇》《尸子·君治篇》《荀子·成相篇》《楚辞·大招》《战国策·赵策二》等，都有伏羲相关资料的记载。记载女娲的文献，亦见于《楚辞·天问》《礼记·明堂位篇》《山海经·大荒西经》等，但《礼记》《山海经》只能算作汉代的典籍，即使书中有先秦的材料。伏羲、女娲二名并称，则始见于《淮南子·览冥训》。关于二人的亲属关系，有种种说法，最为学界乐于接受的观点即是"兄妹说"。关于伏羲与女娲关系的讨论，闻一多先生在《伏羲考》一文中有较为深入的讨论。

在燧人氏一节，我们讨论了其生活年代的问题——伏羲氏为燧人氏的后人，其生活年代与燧人氏同时或者稍后，"伏羲氏，燧人子也"。在这一节，我们将再次对伏羲氏的生活年代问题进行梳理。

伏羲，作为中华民族的先祖，对我国的历史文化产生了极其重要的影响。此外，伏羲及其围绕伏羲所形成的种种故事，已经不仅仅是单个孤立的神话

---

① 徐宗元：《帝王世纪辑存》，中华书局 1964 年版。

② 雍际春：《始祖文化肇启陇上 伏羲与女娲的传说》，2018 年 3 月 14 日《甘肃日报》第 12 版。

故事，而是形成了一个相对较为丰富的文化体系。这个文化体系中，不仅有神话故事，更多的是与先民们日常生活息息相关的片段，涉及生产、饮食、居住、衣着、婚姻、宗教、文字、天文、音乐等社会生活的各个层面。此外，这个文化体系不仅包括了新石器时代的早期内容，还有后来逐渐添加的其他内容。与此同时，这些新增加的事例从侧面也反映出社会生活的不断进步。例如，传说伏羲被称为“炮牺”或“庖牺”——因为他学会用火，“教民熟食”；说伏羲“造书契”“画八卦”“立周天历度，建章蔀之法”，反映了新石器时代晚期的文明。不过，这些都是先民们的美好愿景，也是先民群体记忆所能上溯到的最早境界。

关于伏羲在后世的形象及其演变，闻一多先生在《伏羲考》一文中认为：伏羲形象经历了从人首蛇身到龙与中华民族图腾的转变。根据文献记载及后世考古资料，我们知道人首蛇身像其实有两种不同的形象——单人像和双人像，双人像又可以称之为人首蛇身交尾像。此外，近些年来考古工作者陆续发现了关于伏羲、女娲的图像，主要有石刻图像、绢画图像两类。

诸多文献记载了伏羲、女娲蛇身人首的形象，为我们了解与阐释创世神话提供了很大的帮助。不管伏羲是龙身还是蛇身，其在远古时期的“非人”形象是极其鲜明的。

还有典籍把伏羲、女娲看作螣蛇，而且关于螣蛇的记载还十分丰富。螣蛇，亦称腾蛇，古人多把它解释为龙的一种，或者称为神蛇。

《韩非子·难势》：“飞龙乘云，螣蛇游雾。”

《荀子·劝学》：“螣蛇无足而飞。”

《淮南子·说林训》：“螣蛇游雾而殆于蝍蛆。”

《说苑·杂言》：“螣蛇游于雾露，乘于风雨而行，非千里不止，然则暮讬宿于鳝䲀之穴。”

东汉许慎在《说文解字》中说“螣”是一种神蛇，晋代的郭璞在《尔雅注》中认为“螣”是龙的一种。根据“能兴云雾而游其中”及鳞甲可知，“螣蛇”应该也是龙的一种。所以说，不管“螣”是龙还是蛇，都与“交龙”之意相关或者相近。

伏羲形象经过古人的加工与虚构，日益模糊化、神秘化，给我们了解上古神话带来了很大的困难。传说中的伏羲经历了“人首蛇身神”“交龙”“螣蛇”“两头蛇”“二龙”等不同形象的转变，这其中固然有先民的虚构、崇拜以及时代的局限，但是上述这些形象所折射出的文化意蕴是十分深刻的，不仅昭示了后世的图腾崇拜，更为形成中华民族的认同感奠定了基础。

我国古代有“结绳”之俗，其说首载于《易·系辞》，其辞云：“上古结绳而治，后世圣人易之以书契，百官以治，万民以察。”此后历代所指的“结绳”，大致都来源于此。晋代阮咸在《三坟》一书中云：“燧人氏，有巢氏子也，有结绳之政。”这里讲的“结绳之政”，似乎是中国最早的治国理政之法。

唐代杜光庭在《道德经集释·论兵要义述·小国寡民》注曰：“为君之道，虽处大国之强，亦常须自为卑小，虽有众庶之力，亦常须自示寡弱。夫自为卑小者，且无矜大之过，不失谦柔之道；自示寡弱者，且无恃赖之尤，不失提防之备。设使国中有什人之豪，百人之长者，亦不任用以生其必。夫如是，则人各怀恋其生，畏重其死，既安乡土，宁远迁移。又馈饷不行，则舟车无所用，战争既息，则兵甲无所陈，自然人致太平，以复结绳之政。”该书所讲的“结绳之政”，即是指上古时期帝王在治理国家时采用的方法和策略。

结绳之政，即上古之政。上古时期没有文字，先民们在记载较为重要的事情时，依靠绳子来记载国家大事。《史记索隐》作者司马贞在补注《三皇纪》时曰：“造书契，以代结绳之政。”由此看来，在没有发明文字之前，先民们是依靠结绳来记载聚落之间发生的事情。不仅如此，汉代孔安国在《尚书序》中也说：“古者伏羲之王天下也，始画八卦，造书契，以代结绳之政。”汉代的许慎在《说文解字序》也说：“古者庖牺氏之王天下也，仰则观象于天，俯则观法于地，视鸟兽之文，与地之宜，近取诸身，远取诸物，于是始作《易》、八卦，以垂宪象。及神农氏结绳为治，而统其事。”由此可见，至迟在汉代人们是相信伏羲“结绳之政”的。此外，这里说庖牺氏在王天下后始作“八卦”，一直到了神农氏时代才有“结绳为治”的做法，也就是说，在“八卦图”出现之前，一直是以“结绳”来处理国家事务的。“及神农氏结绳为治，而统其事”，说明了在神农氏生活的年代“八卦”与“结绳”是通行并用的。

《后汉书·祭祀下》云：“尝闻儒言，三皇无文，结绳以治，自五帝始有书契。”《晋书·纪瞻传》亦云：“三皇结绳而天下泰。”《梁书·许懋传》则云：“燧人、伏羲、神农三皇结绳而治，书契未作，未应有镌文告成。”这里都把结绳的年代说成是三皇时期——燧人氏、伏羲氏、神农氏时代。上述记载不一定全部为信史，但是也不能一概看成虚妄之言。

《辞海》在解释“结绳记事”词条时说：“用绳子打结以记事，是文字产生前的一种帮助记忆的方法，相传大事打大结，小事打小结。”燕福奎先生在《远古人文史考释》中说：“从这一解释内涵可以探知‘结绳记事’中的大结，应该是指具有繁多‘结’（扣）的组合，且内涵又非常广泛的大篇章（如政务、历法等）；小结应该是指用于记述民间小事的短篇（如日中之市的交易、或记述一个人的寿命等）。”远古先民在文字没有产生之前，为了记录国家大事以及民间发生的较小事宜，采用“结绳”的办法，是很有开拓意义的。“结绳之政”虽然是远古传说，文献记载也多有出入，但是近年来的考古发现证实了“结绳之政”确实在远古时期真实存在。

关于结绳的具体结法、编法，文献记载颇为粗疏。有的文献虽然涉及了“结绳”之事，但是关于怎样“结绳”以及“结绳”的标准都不甚明了。如汉代郑玄《周易注》云：“事大，大其绳；事小，小其绳。”郑玄在解释“结绳”的时候并未说明什么样的算“大事”，什么样的是“小事”，只是简单地说明了所结之绳的大小是由事情的重要程度来决定，事情大，用大绳；事情小，用小绳。唐代李鼎祚《周易集解》卷一五征引《九家易》讲述得稍微详细一些：“古者无文字，其有约誓之事，事大，大其绳，事小，小其绳。结之多少，随物众寡，各执以相考，亦足以相治也。”这里除了讲绳子大小由事情大小决定之外，还告诉我们绳结的多少也是由事物的众寡决定，事物多，则绳结多；事物少，则绳结少。

中国古典文献中出现的“结绳之政”“结绳纪事”，粗略地记录了远古先民治理、记录国家事务的概况。结绳记事在文字没有出现之前，具有极其重要的地位。此外，纵观世界其他文明史可以发现，中国古代先民结绳记事的传统应该不会比其他民族落后，而且应当比他们更发达、更完善。靳青万先生甚至说：“（结绳记事）发达、完善的程度，若称其为一个完备而系统的符号体系，也许是当之无愧的。”

总的来说，作为上古时期文字没有发明之前的一种独立的记事符号体系，

“结绳记事”在中国古代社会确实曾被广泛应用，在远古先民们的生产生活、社会交往中起了不可低估的重要作用，为早期中华文明的发展做出了卓越的历史性贡献。古代典籍记载的伏羲氏“结绳记事”的传说，虽然是远古先民们在文字产生之前较为原始的“纪事”方式，但是这些传说也具有正史、信史的价值，我们不能一概加以贬低。

传说产生于伏羲氏时代的“结绳纪事”“结绳之政”，不仅促进了当时的聚落、部族的发展，在当时生产力水平极其低下的情况下对处理部落之间的事务产生了积极的影响，还对后代尤其是奴隶制早期的社会产生了重要的作用，客观上促进了早期中国政治文明的萌芽。

神话是文学和文化的源头，也是人类群体的梦。伏羲及围绕伏羲所形成的神话、传说，在我国文化史上具有极其重要的地位。“造世神话”在远古相当长的一段时期内，为先民解释人类由来提供了不可或缺的素材。伏羲在后世经历了“人首蛇身神”“交龙”“螣蛇”“两头蛇”“二龙”等不同形象的转变，对先民们认识早期人类、社会提供了很好的参照。“结绳记事”“结绳之政”不仅对先民们的生产生活产生了重要的影响，还在一定意义上对保存远古时期的典章制度有积极意义。伏羲不仅创造了“结网记事”“结绳之政”，传说其还发明了文字，造就了第一把古琴。

伏羲被称为人文始祖，还有另外一个重要的原因，始作八卦。关于伏羲画八卦的记载，最早见于《周易·系辞》。自从先秦典籍《周易》确立其为“八卦”的创始人之后，从此便成为伏羲“专利”。此外，由于《周易》在先秦即被奉为儒家经典之一，且被列为官学，因此“伏羲作卦”遂广泛流传于后世。正如刘雁翔先生所说，“伏羲被誉为‘人文始祖’，很大程度上就是因为始作八卦”①。

伏羲作卦的故事不仅在民间广泛传播，而且这一传说还为正史吸收——收录在正史便为伏羲文化的传播提供了更加便利的条件，使得伏羲这一远古先民的形象更为世人所熟知。

关于“伏羲作卦”，正史中有很多记载，后人正是通过这些记载创造了很多关于伏羲的传说、神话。

---

① 刘雁翔：《正史伏羲资料撮录解读》，《天水师范学院学报》2016 年第 6 期。

《史记》卷一二七《日者列传》："自伏羲作八卦，周文王演三百八十四爻而天下治。"

《晋书》卷二七《五行上》："昔伏羲氏继天而王，受《河图》，则而画之，八卦是也。"

《魏书》卷一一二《灵征下》载大臣奏章："于是卫大将军……上奏曰：'臣闻帝王之兴，必有受命之符，故能经纬三才，维建皇极，三五之盛，莫不同之。伏羲有河图、八卦，夏禹有洛书、九畴，至乃神功播于往古，圣迹显于来世。'"

《北史》卷三四《江式传》载江式语："臣闻伏羲氏作而八卦形其画，轩辕氏兴而灵龟彰其彩。"

《隋书》卷三二《经籍志》："昔宓羲氏始画八卦，以通神明之德，以类万物之情，盖因而重之，为六十四卦。及乎三代，实为三《易》，夏曰《连山》；殷曰《归藏》；周文王作卦辞，谓之《周易》。"

《宋史》卷四三八："伏羲则《河图》以画八卦，文王推八卦以合《河图》者，先天后天之宗祖也。"

《宋史》卷四五九："《易》贯通三才，包括万理。伏羲氏之画，得于天而明天。文王之重，得于人而明人。羲画为天，天，君道也，故五之在人为君。文重为地，地，臣道也，故二之在人为臣。"

《清史稿》卷四八〇《儒林传》载王懋竑《白田杂著》谈及宋邵雍易学说："其伏羲八卦图、文王八卦图，则以经世演易图推而得之。"

伏羲最重要的文化贡献是"始作八卦"，"古者包牺氏之王天下也，仰则观象于天，俯则观法于地。观鸟兽之文与地之宜，近取诸身，远取诸物，于是始作八卦，以通神明之德，以类万物之情"。[①] 在八卦创制的基础上，后人又发明了六十四卦，为《周易》的产生奠定了基础。从《史记》到《清史稿》所记伏羲事迹可以看出，其创制的八卦对史学、哲学影响之大，在历史上也是极其罕见的。司马迁认为，伏羲等三皇五帝传说是"不雅驯"，故而不作《三皇本纪》。但是这里应该指出的是，司马迁对伏羲作八卦是深信不疑的。所以，刘雁翔先生认为"追索历史，寻找理论依据也都离不开周易八卦，于是伏羲作八卦犹如民歌中的'起兴'多次出现在正史之中"。放眼世界，德国思想家、

① 高亨：《周易大传今注》，清华大学出版社 2004 年版，第 599 页。

数学家莱布尼茨在思考阐发二进制问题时，得到从中国传来的伏羲卦图启发，发表著名论文《论单独使用 0 与 1 的二进制算术——兼论二进制用途以及伏羲所使用的古代中国符号的意义》①。此文将二进制和伏羲八卦、六十四卦联系在了一起，并使二进制为世人所知。以二进制为基础，美国科学家在 20 世纪 30 年代发明了现代计算机。

伏羲为人类的发展做出了杰出的贡献，其也与其他先祖一样，受到历朝历代统治者及百姓的祭祀与供养。

《史记》卷二八《封禅书》：

> 二年，东击项籍而还入关，问："故秦时上帝祠何帝也？"对曰："四帝，有白、青、黄、赤帝之祠。"高祖曰："吾闻天有五帝，而有四，何也？"莫知其说。于是高祖曰："吾知之矣，乃待我而具五也。"乃立黑帝祠，命曰北畤。有司进祠，上不亲往。悉召故秦祝官，复置太祝、太宰，如其故仪礼。因令县为公社。下诏曰："吾甚重祠而敬祭。今上帝之祭及山川诸神当祠者，各以其时礼祠之如故。"

汉代在制度上基本上承袭前代旧制，祭祀制度也是沿袭秦代。汉武帝崇祀太一，遂于元鼎五年（前 112），在甘泉宫修建太畤，祭祀先祖太一。此后，又在太一坛设五帝之位，东方祀青帝太昊伏羲。东晋及宋、齐、梁、陈诸朝也都重礼教，并且在京师建康设有五帝的神位，也是以青帝太昊伏羲为首。

隋唐建立之后，对伏羲的祭祀丝毫没有减少，相反有逐步加深的趋势，出现了帝王将相亲自往诣祭祀的现象。

到了北宋时期，朝廷对三皇陵寝的祭祀更加重视，并且还多次发布诏令保护"前代帝王陵寝"。宋徽宗政和三年（1113 年），主管礼仪的部门在《五礼新仪》中明确了先王祭祀的时间，"仲春、仲秋享历代帝王——女娲氏于晋州，无配；帝太昊氏于陈州，以金提句芒配；帝神农氏于衡州，以祝融配；

① 莱布尼茨此论文题目或译为《二进制算术的阐述——关于只用 0 与 1 兼论其用处及伏羲所用数字的意义》，见胡阳、李长铎：《莱布尼茨二进制与伏羲八卦图考》，上海人民出版社 2006 年版，第 2 页。

帝高阳氏于澶州，以元冥配……”①

《金史》卷三五《礼志八》说：（前代帝王）三年一祭，于仲春之月祭伏羲于陈州、神农于亳州、轩辕于坊州。

元朝在全国各地大建三皇庙，其对三皇祭祀的普遍性空前绝后。与此相对应，全国各地大建伏羲庙宇，或大规模重修伏羲庙。值得一提的是，元代的三皇祭典改由医师主办，并又以十大名医从祀，三皇由上古圣王被界定成了医药之祖。

明初，对三皇的祭祀沿袭元制，仍以十大名医配享。太祖朱元璋认为如果全国范围内均祭祀三皇，就降低了三皇的地位，于是便废止了全国祭祀。洪武四年（1371），朝廷便下令废除了地方祭祀，同时规定三皇的祭祀场所只准在陵寝之地陈州（今河南淮阳）进行，淮阳便成为全国唯一的伏羲祭祀地。同时，朱元璋还自己制定祭文，伏羲祭祀达到了顶峰，“朱元璋自制祭文，遣使致祭，标志着国祭伏羲的开始”②。另外，秦州作为当时公认的羲皇故里，在明代中后期也取得了修庙权。这一时期，礼部还制定了专门用来祭祀的程式化的祭文。到了嘉靖十三年（1534），巡按甘肃御史张鹏、秦州知州黄仕隆主持制礼作乐，张鹏还自撰《迎神曲》《送神曲》各一章来祭祀先祖，同时制定祭祀程序、乐生舞生员额、祭祀人员的服饰以及所用祭器，祭祀进入极盛期③。由此，秦州伏羲庙和陈州伏羲陵一样成为全国性的伏羲祭祀中心。

伏羲作为人文初祖，在中华民族历史上具有重要地位，刘雁翔先生认为其影响主要有以下几个方面：

其一，伏羲文化是中华传统文化的人文源头。伏羲，是人们在漫长的历史发展过程中选择和确立起来的一个民族文化的象征。班固《汉书·古今人表》究极经传、品第人物，其“上上”一等者即圣人，序次分别为：伏羲—神农—黄帝—少昊—颛顼—帝喾—唐尧—虞舜—大禹—商汤—周文王—周武王—周公—孔子，从国史层面确立了伏羲是开天圣人、人文源头的地位，这也成为传统文化的主流意识。明代大学者胡缵宗在《太昊伏羲庙乐记》言：“惟太昊继天以开物、以画卦、以造书契而立极也。故有伏羲，而后有神农、黄帝、尧、

① 马端临：《文献通考》，中华书局1986年版，第941页。

② 刘雁翔：《正史伏羲资料撮录解读》，《天水师范学院学报》2016年第6期。

③ 刘雁翔：《伏羲庙志》，甘肃文化出版社2003年版，第155—158页。

舜、禹、汤、文、武，而后有周公、孔子。有卦而后有《易》，而后有《诗》《书》《礼》《乐》《春秋》。有书契、有文字而后有典章、图籍。古昔圣帝明王，孰有若太昊者。”

其二，伏羲文化是中华大一统政体的重要精神支柱。伏羲在古史系统中圣王地位的奠定和中华大一统政体的形成是相一致的，或者可以说伏羲三皇之首地位的奠定是中华大一统政体的必然产物。三皇五帝传说同源一体，这就对国家具有积极意义。秦汉而下，在京师都设有祭祀伏羲的祠宇。无论是汉族政权还是少数民族政权，无一例外都尊崇伏羲。以少数民族政权为例，北魏一朝许多祭祀伏羲的专庙见于史籍，金代诏命在河南陈州、秦州卦台山等地定期祭祀伏羲，元代诏命全国范围通祀三皇，清代除在北京历代帝王庙祭祀伏羲之外，国家层面对太昊陵的祭祀一直持续到清朝更替前的宣统二年（1910）。民间而言，全国各地有为数众多的伏羲庙，南方、北方均有。此外，围绕伏羲产生的传说、故事成百上千，在多个民族中都有传播。迄今发现西汉以来伏羲女娲交尾形象画像砖、画像石、绢画达300幅，而且分布范围广大，新疆吐鲁番盆地唐代墓葬、吉林集安高句丽墓葬亦多见[①]。以上列举可证伏羲是历史选择确立的中华民族的共祖，对民族团结有积极意义。

其三，伏羲时代即史籍所言的“羲皇代”“羲皇上人”是安乐和谐、理想生活的代名词。在中国历史上始终认为存在过一个集百美于一身的时代，这个时代就是羲皇时代。不论是老子的“甘其食，美其服，安其居，乐其俗”的小国寡民理想，还是孔子“大道之行也，天下为公，选贤与能，讲信修睦”的大同世界，甚至陶渊明的“世外桃源”，都是羲皇时代的不同脚本。所以说，人们对伏羲的尊崇逐渐演变成了一种向往美好生活的观念。历代诗歌对“羲皇”大加赞颂，如“幸逢尧舜无为日，得作羲皇向上人”[②]等，或以“羲皇上人”为名号。以伏羲时代为最高政治理想，对历代的执政者不无警示意义。

伏羲文化作为先秦时期淮河流域文化的杰出代表，在中华民族早期文明中占有重要地位，对早期中国的发展产生了重要的影响。伏羲及围绕伏羲所

① 见宋兆麟《巫与民间信仰》，朱存明《汉画像之美：汉画像与中国传统审美观念研究》，朱天伟、金爱秀《汉代神灵图像考述》等。

② 白居易：《池上闲吟二首》，《全唐诗》，中华书局1999年版，第5167页。

形成的文化不仅彰显了早期淮河流域的文明发展程度，而且这种文化影响也是具有全国意义乃至世界意义。

第三节 古国乐韵

淮河流域先秦时期处于华夏、苗蛮、东夷三大文化圈的“中心位置”，人类长期的自然活动、人口迁徙等因素有力地推动了三大文化在淮河流域的传播与融合。到了夏、商、西周及春秋战国时期，淮河流域的争夺战争，促进了多元、开放、包容的淮河流域文化基因的萌芽、发展。这种基因为淮河流域传统音乐文化的发展繁荣注入了强劲的生命力，并在长期的传承发展过程中，为该地域传统音乐的发展烙上了鲜明的“淮上”特色。

一、淮河流域音乐概览

音乐，在淮河文化的大家庭中占有重要地位，是引人瞩目的一个重要成员。音乐以其虚实相依、色彩多变、变而循规、规而无垠的音响，折射出生活的五光十色，映照着历史的绚丽缤纷，展现了人的内心世界的丰富多彩。

中国的民间音乐是世界民族音乐之林中的一棵古老而长青的参天大树，是我们华夏子孙的骄傲。秦岭至淮河一线在自然地理上是中国南方和北方的分界线，在史前文化方面则是黄河流域史前文化与长江流域史前文化的交汇地带，尤其是淮河中上游的众多支流与黄河、长江中下游的许多支流的交汇、融合——加速形成了黄河流域史前文化向南传播、长江流域史前文化向北传播的中枢过渡带，淮河流域文化因素中融合了黄河流域与长江流域文化的双重因素，在中华文明起源的格局形成中有着十分重要的作用。伴随着人口的流动、杂居，文化联系的加强，南北文化在这个特定地理环境中，自然过渡融合，吸纳兼容，成为具有鲜明地域性特色的文化。淮河流域河网密布，水路交通发达，而且该流域地处南北文化的过渡地带，产生于该流域的音乐具有鲜明的特点和风格。先秦时期淮河流域的这些音乐不仅在当时具有重要的作用，而且对后世还产生了重要的影响，有些音乐还保留到了现在，成了中华民族的瑰宝、古代音乐的活化石。

《史记·周本记》记载："成王在丰，使召公复营洛邑，如武王之意。周公复卜申视，卒营筑，居九鼎焉。曰：'此天下之中，四方入贡道里均。'作《召诰》《洛诰》。成王既迁殷遗民，周公以王命告，作《多士》《无佚》。召公为保，周公为师，东伐淮夷，残奄，迁其君薄姑。成王自奄归，在宗周，作《多方》。既绌殷命，袭淮夷，归在丰，作《周官》。兴正礼乐，度制于是改，而民和睦，颂声兴。成王既伐东夷，息慎来贺，王赐荣伯作《贿息慎之命》。"[①] 周公在辅佐成王管理政治以后，又制礼作乐，建立了礼乐制度。其实，把音乐引入政治制度早在周公制礼作乐之前就已经存在了。《尚书·皋陶谟》云："天叙有典，敕我五典五惇哉！天秩有礼，自我五礼有庸哉！"[②]《论语》载孔子云："殷因于夏礼，所损益可知也；周因于殷礼，所损益可知也。其或继周者，虽百世可知也。"[③] 可见至迟在夏代就已经有了明确的关于礼的规定。礼乐须臾不可分离，《通志·乐略·乐府总序》云"礼乐相须为用，礼非乐不行，乐非礼不举"[④]；《礼记·仲尼燕居》"达于礼而不达于乐，谓之素；达于乐而不达于礼，谓之偏"[⑤]。由此可见，音乐与政治结合是十分紧密的。

中华民族具有源远流长的礼乐文化史，故在历史长河中产生的音乐文献的数量是十分庞大的。不仅如此，音乐文献在形式上也是丰富多样，内容上更是广博浩繁。中华民族历史悠久，先民在记录和描述音乐艺术时有自己独特的认识和理解。我们知道，任何事物的发展都是从无到有、从简单到复杂的过程，音乐的发展也不例外[⑥]。雒有仓先生在《略论中国音乐文献的分期与特点》一文中将中华民族传统音乐划分为萌芽、形成、发展、成熟、变革、繁荣等六个发展阶段。这个划分标准是十分正确的，为我们全面把握中国音乐的发展提供了很好的参照。

淮河流域古音乐产生的时间是很早的，远古时期就有了早期音乐的雏形。

---

① 司马迁：《史记·周本纪》，中华书局 1959 年版，第 133 页。

② 孙星衍：《尚书今古文注疏》卷二《皋陶谟第二》，中华书局 1986 年版，第 85 页。

③ 刘宝楠：《论语正义》卷二《为政第二》，中华书局 1990 年版，第 71 页。

④ 郑樵：《通志》卷四九，中华书局 1995 年版，第 883 页。

⑤ 孙希旦：《礼记集解》，中华书局 1989 年版，第 1273 页。

⑥ 雒有仓：《略论中国音乐文献的分期与特点》，《交响：西安音乐学院学报》2009 年第 3 期。

考古工作者在近些年来的出土文物中，相继发现了很多远古时期音乐文化遗存。这些遗存主要包括两类：第一类为考古资料。根据考古资料的性质，又分为两种不同的类型：一种是实物材料，主要有河南舞阳贾湖、郑州大河村等地出土的骨笛，郑州二里岗等地出土的编铙、铜铃等；另一种是图像材料，主要分布在河南西北部一带。第二类为文字资料。按照雒有仓先生的划分标准亦可分为三种：第一种是后世编写的关于远古时期的传说史料，如《世本·作篇》《吕氏春秋·古乐篇》《尚书·舜典》《路史·后纪》中记载的古史传说。这些典籍中记载了伏羲、朱襄、葛天、阴康、黄帝、颛顼、帝喾、尧、舜、禹等创造音乐器材、编制乐舞、设置乐官、制定乐律等传说。我们知道，在这些远古时期的传说中，既有基于一定史实的传说，也有后人根据这些传说猜测附会的成分。第二种则是史书上的明文记载，如《尚书》《左传》《国语》《竹书纪年》《史记》等有关夏、商音乐史事的记载。这类史料形成于夏商周时期，而这一时期恰是中国早期文字记录阶段的萌芽期。有了文字的记载，故真实性上要比前一类传说（包括基于史实的猜测、附会）史料更为可靠。第三种是出土的古文字资料[①]，主要有甲骨文中的“乐”“舞”“奏”字卜辞，庸、鞀、豐、鼓、竽、熹、磬、玉、言、龢等乐器名称以及戌铃方彝铭文——这部分材料是考古资料中最直观、也是保存最为完整的一部分，更是反映当时所发生事情的第一手材料。

雒有仓先生认为，从西周至秦汉（前 1046—220）这 1200 多年间是音乐文献的形成期，也是中华民族传统音乐的形成期。

淮河流域人类开发历史悠久，在中华民族早期文明史上具有重要的地位。深深植根于淮河流域的古典音乐，也具有该流域十分鲜明的特征。

中国音乐究竟起源于何时，目前虽然还没有一个明确的答案，但从七八千年前的贾湖遗址同时出土有七孔骨笛和刻写在甲骨、石器上的文字符号[②]来看，淮河流域音乐出现的时间是很早的。骨笛、刻符时期的发现证明了当时人们对于音乐的了解、文字的使用都达到了相对较高的程度——因而出

① 裘锡圭：《甲骨文中的几种乐器名称》，《中华文史论丛》1980 年第 2 期。

② 河南省文物研究所：《河南舞阳贾湖新石器时代第二至第六发掘简报》，《文物》1989 年第 1 期。

现有关音乐的文字记载的可能性还是存在的[①]。从较为可信的商代甲骨文算起，中国音乐文献的产生距今已有三千多年的历史。在这样一个漫长的历史进程中，朝代更替，乐器、乐舞、乐律学等理论以及音乐作品等亦随之演进，在这一过程中不可避免地会积累数量众多的音乐文献资料。这其中不仅有大量的实物资料如乐器、舞器，也有不少乐舞绘画、文字记述、乐谱记载——从而形成了淮河流域音乐文献起源早、数量多、类型多种多样的特点。

音乐作为人类社会发展到高级阶段的产物，往往与舞蹈、戏剧、绘画等艺术形式密切相关。

二、淮河流域古音乐

淮河流域很早就出现了文明的曙光，在早期中国发展史上具有重要的地位。远在旧石器时代早期，淮河流域就出现了人类的踪影。到了新石器时代，先民们更是在这块土地上创造了璀璨的文化。距今 8000 年前的旧石器时代遗址仅在安徽境内的淮河流域就有 40 余处之多，距今 8000—4000 年前的新石器时代遗址更有 400 余处之多[②]。文献记载大禹的妻子涂山氏之女在这里唱响了最早的民歌，虞舜的法官皋陶则是发明吹管乐器“籥”的鼻祖。由此可见，该流域在远古时期就有着较为发达的乐舞艺术，在近些年出土的大量音乐文物中，还依稀能听见那穿越数千年历史时空、回荡在江淮大地上的远古遗响。

有学者统计，淮河流域目前出土的音乐器物，从总量上看不及长江流域、黄河流域，虽然出土的数量不多，但是形成了自身独特的地域文化特征[③]。从远古至明清时期，淮河流域在南北文化的交流中逐渐形成了贯通南北、兼容并包的音乐文化风格：既有在皖南乡野出土的具有吴楚文化特征的大铙，也有在寿县蔡侯墓出土的具有中原文化风格的编钟和在蚌埠双墩一号墓出土的钟磬等乐器。此外，从出土的音乐器物分布情况看，流域内出土的乐器多在

① 雒有仓：《略论中国音乐文献的分期与特点》，《西安音乐学院学报》2009 年第 3 期。

② 黄敏学：《乐舞安徽》，合肥工业大学出版社 2015 年版，第 4 页。

③ 黄敏学：《乐舞安徽》，合肥工业大学出版社 2015 年版，第 4 页。

淮河流域墓葬之中。不仅如此，出土的这些音乐文物还具有明显的时代特征：远古先秦时期以青铜乐器为主，两汉魏晋时期以墓石画像为主，唐宋时期音乐文物较为罕见，明清时期则以古戏台、漆器、木雕等戏曲文物为主。

我国乐器产生于何时，现在已经很难说得清楚了。古史传说认为伏羲发明了瑟、埙，女娲发明了笙、簧，神农发明了琴，又说黄帝的臣子伶伦发明了笛，定音律，继而又和荣将铸成铜钟。由于去古较远，再加上文献典籍的匮乏，因此很难考证其真假。

1. 出土乐器

骨笛。骨笛出土于贾湖文化遗址，该遗址位于河南省漯河市舞阳县城北24公里处的贾湖村，不仅是淮河流域年代最早的新石器时代文化遗存，而且还提供了研究黄河中游至淮河中下游之间新石器文化关系的一个重要连接点。

骨笛被后人认可、列为最早的乐器，还要归功于张居中先生。张居中先生从1983年到2001年共主持了7次贾湖遗址的发掘工作，为贾湖文化遗址的传播、保护、利用作出了杰出的贡献。贾湖遗址的考古工作者先后发掘出距今8000年前的骨笛达30支之多，除去半成品和残次品之外，尚有17支比较完整。但因长时间在地下叠压、掩埋，有些取出来时已经成粉末状。所以，真正比较完整的骨笛仅有6支：一支5孔，一支6孔，3支7孔，一支8孔。这些骨笛是以猛禽的肢骨作为材料制作而成的——截去肢骨两端的关节，在骨管上磨制钻孔制成。骨笛形制大多较为规整，两端开口，在骨管上有7个按孔，经试奏为竖吹骨笛，该乐器被认为是后来的竖笛、洞箫之类乐器的祖型。先秦时期乐舞是不分的，所以骨笛不仅单纯演奏，而且往往是配合着先民们的舞蹈。

贾湖骨笛的出土地点，靠近传说中夏代的夏台，这就证明了夏代活动的中原地区正是我国音乐高水平发展的地区。此外，这也与文献中记载的夏代乐舞超越前代的情况相一致。公元前21世纪夏朝建立以后，我国古代的乐舞才真正作为一种社会分工，从社会中取得独立。[①] 传说夏代开国国君启曾用大规模乐舞供自己享乐，说明至迟在夏代，社会已出现一大批专职的乐舞人员，这正是乐舞作为艺术而独立于社会的标志，中原地区也成了我国古代乐舞的

① 肖东发：《两淮之风·两淮文化特色与形态》，现代出版社2015年版，第16页。

发源地。贾湖文化遗址出土的骨笛是世界上发现年代最早、至今尚能演奏的早期乐器，反映了我国史前音乐文明的高度发达，这是我国音乐文明起源中除湖北曾侯乙编钟和编磬之后的又一重大发现。

骨笛被证实为乐器之后，在国内外引起了很大的轰动。黄翔鹏、萧兴华等先生认为："贾湖骨笛具备音阶结构，可以吹奏旋律，是当时的一种乐器，这一发现可以改写中国乃至世界音乐史。"[①]1999 年，英国的《自然》杂志也将贾湖出土的骨笛之事作为封面文章予以发表[②]。不仅如此，在河南临汝（今属河南平顶山市）中山寨裴李岗文化遗址还出土了一支至少有 10 音孔的骨笛[③]。中国艺术研究院音乐研究所对该骨笛试音之后，得出了令人震惊的两条结论：一是骨笛发出的系列音，除了第一孔与第二孔之间为大二度之外，其他皆为小二度；二是在第一孔与第二孔、第二孔与第三孔之间分别为 200、100 音分，这个全音与半音的音分值与十二平均律的全音与半音的音分值完全相同，而十二平均律出现在明代，两者的时间差近 7000 年。远古时期，生产力水平低下，在仅靠打制石器的新石器时期、在没有任何科学仪器的辅助下，能如此精确地计算出音孔的位置，是很了不起的事情。

所以，著名音乐家肖兴华先生认为，汝州中山寨骨笛"很可能是为找到一个制作骨笛统一音高的标准器，即我们今天所说的律管"[④]。

摇响器。摇响器是新石器时代遗址中较为常见的一种陶制发音乐器。淮河流域古遗址中出土较多，用途也较为广泛。

据王子初先生考证，新石器时代的摇响器大多呈球状，可以分为带柄或不带柄两种。摇响器，顾名思义其腹部中空，装陶丸或者石子，摇动发出沙沙作响的声音。在其表面往往有篦点几何纹，而且还钻有镂孔。所以，考古学上又称之为陶响球。新石器时代摇响器的材质，大多为陶质。王子初先生在《中国音乐考古学》一书中认为："把陶响器看做一种原始乐器，应该说

① 张居中：《发现贾湖》，《中国文化遗产》，2012 年第 3 期。

② 张居中等：《世界上最早的至今仍可演奏的乐器》，《自然》1999 年第 3 期。

③ 中国社会科学院考古所河南一队：《河南汝州中山寨遗址》，《考古学报》1991 年第 1 期。

④ 萧兴华、张居中、王昌燧：《七千年前的骨管定音器——河南省汝州市中山寨十孔骨笛测音研究》，《音乐研究》2001 年第 2 期。

是有理由的。”[①]

河南贾湖遗址出土了龟甲质地的摇响器，其数量竟有几十件之多。这些龟甲摇响器还有个别名，称作龟铃。它们大多是背甲、腹甲粘合在一起，腹部装石子以摇晃发声。

龟铃，是远古时期摇响器的一种。其虽未见于文献记载，却是目前出土数量最多、分布范围最广的原始乐器之一。这类器具大体上可以分为空心响球、陶铃、龟铃三类。空心响球，一般为球形状，腹内中空，装有陶丸、石子或沙粒。陶铃，是以铃体与悬舌相互撞击发声的一种乐器，有半球形、豆形、圆柱形、橄榄形、陀螺形等形制。河南陕县庙底沟遗址、江苏邳州刘林遗址、湖北天门石家河遗址等都出土过此类器物。龟铃一般用小石子装在龟甲壳内摇动发声，这种乐器最早发现于河南舞阳的贾湖遗址，在稍后的山东大汶口文化墓葬中也有发现[②]。有学者认为，这是古代龟灵崇拜的象征，也可能是远古时期重要的祭祀器具。吴钊先生在《贾湖龟铃骨笛与中国音乐文明之源》一文中也认为，龟铃及骨笛是中国音乐文明的源头，“如果认为属于太昊文化的贾湖骨笛和龟铃是中国音乐文明之源，当不无道理”[③]。

排箫。排箫是我国古代较为常见的乐器，之前发现最早的排箫乐器见于春秋时期，材质多为竹质或石质，其数量一般不超过2组[④]。长期以来，学术界普遍认为出土于春秋时期的竹制或石制排箫为最早的排箫。随着河南鹿邑“长子口”墓一批骨排箫的出现，将这一时间提到了殷末周初，从而将排箫出现的历史提前了数百年。

排箫是一种流传很久且适用范围很广的吹奏乐器。其作为古代的吹管乐器，到了后代大多用编竹制作，大者二十三管，小者十六管，按律排列于木椟中，上端平齐，下端两旁长而中部短。排箫在汉代以前又名洞箫、雅箫、

---

① 王子初：《中国音乐考古学》，人民音乐出版社2020年版，第102页。

② 吴汝祚：《大汶口文化的墓葬》，《考古学报》1990年第1期；何德亮、孙波：《试论鲁南苏北地区的大汶口文化》，《东南文化》1997年第3期。

③ 吴钊：《贾湖龟铃骨笛与中国音乐文明之源》，《考古》1991年第3期。

④ 河南信阳地区文管会：《春秋早期黄君孟夫妇墓发掘报告》，《考古》1984年第4期；河南省博物馆：《河南淅川县下寺一号墓发掘简报》，《考古》1981年第2期；湖北省博物馆：《随县曾侯乙墓》，文物出版社1980年版。

颂箫、籁、比竹、参差、凤箫、云箫。《诗经·周颂·有瞽》：“箫管备举，喤喤厥声。肃雝和鸣，先祖是听。我客戾止，永观厥成。”《尔雅·释乐》：“大箫谓之言，小者谓之筊。”晋郭璞注：“箫大者编二十三管，长尺四寸；小者十六管，长尺二寸。”[①] 古代乐器“排箫”见于史籍，始于唐代赵璘的《因话录》。《笔记小说大观》转引《因话录》载：“古箫，都下所谓排箫是也。”《朱子语类·乐》：“今之箫管，乃古之笛，云箫方是古之箫，云箫者排箫也。”到了元代，正式称古箫为“排箫”。《元史·礼乐志》还记载了“皇太后上尊号进册宝仪”这一仪式的演奏情况。《清会典·乐器》也记载：“排箫，比竹为管十六，阴阳各八。自左而右，列二倍律，六正律以协阳均；自右而左，列二倍吕，六正吕，以协阴均。十六管径皆二分七厘四毫二丝，其长短各不同。”

1978 年，河南淅川县下寺一号楚墓出土一支春秋中晚期石排箫。1997 年，考古工作者在河南鹿邑县长子口墓西撑室南部发掘了一批骨排箫，这些骨排箫出土时色泽莹润，如玉似翠，均为禽类腿骨所制，每件均由长短参差的一骨管组成，出土时可见有明显的“人字行”束带痕迹，学者推断这些排箫当时是用宽带绑束在一起的[②]。其中最长的一根骨管长 32.7 厘米，最短的一根骨管长 11.8 厘米。据长子口墓内出土随葬铜器铭文显示，其时代至迟为商代晚期，是迄今发现的最早的排箫实物。王子初先生认为：“以往中国最早的排箫标本是淅川下寺 1 号墓出土的石排箫，时代已是春秋晚期。‘长子口’排箫的出土，把这种历史上重要吹管乐器流行的时代，至少提前到商代晚期。”[③]

目前，我国考古发掘及遗存的排箫主要有河南淅川下寺一号墓石排箫、河南光山黄君墓竹排箫、湖北随州曾侯乙墓排箫、河南鹿邑太清宫长子口墓骨排箫等。长子口墓、淅川下寺遗址等地出土的排箫不仅制作精良，而且还直接印证了殷商甲骨文的记载，“殷墟甲骨文中曾有排箫之字，‘长子口’墓骨排箫的出土，印证了甲骨文的记载，同时也填补了商代排箫的实物空白。排箫以残存和修复后所见，其编管规范、选材精细、制作精良，足以说明当时其制作工艺水平之高和使用之广，应是当时该地域内的主要旋律乐器”[④]。

① 王闿运：《尔雅集解》，岳麓书社 2010 年版，第 176 页。

② 王子初：《排箫》，《乐器》2003 年第 9 期。

③ 王子初：《排箫》，《乐器》2003 年第 9 期。

④ 霍锟：《鹿邑“长子口”墓出土音乐文物初探》，《中原文物》2014 年第 6 期。

陶埙。陶埙也是原始吹奏乐器的一种。按照音孔划分，可以分为一音孔埙、三音孔埙、五音孔埙。《拾遗记·春皇庖牺》记载庖牺“灼土为埙”：“（庖牺）去巢穴之居，变茹腥之食，立礼教以导文，造干戈以饰武，丝桑为瑟，均土为埙，礼乐于是兴矣。调和八风，以画八卦，分六位以正六宗。于时未有书契，规天为图，矩地取法，视五星之文，分晷景之度，使鬼神以致群祠，审地势以定川岳，始嫁娶以修人道。庖者包也，言包合万象，以牺牲登荐于百神，民服其圣，故曰庖牺，亦谓伏羲。变混沌之质，文宓其教，故曰宓羲。布至德于天下，元元之类，莫不尊焉。以木德称王，故曰春皇。其明睿照于八区，是谓太昊。昊者，明也。位居东方，以含养蠢化，叶于木德，其音附角，号曰木皇。”晋代王嘉辑录的《拾遗记》记载陶埙为上古先皇庖牺氏所作，其说难以考据。不过，考古工作者认为陶埙在历史上出现的时间是很早的，并从新石器时代一直沿用到今天[①]。

早期的陶埙大多呈蛋形，底部稍平，顶上设吹孔，腹部有一至七个不等的音孔。后期陶埙中，出现了许多人头形、鬼脸形、兽头形和动物形的陶埙，这些埙作为乐器的性能减弱了，更大的可能是一种有音响的玩具。这种人头埙、动物埙一般仅设两个音孔，只能吹奏一些简单的音程。一般说来，陶埙的音孔越多，吹出的音列越复杂。近些年来，中国出土的陶埙数量极多。出土的这些陶埙，在中国音乐史上具有重要的地位。“在舞阳骨笛出土以前，这些陶埙及有关它们的测音资料，曾经是音乐史学家推测古人音阶发展水平的主要参考。今天的研究表明，由于这种吹奏乐器在音高上的不稳定性，对陶埙测音结果及其研究，应持慎重态度。”[②]淮河流域出土的相对典型的早期陶埙，主要分布在河南贾湖遗址、河南（开封）尉氏桐刘遗址、郑州大河村遗址等。

桐刘遗址发掘于20世纪80年代，该遗址位于今河南省开封市尉氏县大马乡南，距尉氏县25千米，为一处大型龙山文化遗址。该遗址出土的陶埙，应当同属龙山文化时期。

这些陶埙腔体扁平，中空，通高6.0厘米。上部略平，下部呈圆弧形，横断面整体上呈椭圆形。上端正中有吹口处，口径约0.6厘米。在该陶埙的

① 王子初：《音乐考古》，文物出版社2006年版，第90页。
② 王子初：《中国音乐考古学》，福建教育出版社2003年版，第59页。

吹口两侧肩部各有一个音孔，孔径 0.40—0.45 厘米。埙的吹口和音孔口从外观上看去，均微向上突出，埙体两侧向下稍向内收。值得注意的是，埙的前后两面均向外鼓，形成圆袋形腹部。经音乐学家吹奏测试，可发出 4 个乐音。

作为龙山文化遗址出土的早期陶埙，虽然仅能吹出四种不同的音高，但是作为在远古时期生产力水平低下的情况下的杰出创造，仍然具有很高的地位。该遗址出土的陶埙不仅证明了我国乐器出现的时间之早，“发出四种声音”还证明了音乐技艺已经有了相当高的水平。

大河村遗址发现于 1964 年，位于郑东新区西北部、连霍高速与中州大道交叉口东南隅。该遗址是一处包含仰韶文化、龙山文化和夏商时期文化的大型古代聚落遗址。

大河村遗址是我国 20 世纪 70 年代考古重要发现之一，面积之大、文化层堆积之厚、文化内涵之丰富、延续时间之长，在淮河流域数千处古遗址中占有重要地位。考古工作者认为，该遗址中的仰韶文化、龙山文化、二里头文化和商文化遗存，基本上是一脉相承、延续发展下来的，持续时间长达 3300 年，这是其他古代遗址所不及的。位于淮河流域的郑州地区，经历了原始社会母系氏族的繁荣阶段、父系氏族阶段，直到奴隶社会的夏商时期，可以说是远古文化发展的历史缩影。

陶埙出土于郑州大河村遗址第四十号灰坑内，“一件，已残。泥质灰陶，卵形，一端有一平面，另一端有一孔，上部有近似对称的二孔”[①]。根据《郑州大河村遗址发掘报告》关于陶埙的记载，我们得知该遗址出土了一件陶埙，已经残破，呈卵形；在埙的上部有近似对称的两个孔。该埙高约 11.0 厘米、直径约 7.0 厘米。埙体大致呈椭圆形，素面。底部稍平，顶部有吹口，口径 0.9 厘米。在埙的底部有两个音孔，孔径 0.5 厘米。由此可知，该埙在当时不仅能用来吹奏音乐，而且在埙面上还出现了“美学意义上的对称性”。

陶铃。陶玲即用陶做成的摇响器。王子初先生认为，陶铃主要特征为筒状形的铃体，一端呈封闭状，腹部装有悬纽，用于悬挂；一端敞口，铃体腔内挂有固定的单体棒状铃舌。这些陶铃铃体质地为烧制的泥土，铃舌为陶制或者石制。淮河流域出土陶铃的数量不是很多，比较典型的是郑州大河村陶铃、

① 郑州市博物馆：《郑州大河村遗址发掘报告》，《考古学报》1979 年第 3 期。

江苏邳州刘林陶铃。

大河村遗址出土的众多文物中，就包括陶铃2件，“泥质灰陶，椭圆形，喇叭口，平顶上有二圆孔。长径6.5、高4.5厘米”[①]。这里的陶铃已经有了很大的进步，不仅在形制上有了很大的变化——呈椭圆形，喇叭口，而且这些陶铃在平顶上还凿了两个孔。这样的变化对后世音乐的发展产生了重要的影响，尤其是启迪了新型乐器的发明。王子初先生认为：“陶铃很可能是后来重要的青铜乐器编钟的先祖之一。”

刘林新石器时代遗址位于江苏省邳州西北30千米，该遗址在新石器时代考古学上具有重要的地位。该遗址取得了很大的成就，共发现新石器时代墓葬52座，这些墓葬以单身葬居多，合葬只有5座。出土遗物可以分为四类，即石器、骨角器、陶器及其他类。

在出土的陶器类别中就有陶铃。该遗址属于多个文化层分布，这些陶铃属于大汶口文化早期偏晚时期的遗物。陶铃材质为黑陶，捏制，椭圆体，腹微鼓，顶上有两个悬舌孔，两肩前后各穿一个悬铃孔[②]。

石磬。石磬的起源是很早的，在很多考古遗址中都有发现。石磬的起源不仅很早，而且在古代的应用也非常广泛，文献典籍中多有关于磬的记载。如《礼记·明堂位》载：“崇鼎、贯鼎、大璜、封父龟，天子之器也。越棘大弓，天子之戎器也。夏后氏之鼓足，殷楹鼓，周悬鼓。垂之和钟，叔之离磬，女娲之笙簧。夏后氏之龙簨虡，殷之崇牙，周之璧翣。”[③]《礼记》成书于先秦时期，该书有很多关于后世礼乐的记载。“叔之离磬”，据清孙希旦《礼记集解》，“叔，人名。《世本》载：‘无句作磬。’皇侃说：‘无句，叔之别名。’”这里讲的离磬，即编磬，一组磬。由此可知，在先秦时期，至迟在编纂《世本》的时期（战国时期），不仅出现了磬，而且还有了成组的磬——我国先秦时期音乐发展概况由此可见一斑。

1983年，考古工作者在今河南禹州范石乡阎砦遗址出土了1件石磬，该遗址文化层属于龙山文化晚期[④]。

① 郑州市博物馆：《郑州大河村遗址发掘报告》，《考古学报》1979年第3期。

② 南京博物院：《江苏邳县刘林新石器时代遗址第一次发掘》，《考古学报》1962年第1期。

③ 孙希旦：《礼记集解》，中华书局1989年版，第853页。

④ 高蕾：《河南省出土石磬初探》，《中原文物》2001年第5期。

该遗址位于阎砦村西0.5千米，面积约2.7万平方米，其文化层厚达2.5米。该遗址出土了大批成排的房基、窖穴及墓葬等，还有大量饰有篮纹、方格纹的陶片和陶器。墓葬多属小型墓，大都无随葬品，仅在其中一座墓葬内发现了石磬。该石磬的形制纹饰为青石打制而成，与之前出土的其他文化时期石磬不同的是，该石磬的表面未加磨光修整，相对较为粗糙。考古工作者在出土的时候，发现该石磬已经断裂，后经河南省文物考古研究所专家修复，现已完好如初。该石磬在形制上还有明显的特征——鼓部与股部大致相等，倨勾以及鼓、股各边角均呈弧形，磬下边向上弧曲。通长78.0厘米、高28.5厘米、厚4.5—5.5厘米。音乐考古学家在对其测试之后，该石磬依然能发出声音①。

出土乐器作为最直观、有时甚至是唯一的文献资料，在我们研究音乐起源过程中具有无可替代的作用。尽管目前出土的淮河流域古乐器相对较少但很有特色，相信随着考古工作者的不懈努力，越来越多的古乐器将会呈现在我们的面前。

2. 典籍中与淮河流域有关的音乐

中华民族音乐，是当今世界上溯源最久远而又长流不绝的东方音乐文化的代表②。中国的传统文化，是一个有着强大内聚力和适应力的大系统。各类文学艺术，都有着共同的美学追求和内在的统一性。曹天生先生主编的《淮河文化导论》认为，淮河流域音乐与中华民族传统音乐具有内在一致性："讲究作品的'气韵'和'意境'，强调创作的'风骨''神貌'，注重人与自然的统一与交流，追求艺术表述中的情感、伦理的结合与渗透，推崇艺术表现的蕴蓄、婉曲，喜好艺术形态的协调、中和、简约与适度。这些都是中国民间音乐风格的基本特点，同时也是淮河流域民间音乐的基本特点。"

远古时期的音乐，最初是以歌谣的形式出现的。淮河流域出现音乐的时间是很早的，大禹时期便出现了原始歌谣。《吕氏春秋·音初篇》记载："禹行功，见涂山之女，禹未之遇而巡省南土。涂山氏之女乃令其妾候禹于涂山之阳。女乃作歌，歌曰：'候人兮猗。'实始作为南音。"大禹之妻涂山氏女创作的"候人兮猗"，成为我国南方民族地区民歌的源头，对后世民歌的

① 匡瑜、江涛:《禹县阎砦龙山遗址》,《中国考古年鉴·考古新发现》，文物出版社1984年版，第126页。

② 曹天生、朱光耀:《淮河文化导论》，合肥工业大学出版社2011年版，第243页。

发展产生了重要的促进作用——中国第一部诗歌总集《诗经》十五“国风”之首的《周南》《召南》，相传就是受其影响，“周公及召公取风焉，以为《周南》《召南》”。《诗经》中记载的与淮河流域音乐有关的、在后世传播较广的篇章是《小雅·鼓钟》：

> 鼓钟将将，淮水汤汤，忧心且伤。淑人君子，怀允不忘。
> 鼓钟喈喈，淮水湝湝，忧心且悲。淑人君子，其德不回。
> 鼓钟伐鼛，淮有三洲，忧心且妯。淑人君子，其德不犹。
> 鼓钟钦钦，鼓瑟鼓琴，笙磬同音。以雅以南，以籥不僭。

篇中屡次提到“淮水汤汤”“淮水湝湝”“淮有三洲”，可见作者当时身处淮河沿岸，看到了淮上迤逦的风光，所以才作出如此动听的篇章。除了《鼓钟》篇外，《诗经》还记载了与淮河流域有关的音乐。如《诗经·常武》：“率彼淮浦，省此徐土。不留不处，三事就绪。”再如《诗经·江汉》：“江汉浮浮，武夫滔滔。匪安匪游，淮夷来求。既出我车，既设我旟。匪安匪舒，淮夷来铺。”《诗经》中的很多篇章都与淮河流域密切有关，为我们了解淮河流域在先秦时期的流传情况提供了很好的线索。先秦时期的郑国属于淮河流域，《国语·郑语》中记载了史伯与桓公的一段对话，其中就谈到了与音乐有关的理论：

> 公曰：“周其弊乎？”对曰：“殆于必弊者也。《泰誓》曰：‘民之所欲，天必从之。’今王弃高明昭显，而好谗慝暗昧；恶角犀丰盈，而近顽童穷固。去和而取同。夫和实生物，同则不继。以他平他谓之和，故能丰长而物生之；若以同裨同，尽乃弃矣。故先王以土与金木水火杂，以成百物。是以和五味以调口，刚四支以卫体，和六律以聪耳，正七体以役心，平八索以成人，建九纪以立纯德，合十数以训百体。出千品，具万方，计亿事，材兆物，收经入，行姟极。故王者居九畡之田，收经入以食兆民，周训而能用之，和乐如一。夫如是，和之至也。于是乎先王聘后于异姓，求财于有方，择臣取谏工而讲以多物，务和同也。声一无听，物一无文，

味一无果，物一不讲。王将弃是类而与刬同。天夺之明，欲无弊，得乎？”[①]

史伯在这里用金、木、水、火、土等五行观念，着重分析了“和”“同”在音乐方面的表现等问题。所谓“和实生物，同则不继。以它平它谓之和，故能丰长而物归之，若以同裨同，尽乃弃矣”。是说能否相济，阴阳相生，异味相和，都含有相反相成的意思。孔子也说：“君子和而不同。”史伯在这里与桓公讨论的“和六律以聪耳”，不仅是礼乐所要达到的一般目的，更是先秦时期礼乐文明的最高追求：“直而温，宽而栗，刚而无虐，简而无傲。诗言志，歌永言，声依永，律和声。八音克谐，无相夺伦，神人以和。”[②]《管子·地员》还记载了早期的“三分损益法”，在我国乃至世界音乐史上都具有重要地位：

凡将起五音，凡首，先主一而三之，四开以合九九，以是生黄钟小素之首，以成宫。三分而益之以一，为百有八，为徵。不无有三分而去其乘，适足以是生商。有三分而复于其所，以是成羽。有三分去其乘，适足以是成角。

先秦典籍《孟子》也有关于音乐的记载：

宰我、子贡、有若，智足以知圣人，污不至阿其所好。宰我曰：“以予观于夫子，贤于尧、舜远矣！”子贡曰：“见其礼而知其政，闻其乐而知其德，由百世之后，等百世之王国，莫之能违也。自生民以来，未有夫子也！”有若曰：“岂惟民哉？麒麟之于走兽，凤凰之于飞鸟，太山之于丘垤，河海之于行潦，类也。圣人之于民，亦类也。出于其类，拔乎其萃，自生民以来，未有盛于孔子也！”

这里记载了音乐的特殊作用——“以礼观政、以乐知德”。

① 左丘明著，韦昭注，胡文波校点：《国语》，上海古籍出版社2015年版，第347页。

② 李民、王健：《尚书译注》，上海古籍出版社2012年版，第14页。

《庄子·天道》篇阐述了道家对音乐的认识，认为如果能够知天命、顺应自然规律，便可以“无为而王”：

夫明白于天地之德者，此之谓大本大宗，与天和者也，所以均调天下，与人和者也。与人和者，谓之人乐；与天和者，谓之天乐。庄子曰：“吾师乎，吾师乎！赍万物而不为戾，泽及万世而不为仁，长于上古而不为寿，覆载天地、刻雕众形而不为巧。此之谓天乐。故曰：“知天乐者，其生也天行，其死也物化。静而与阴同德，动而与阳同波。”故知天乐者，无天怨，无人非，无物累，无鬼责。故曰：“其动也天，其静也地，一心定而王天下；其鬼不祟，其魂不疲，一心定而万物服。”言以虚静推于天地，通于万物，此之谓天乐。天乐者，圣人之心以畜天下也。①

不仅如此，先秦典籍《荀子》还有专篇论述音乐的章节《乐论篇》。在该章节中，荀子系统地论述了音乐产生的原因、机制：

夫乐者，乐也，人情之所必不免也。故人不能无乐，乐则必发于声音，形于动静；而人之道，声音、动静、性术之变尽是矣。故人不能不乐，乐则不能无形，形而不为道，则不能无乱。先王恶其乱也，故制《雅》《颂》之声以道之，使其声足以乐而不流，使其文足以辨而不諰，使其曲直、繁省、廉肉、节奏足以感动人之善心，使夫邪污之气无由得接焉。是先王立乐之方也，而墨子非之，奈何？

故乐在宗庙之中，君臣上下同听之，则莫不和敬；闺门之内，父子兄弟同听之，则莫不和亲；乡里族长之中，长少同听之，则莫不和顺。故乐者，审一以定和者也，比物以饰节者也，合奏以成文者也；足以率一道，足以治万变。是先王立乐之术也，而墨子非之，奈何？

故听其《雅》《颂》之声，而志意得广焉；执其干戚，习其俯仰屈伸，而容貌得庄焉；行其缀兆，要其节奏，而行列得正焉，进退得齐焉。故乐者，出所以征诛也，入所以揖让也。征诛揖让，其义一也。出所以

① 方勇译注：《庄子译注》，中华书局 2010 年版，第 207 页。

征诛，则莫不听从；入所以揖让，则莫不从服。故乐者，天下之大齐也，中和之纪也，人情之所必不免也。是先王立乐之术也，而墨子非之，奈何？

夫声乐之入人也深，其化人也速，故先王谨为之文。乐中平，则民和而不流；乐肃庄，则民齐而不乱。民和齐，则兵劲城固，敌国不敢婴也。如是，则百姓莫不安其处，乐其乡，以至足其上矣。然后名声于是白，光辉于是大，四海之民莫不愿得以为师。是王者之始也。乐姚冶以险，则民流僈鄙贱矣。流僈则乱，鄙贱则争。乱争则兵弱城犯，敌国危之。如是，则百姓不安其处，不乐其乡，不足其上矣。故礼乐废而邪音起者，危削侮辱之本也。故先王贵礼乐而贱邪音。其在序官也，曰："修宪命，审诛赏，禁淫声，以时顺修，使夷俗邪音不敢乱雅，太师之事也。"①

先秦典籍《韩非子·八说》乐正与治国的关系：

酸甘咸淡，不以口断而决于宰尹，则厨人轻君而重于宰尹矣。上下清浊，不以耳断而决于乐正，则瞽工轻君而重于乐正矣。治国是非，不以术断而决于宠人，则臣下轻君而重于宠人矣。人主不亲观听，而制断在下，托食于国者也。②

作为法家的代表人物，韩非子提醒君王，凡事不能委任宰尹；治国之权要应该掌握在君王自己手里。这里虽然是在劝导君王要正确处理与臣下之间的关系，但是从乐正地位之高可以看出，音乐在当时之盛行及音乐在全国之地位。

先秦时期关于淮河流域音乐的典籍是很多的，其内容不仅涉及音乐的样式、音乐的内容、音乐的流传方式，更为重要的是兴起于远古时期的音乐之地位在此时得到了很大的提升——成了与国家政权息息相关的关键因素，不仅用以国家外交事务，而且成了诸侯规范、统治社会秩序的"武器"。

综之，淮河流域不仅文化遗产丰富，而且还为构建中华民族几千年的礼

① 安继民译注：《荀子》，中州古籍出版社 2006 年版，第 335 页。

② 李维新、郑诚、侯燕注译：《韩非子》，中州古籍出版社 2008 年版，第 449 页。

乐文明奠定了坚实的基础。作为产生于远古时期先民们劳作过程中的音乐，在社会发展的过程中与政权结合得更加紧密，其政治功能逐渐超越娱乐功能，成为王权的象征。中华民族具有五千多年的文明史，在历史的长河中孕育了十分丰富的音乐（及乐器），不过随着历史的发展、文献的散佚，上古时期音乐的本来面目我们已经无从知晓。值得庆幸的是，近年来随着考古工作者的努力，越来越多的乐器（及乐谱）以及记录远古时期音乐的文献得以重见天日——不仅证实了后世的记载，更为我们研究先秦时期的音乐提供了更多的文献资料。这些文献不仅包括了后世出土的文物，如骨笛、石磬、陶响器、陶铃、陶埙、排箫等；还包括一些记录音乐的文字材料，如在甲骨文上发现了“乐”“舞”“磬”“鼓”等甲骨文资料以及戍铃方彝铭文等。

远古时期的音乐不仅陶冶了先民们的情操，而且这些音乐有的还流传到了现在——成了中国传统音乐的源头、先声。此外，作为远古歌谣的早期音乐还在一定程度上启迪了文学如诗歌的诞生。作为先秦音乐源头的《诗经》《楚辞》，均与淮河流域有密切的关系：中国第一部诗歌总集《诗经》中的很多篇章都涉及了先秦时期的淮河流域，如上文提到的《鼓钟》《常武》；作为在楚国民歌的基础上经过加工、提炼而发展起来的，既是楚文化自身发展的产物，又是楚文化与中原文化融合产物的《楚辞》中很多篇章的内容或多或少取材于淮河流域。楚国地处南方，所以楚文化始终保持着强烈的自身特征，充满了奇异瑰丽的浪漫主义色彩。淮河流域地处南北方的交界地带，不仅融合了中原地区的温文尔雅，还浸润了楚地光怪陆离的特点。同时，淮河流域还是儒家、道家、墨家的发源地，多种思想在此相互碰撞——为淮河流域音乐的发展提供了肥沃的土壤，丰富了淮河文化的内涵。

三、淮河流域著名乐师

产生于淮河流域的音乐、乐器、乐律不仅丰富了中国的音乐文化，更为重要的是其还成为中国礼乐文明的关键因素。淮河流域地处南北文化的过渡地带，造就了该流域独具特色的音乐文化。该流域还是先秦时期著名音乐家姜子牙、宁戚、伯牙、刘涓子、杞梁妻、牧犊子、.雍门周、师襄子、师文、邹忌的故乡。

先秦时期各诸侯国多把宫廷乐官称为“师”，亦即后代我们说的乐师。先秦诸乐师的记载，散见于先秦两汉的典籍文献中。据不完全统计，仅《左传》《论语》《国语》《史记》等典籍中所提到的“师”，就有数十位之多[①]，先秦时期乐官活动的频繁程度由此可见一斑。

姜子牙（约公元前11世纪），中国上古时期著名的政治家、军事家，姓姜，名尚，字子牙，又称吕尚、太公望，人称姜太公，今安徽临泉姜寨镇人[②]。其凭着文韬武略，协助周武王灭殷兴周，孟子赞誉其为“天下之大老”，在中国文化史上具有重要地位。

周朝建立后，姜子牙被封到齐国为诸侯。所以说，姜子牙是古代齐国的缔造者、齐文化的奠基人。另外，相传姜子牙也是一位琴师，并有琴曲作品《渭滨吟》存世。该曲写姜子牙年逾八十而垂钓于渭滨之上，以待先生君王的到来。后来，文王夜梦飞熊，躬自田猎，于渭滨得见姜子牙。这就是“姜太公钓鱼”的故事：

> 却说姜尚在磻溪岸上，手持钓钩，自叹曰：“吾已老矣，年已八十，未佐明君。非钓鱼，只钓贤君。”自叹咏一首，诗曰：“吾今未遇被妻休，渭水河边执钓钩。只钓明君兴社稷，终须时至作王侯。”[③]

作为齐文化的缔造者，姜子牙留给后人的不仅仅是政治才能，更为主要的是其承载的文化内涵、文化基因。

宁戚（公元前七八世纪），春秋时期卫国人，胸有大志而不得荐。听说齐桓公礼贤下士，遂来到齐国。在没有得到提拔之前，他以挽车喂牛为生。

《吕氏春秋》里详细记载了宁戚得到桓公赏识的过程：宁戚正在猫山脚下扣牛角唱歌，其歌声被出游的齐桓公、管仲听到。经过一番交谈，宁戚治

---

① 王同：《先秦诸师考略》，《杭州师范学院学报》1997年第4期。

② 马家敏先生在《姜尚故里考》（《学术界》2001年第6期）一文中，综合考古学、历史学、人类学、文化学等资料，得出如下结论：1.姜子牙是上古吕国人；2.上古吕国在新蔡县境；3.新蔡县境内的姜寨（今属临泉县）是姜子牙的故里。

③ 钟兆华：《元刊全相平话五种校注》，巴蜀书社1990年版，第58页。

国理政的才能得到认可。于是在公元前685年，宁戚被任命为齐国大夫，长期担任齐国大司田一职，掌管全国的农业与水利，对促进齐国农牧业的发展产生了一定的作用。

大夫宁戚不仅善于治理农牧业，而且亦能弹琴，曾作琴曲《扣角歌》，感叹怀才不遇的忧伤："浩浩白水，儵儵之鱼。""君来召我，我将安居。"记载《扣角歌》的文献主要有《杏庄太音续谱》①，其中收有琴曲《扣角歌》八段。由于去古较远，宁戚是怎样唱的、唱的是什么歌我们不得而知。但是，古代典籍如《艺文类聚》《东周列国志》等记载了宁戚所唱之歌。宁戚所唱之歌是：

> 沧浪之水白石粲，中有鲤鱼长尺半。縠布单衣裁至骭，清朝饭牛至夜半。黄犊上坂且休息，吾将舍汝相齐国。

流传最广且最为翔实的记载见于明代《东周列国志》，唱词是：

> 南山灿，白石烂，中有鲤鱼长尺半。生不逢尧与舜禅，短褐单衣才至骭。从昏饭牛至夜半，长夜漫漫何时旦？②

关于宁戚"击牛角疾歌"，清代学者孙星衍、梁玉绳、卢文弨等有不同的看法。孙星衍认为所唱之歌是《硕鼠》，并征引《后汉书·马融传》来说明："宁戚饭牛于康衢，击车辐而歌《硕鼠》。"梁玉绳说："今《说苑·善说》篇云：'宁戚饭牛康衢，击车辐而歌《顾见》，桓公得之，霸也。'以上下文义求之，'顾见'当是'硕鼠'之讹。"卢文弨认为："案《史记·邹阳传》集解引应劭曰：'齐桓公夜出迎客，而宁戚疾击其牛角商歌曰：南山矸，白石烂，生不遭尧与舜禅。短布单衣适至骭，从昏饭牛薄夜半，长夜曼曼何时旦。'此歌出《三齐记》。《艺文类聚》又载一篇云：'沧浪之水白石粲，中有鲤鱼长尺半。縠布单衣裁至骭，清朝饭牛至夜半。黄犊上坂且休息，吾将舍汝相齐国。'李善注《文选》成

① 肖鸾：《杏庄太音补遗》（第1册），中国书店2007年版。

② 冯梦龙编，蔡元放修订，陈先行、李梦生校点：《东周列国志》，上海古籍出版社2012年版，第106页。

公子安《啸赋》又载一篇云：'出东门兮厉石班，上有松柏清且兰。粗布衣兮缊缕。时不遇兮尧舜主。牛兮努力食细草，大臣在尔侧，吾当与尔适楚国。'三歌真赝虽不可知，合之亦自成章法。仁和陈嗣倩云：'疾商歌，殆非一歌也。'今故具录之，以备参考焉。"

据此可知，宁戚所唱之歌可能是《硕鼠》，亦可能是《顾见》，或者恰如陈嗣倩所说"殆非一歌也"。

师挚（约公元前6世纪），春秋时鲁国的宫廷乐师。关于他的记载主要集中在《论语》上。《论语·泰伯》载："子曰：'师挚之始，关雎之乱，洋洋乎盈耳哉！'"孔子对师挚演奏的周代民歌《关雎》中开头的部分和结尾"乱"的部分极为赞赏——师挚演奏的音乐热烈而又奔放，一直环绕着人们的耳朵！东汉经学家郑玄在他的《论语注》中说："师挚，鲁大师之名。始，犹首也。周道既衰，郑卫之音作，正乐废而失节。鲁大师挚识《关雎》之声，而首理其乱，有洋洋盈耳，听而美之。"郑玄认为，鲁国的大音乐家师挚是第一个整理《诗经·周南·关雎》并使其恢复"雅乐"原貌的人，即所谓"首理其乱者"。师挚演奏《关雎》不仅声情并茂，而且恢复了其原来"雅乐"的面貌，后世的孔子为此也大加褒扬。

另一段关于师挚的记载，见于《论语·微子》："大师挚适齐，亚饭干适楚，三饭缭适蔡，四饭缺适秦，鼓方叔入于河，播鼗武入于汉，少师阳、击磬襄入于海。"①

史料记载，季桓子在接受齐女乐之后，孔子愤而出游。次年鲁定公卒，鲁哀公继位。在此之后，鲁国出现了"礼崩乐坏"的局面——鲁国的宫廷乐师四处流散，师挚去了齐国，即"大师挚适齐"，少师阳、击磬襄去了"海"。所以说，师挚是孔子从政时期的鲁国宫廷乐官，并有相当的官阶，被称为"大师挚"。王同先生考证，他的主要活动时期与孔子的中晚年同期，从时间上推算是公元前521年—公元前498年。

师襄（约公元前6世纪），春秋时期鲁国乐师。其生活时代与孔子同时或稍前，事迹在先秦两汉诸多典籍中均有载录。《论语·微子》最早提到鲁国有位"击磬襄"："大师挚适齐，亚饭干适楚，三饭缭适蔡，四饭缺适秦，

① 刘宝楠：《论语正义》，中华书局1990年版，第730页。

鼓方叔入于河，播鼗武入于汉，少师阳、击磬襄入于海。”这里的“击磬襄”，指的就是演奏磬这种音乐的名叫“襄”的乐师。《韩诗外传》记载孔子曾在卫国学琴于“师襄子”：

> 孔子学鼓琴于师襄子而不进。师襄子曰：“夫子可以进矣。”孔子曰：“丘已得其曲矣，未得其数也。”有间，曰：“夫子可以进矣。”曰：“丘已得其数矣，未得其意也。”有间，复曰：“夫子可以进矣。”曰：“丘已得其意矣，未得其人也。”有间，复曰：“夫子可以进矣。”曰：“丘已得其人矣，未得其类也。”有间，曰：“邈然远望，洋洋乎，翼翼乎，必作此乐也。黯然而黑，几然而长，以王天下，以朝诸侯者，其惟文王乎？”师襄子避席再拜曰：“善！师以为文王之操也。”故孔子持文王之声，知文王之为人。师襄子曰：“敢问何以知其文王之操也？”孔子曰：“然。夫仁者好韦，和者好粉，智者好弹，有殷勤之意者好丽。丘是以知文王之操也。”①

《史记》记载与《韩诗外传》略有不同，但是都记载了孔子曾经往诣师襄子：

> 孔子学鼓琴师襄子，十日不进。师襄子曰：“可以益矣。”孔子曰：“丘已习其曲矣，未得其数也。”有间，曰：“已习其数，可以益矣。”孔子曰：“丘未得其志也。”有间，曰：“已习其志，可以益矣。”孔子曰：“丘未得其为人也。”有间，有所穆然深思焉，有所怡然高望而远志焉。曰：“丘得其为人，黯然而黑，几然而长，眼如望羊，如王四国，非文王其谁能为此也！”师襄子辟席再拜，曰：“师盖云《文王操》也。”②

《列子·汤问》里也提到一个乐师“师襄”：

---

① 韩婴著，周廷寀校注：《韩诗外传》（附补逸校注拾遗），中华书局 1993 年版，第 170 页。

b 司马迁：《史记》卷四七《孔子世家》，中华书局 1959 年版，第 1925 页。

> 匏巴鼓琴而鸟舞鱼跃，郑师文闻之，弃家从师襄游。柱指钧弦，三年不成章。师襄曰："子可以归矣。"师文舍其琴，叹曰："文非弦之不能钩，非章之不能成文所存者不在弦，所志者不在声。内不得于心，外不应于器，故不敢发手而动弦。且小假之，以观其后。"无几何，复见师襄。师襄曰："子之琴何如？"师文曰："得之矣，请尝试之。"于是当春而叩商弦以召南吕，凉风忽至，草木成实。及秋而叩角弦以激夹钟，温风徐回，草木发荣。当夏而叩羽弦以召黄钟，霜雪交下，川池暴冱。及冬而叩徵弦以激蕤宾，阳光炽烈，坚冰立散。将终，命宫而总四弦，则景风翔，庆云浮，甘露降，澧泉涌。师襄乃抚心高蹈："微矣子之弹也！虽师旷之清角，邹衍之吹律，亡以加之。彼将挟琴执管而从子之后耳。"[①]

关于这两个乐师"师襄"，学术界历来有两种不同的看法。第一种认为在春秋时期的乐师中，有两位乐师同叫"襄"：一是卫国的乐官，擅琴，称"师襄子"；一是鲁国的乐官，擅磬，叫作"击磬襄"。现在的主流认识一般多认为"击磬襄"与"师襄子"为同一人，即鲁国的乐官。

《史记·索隐》云："《家语》师襄子曰：'吾虽以击磬为官，然能于琴。'盖师襄子鲁人，《论语》谓之击磬襄是也。"[②]《论语·宪问》记载："子击磬于卫，有荷蒉而过孔氏之门者，曰：'有心哉，击磬乎！'既而曰：'鄙哉，硁硁乎！莫己知也，斯己而已矣。深则厉，浅则揭。'"[③]这里说的"孔子击磬"，很可能是孔子正在家里练习击磬或学习击磬，所以"硁硁乎"这种声音无人了解。所以说，师襄子是先秦时期的鲁国人，擅长演奏乐器，是孔子、师文的音乐老师。

先秦乐师襄子的主要活动时期，据王同考证在公元前500年至公元前479年，稍晚于师挚。孔子50岁从政，72岁卒。史料对师襄记载的时间跨度，也在这一时期之内。由此认为，师襄的主要活动时期在公元前500年至公元

① 黄建军：《列子译注》，商务印书馆2015年版，第164页。

② 司马迁：《史记》卷四七《孔子世家》，中华书局1959年版，第1925页。

③ 刘家楠：《论语正义》，中华书局1990年版，第598页。

前 479。

孔子学琴于师襄子在后世传为美谈，还衍生出一个成语“孔子学琴”。该成语是说孔子在学到一些关于琴的知识以后，并没有因此止步不前，而是持之以恒，终于学到了琴艺的精髓——“持文王之声，知文王之为人”。孔子刻苦学习琴艺的故事在后世广为传播，学者亦多有论及。师襄子作为先秦时期淮河流域的著名乐师，对儒家“乐教”思想的形成产生了重要的作用。

师慧（约公元前 6 世纪），春秋时期郑国乐官。有关他的音乐活动，未见诸史书记载，只是在《左传》中有一段描述他机智的记录。《左传·襄公十五年》记载：

> 郑尉氏、司氏之乱，其余盗在宋。郑人以子西、伯有、子产之故，纳贿于宋，以马四十乘与师茷、师慧。三月，公孙黑为质焉。司城子罕以堵女父、尉翩、司齐与之。良司臣而逸之，托诸季武子，武子置诸卞。郑人醢之，三人也。
>
> 师慧过宋朝，将私焉。其相曰：“朝也。”慧曰：“无人焉。”相曰：“朝也，何故无人？”慧曰：“必无人焉。若犹有人，岂其以千乘之相易淫乐之矇？必无人焉故也。”子罕闻之，固请而归之。[①]

这里记载的是郑简公八年，也就是公元前 558 年发生的事情：郑国为了引渡、缉捕逃匿宋国的郑国乱臣堵女父、尉翩、司齐三人，派师慧去宋国去交涉，师慧凭借自己的聪明才智，成功地完成了这次外交使命。这次外交事件也说明，师慧是郑简公时期的乐师。据史书记载，郑简公执政于公元前 565—公元前 529 年，师慧的主要活动时期也应在此期间。

刘涓子，春秋时期齐国乐师。相传，我国古琴十大名曲之一的《阳春白雪》是由他所作[②]。全曲共分七段，即“独占鳌头”“风摆荷花”“一轮明月”“玉版参禅”“铁策板声”“道院琴声”“东皋鹤鸣”。现在琴谱中的《阳春》《白雪》是两首器乐曲，在明代《神奇秘谱》中列《阳春》于上卷宫调，解题中说：“《阳

① （春秋）左丘明撰，蒋冀骋标点：《左传》，岳麓书社 1988 年版，第 207 页。

② 肖东发：《钧在广乐·古代十大名曲与内涵》，现代出版社 2015 年版，第 143 页。

春》取万物知春，和风淡荡之意……《白雪》取凛然清洁，雪竹琳琅之音。”它所表现的是冬去春来，大地复苏、万物欣欣向荣的初春美景。旋律清新流畅，节奏轻松明快。肖东发先生说，《阳春》曲谱最初分为八段，后有十五段、十段、十七段等不同传谱，且多数传谱增设分段小标题。

后来，“阳春白雪”还成了高雅艺术的代名词。传说在战国末年，楚国文学家宋玉才华出众，善于言辞。于是，有些妒忌他的人便在楚襄王面前讲他的坏话。宋玉知道后遂写了一篇文章为自己进行辩护，文章里讲了一个故事。

故事大意是古代有个人在都城唱歌，第一次唱了《下里》《巴人》两首曲子，有很多围观的人跟着唱；第二次唱了两首相对难懂的曲子，跟着唱的人少了很多；最后，这个人又唱了《阳春》《白雪》两首更高雅、难懂的曲子，此时几乎没有人能跟着唱。宋玉便对襄王说：“曲高和寡，同样的道理，圣贤的言论和行为是不能被一般人所理解的，我被人攻击就是这个道理。”宋玉的这篇文章流传很广，文中的“阳春白雪”逐渐成为高雅艺术的代名词，而“下里巴人”则成为通俗艺术的统称了。该曲现存于《松弦馆琴谱》《大还阁琴谱》《神奇秘谱》等文献之中。

师乙，记载师乙的最早文献是《礼记·乐记》，文中详细记载了师乙对音乐的认识以及如何根据性格特点来学习、演奏音乐等。《乐记·师乙》记载：

> 子赣见师乙而问焉，曰：“赐闻声歌各有宜也。如赐者，宜何歌也？”师乙曰：“乙贱工也，何足以问所宜。请诵其所闻，而吾子自执焉。……宽而静，柔而正者宜歌《颂》；广大而静，疏达而信者宜歌《大雅》；恭俭而好礼者宜歌《小雅》；正直而静，廉而谦者宜歌《风》；肆直而慈爱者宜歌《商》；温良而能断者宜歌《齐》。夫歌者，直己而陈德也；动己而天地应焉，四时和焉，星辰理焉，万物育焉。故《商》者，五帝之遗声也，商人识之，故谓之《商》；《齐》者，三代之遗声也，齐人识之，故谓之《齐》。明乎《商》之音者，临事而屡断；明乎《齐》之音者，见利而让。临事而屡断，勇也；见利而让，义也。有勇有义，非歌孰能保此？故歌者，上如抗，下如队，曲如折，止如槁木，倨中矩，句中钩，累累乎端如贯珠。故歌之为言也，长言之也。说之，故言之；言之不足，

故长言之；长言之不足，故嗟叹之；嗟叹之不足，故不知手之舞之足之蹈之。”①

这段记载，讲的是子贡向乐师师乙请教有关歌唱艺术、歌唱者性格之间关系的问题。师乙论述了自己的看法，认为个人可根据自己的性格特点来选择歌曲。这一理论，在音乐史上产生了广泛的影响。

根据《乐记》的记载，我们知道师乙与子贡生活在同一时期。《史记》记载子贡“少孔子三十一岁”，即生于公元前520年以前。《论语》《乐记》告诉我们子贡主要的社会活动、政治活动，是在卫、鲁、齐三国进行的。他先后相鲁、卫两国，卒于齐。以此判断，师乙的国别，可能是以上三国中的一个②。据王同先生考证，师乙的主要活动时期在公元前496年至公元前473年。

师文，郑国乐师，擅长弹瑟与鼓琴。《列子·汤问》记载了其对音乐孜孜以求的向往。“郑师文闻之，弃家从师襄游。柱指钧弦，三年不成章……当夏而叩羽弦以召黄钟，霜雪交下，川池暴沍。及冬而叩徵弦以激蕤宾，阳光炽烈，坚冰立散……命宫而总四弦，则景风翔，庆云浮，甘露降，澧泉涌。”③《列子·汤问》记载了师文在学习琴艺的过程中，并不满足于一般的技艺，而是力求先得于心，再应于手。成语“得心应手”一语便由此发展而来。

《吕氏春秋》里也有对师文的记载：“郑大师文终日鼓瑟而兴，再拜其瑟前曰：‘我效于子，效于不穷也。’”由此可见，先秦时期确有师文其人。

师文向师襄学习琴艺，而师襄见之于史料的时间，大约在卫灵公四十二年，亦即公元前493年前后。这个时期，恰好是郑声公的执政期（公元前500至前462年）所以师文的主要活动时间在公元前493年前后。

雍门周，战国时期齐国琴师，名周。因为他居住在齐国首都的西门，而当时该门又称为“雍门”，故以此为号，其又称雍门子或雍门子周。先秦时期典籍对其记载较少，到了汉代其频繁出现在《淮南子》《说苑》等文献中。

① 孙希旦：《礼记集解》卷三八《乐记第十九之二》，中华书局1989年版，第1035—1038页。
② 王同：《先秦诸师考略》，《杭州师范学院学报》，1997年第4期。
③ 杨伯峻：《列子集释》卷五《汤问》，中华书局1979年版，第175—177页。

《淮南子·览冥训》记载其琴艺高超，连孟尝君也“为之增唏呜唈”：

> 昔雍门子以哭见于孟尝君，已而陈辞通意，抚心发声，孟尝君为之增唏呜唈，流涕狼戾不可止。精神形于内，而外谕哀于人心，此不传之道。使俗人不得其君形者而效其容，必为人笑。故蒲且子之连鸟于百仞之上，而詹何之鹜鱼于大渊之中，此皆得清净之道，太浩之和也。①

雍门子周借用琴艺做比喻，来规劝孟尝君要励精图治，产生了很大的效果——使孟尝君闻琴而坠泪。雍门子周的此番“琴谏”，竟使孟尝君居安思危，激起了其昂扬的斗志。

不仅如此，汉代桓谭所著的《新论》也记载了雍门子周的相关事例，对我们了解其人提供了很好的材料。

雍门子周用琴进谏不仅达到了其规劝孟尝君的目的，而且在后世还传为美谈——后人写了很多关于“闻琴”以及赞颂他的诗词歌赋。

雍门子周在音乐方面，尤其是琴艺方面取得了很大的成就，不仅使听者闻之潸然泪下，而且其还深谙琴理，善于从人的内心世界出发。

邹忌（公元前 4 世纪），战国时期齐国人，政治家、音乐家。历史上有名的谏臣，曾劝说威王奖励群臣吏民进谏，主张革新政治，奖励贤臣，处罚奸吏。他还重视国防事业，注意选拔能臣大将以固守四境，在一定程度上捍卫了齐国边境的安全。

此外，邹忌本人亦为琴师，《战国策》《史记》等文献记载其“以琴谏威王”——依靠高超的琴艺得到了齐威王的重用，“三月受相印，一年封于下邳”。邹忌为相期间，常以弹琴劝谏威王，强调音乐对治国的作用，对音乐在全国的传播起到了很大的促进作用。

邹忌借用音乐的理论来比喻治国理政的道理，改变了齐威王对他的看法。《战国策》记载了其在辅佐齐宣王治国理政期间，向朝廷推荐了很多有志之士。

此外，他还以自身美丑为喻，为宣王广开言路，一时间“群臣进谏，门庭若市”——齐国也因此国力强盛，“燕、赵、韩、魏闻之，皆朝于齐”。

① 刘文典：《淮南鸿烈集解》卷六《览冥训》，中华书局 1989 年版，第 194 页。

邹忌修八尺有余，身体昳丽。朝服衣冠窥镜，谓其妻曰："我孰与城北徐公美？"其妻曰："君美甚，徐公何能及公也！"城北徐公，齐国之美丽者也。忌不自信，而复问其妾曰："吾孰与徐公美？"妾曰："徐公何能及君也！"旦日，客从外来，与坐谈，问之客曰："吾与徐公孰美？"客曰："徐公不若君之美也！"

明日，徐公来。孰视之，自以为不如；窥镜而自视，又弗如远甚。暮，寝而思之曰："吾妻之美我者，私我也；妾之美我者，畏我也。客之美我者，欲有求于我也。"

于是，入朝见威王曰："臣诚知不如徐公美，臣之妻私臣，臣之妾畏臣，臣之客欲有求于臣，皆以美于徐公。今齐地方千里，百二十城，宫妇左右，莫不私王；朝廷之臣，莫不畏王；四境之内，莫不有求于王。由此观之，王之蔽甚矣！"王曰："善。"乃下令："群臣吏民，能面刺寡人之过者，受上赏；上书谏寡人者，受中赏；能谤议于市朝，闻寡人之耳者，受下赏。"

令初下，群臣进谏，门庭若市。数月之后，时时而间进。期年之后，虽欲言，无可进者。燕、赵、韩、魏闻之，皆朝于齐。此所谓战胜于朝廷。①

音乐作为人们高级的精神享受，对智力的发展具有重要的意义。正如有些学者所说，音乐对于增强大脑思维力的发展有很大的影响。上海音乐学院沈建军先生在《音乐与科学》一书中认为，人的音乐活动在促进人脑智力发展方面具有重要作用，大脑、精神之间架起一座桥梁及促进人类思维的加速进化。淮河流域早在新石器时代就出现了原始乐器骨笛、埙、石磬等，有力地证明了该流域音乐文化之发达。乐器、乐曲的出现，开发了人脑，促进了大脑骨骼的生长和发育，为人类从事更高层级的劳动提供了可能。随着音乐的进一步发展，社会上还出现了专门以音乐为生的人群。淮河流域地处南北文化的过渡地带，南北不同的文化在这里交相融合，孕育出很多彪炳史册的音乐家，其中不仅有孔子的老师如师襄子，还有些在中华文明发展史上具有举足轻重的地位如邹忌、宁戚等。他们不仅用乐器来演奏音乐、用音乐传递

① 姚宏、鲍彪注：《战国策》（上），上海古籍出版社2015年版，第187页。

知识，而且还在国家衰微、礼崩乐坏之时积极地投入国家的治理中。此时的音乐成了他们进谏、接近君主的工具，如历史上著名的邹忌，就是凭借“鼓琴”来规劝齐威王；雍门子周亦是借“琴艺”来告诫孟尝君，要居安思危，要有危机意识。不仅如此，音乐还成了阶级社会进行阶级统治的工具，在祭祀、宴会之时每个阶层都有适用本阶层的音乐，阶层之间还具有十分严格的界限，禁止僭越。随着封建制度的逐渐确立，音乐的政治作用更见明显。

淮河流域作为中华民族早期发源地之一，孕育了辉煌灿烂的华夏文明。产生于该流域的远古时期音乐不仅丰富了先民的生产生活，而且还在一定程度上启发了后世关于音乐的谱写与创作。

第四节　中华思想源地

地处黄河文明与长江文明之间的淮河文明，具有自己的鲜明特点，在形成过程中吸收融汇了中原文化、齐鲁文化、荆楚文化、吴越文化等。早在先秦时期，淮河流域即已产生老子、孔子、墨子、荀子、庄子、管子、韩非子等影响中国数千年的思想家，可以说，淮河流域成为中华思想源地。

一、主要人物及其思想

本书在前人研究和总结的基础上，兹将淮河流域主要思想家及其主要思想列述如下：

1. 老子及其思想

老子，李耳(约前580—约前500)，字伯阳，又称老聃，后人称其为“老子”。楚国苦县厉乡曲仁里人（有争议，一说涡阳人，一说鹿邑人）。我国古代伟大的哲学家和思想家，道家学派创始人，世界文化名人。老子生活在春秋时期，曾在周国都洛邑任藏室史。他博学多才，写成了五千言的《道德经》。《老子》是战国时期成书的一本哲学著作。全书分上下两篇，81 章，5000 余字；上为《道篇》37 章，下为《德篇》44 章。因其在汉代以后被尊为道教经典，故又称《道德经》。《道德经》含有丰富的辩证法思想，老子哲学与古希腊哲学一起构成了人类哲学的两个源头，老子也因其深邃的哲学思想而被尊为“中国哲学之父”。老子的思想为庄子所传承，并与儒家和后来的佛家思想一起构成了中国传统思想文化的内核。《道德经》的国外版本有一千多种，是被翻译语言种类最多的中国书籍。

老子宇宙观：“道生一，一生二，二生三，三生万物。”“天下万物生于有，有生于无。”“有无相生，难易相成，长短相较，高下相倾，音声相和，前后相随。”老子价值观：无、道、德。老子政治观：无为。“无为”，不能理解为无所作为。道家的“无为”，是清静自守之义，是道家以“道”修身所要达到的“合于道”的理想境界。能达到这种理想境界便无所不能为（无为而不无为）①。

老子试图建立一个囊括宇宙万物的理论。老子认为一切事物都遵循这样的规律（道）：事物本身的内部不是单一的、静止的，而是相对复杂和变化的。事物本身即是阴阳的统一体。相互对立的事物会互相转化，即是阴阳转化。方法（德）来源于事物的规律（道）。

2. 孔子及其思想

孔子（前551—前479），名丘，字仲尼。鲁国人。春秋后期伟大的思想家、教育家，孔子是儒家创始人，他的思想核心是“仁”“礼”。“仁”的主张是“仁者爱人”，这一主张要求统治阶级体察民情，反对苛政。孔子认为，要实现“爱人”，还要遵循“忠恕”之道，就是“己所不欲，勿施于人”的要求。“礼”的主张是“克己复礼”，就是说要克制自己，使自己符合“礼”要求，孔子追求的“礼”是西周的等级名分制度，孔子还进一步提出了“正名”的主张，就是校正等级秩序，达到贵贱有序。孔子的主要思想还包括中庸的思想。孔子认为实现上述仁爱思想，离不开一个重要的方法原则——“中庸”之道。“中庸”就是在日常行为中坚持适度适中的原则，把事情做得恰到好处，亦即理所当然处。孔子为了推行“仁”的理想，十分注重坚持中庸的方法。在许多方面，孔子教人提倡中庸之道，但孔子及儒家的中庸之道是具有原则性的。中庸之度是不大容易掌握和达到的，孔子的原则是要因时因事而变通力求接近于中道，即具体情况具体对待的原则。孔子还提出“有教无类”等教育思想。

① 参见《国学典藏书系》丛书编委会：《道德经》，吉林出版社2010年版。

3. 孟子及其思想

孟子（约前372—前289），名轲，字子舆，鲁国邹（今山东省邹城市）人。孟子是战国时期伟大的思想家、教育家，儒家学派的代表人物，与孔子并称“孔孟”。孟子继承并发展了孔子的思想，但较之孔子的思想，他又加入自己对儒术的理解。他主张仁政，提出“民贵君轻”的民本思想，游历于齐、宋、滕、魏、鲁等国，希望效法孔子推行自己的政治主张，前后历时二十多年。但孟子的仁政学说被认为是“迂远而阔于事情”，没有得到实行。最后他退居讲学，和他的学生一起，“序《诗》《书》，述仲尼（即孔子）之意，作《孟子》七篇”。

孟子思想主要有：其一，民本思想。“民为贵，社稷次之，君为轻”，认为如何对待人民这一问题，对于国家的治乱兴亡，具有极端的重要性。孟子十分重视民心的向背，通过大量历史事例反复阐述这是关乎得天下与失天下的关键问题。其二，仁政学说。孟子继承和发展了孔子的德治思想，发展为仁政学说，成为其政治思想的核心。孟子的政治论，是以仁政为内容的王道，其本质是为封建统治阶级服务的。孟子认为，仁、义、礼、智四者之中，仁、义最为重要。仁、义的基础是孝、悌，而孝、悌是处理父子和兄弟血缘关系的基本道德规范。孟子把统治者和被统治者摆在平等的地位，探讨他们所具有的普遍人性。这种探讨适应于当时奴隶解放和社会变革的历史潮流，标志着人类认识的深化，对伦理思想的发展是一个巨大的推进。其三，法先王。法先王就是以先王的道德标准为规范，推崇尧舜之道。这是典型的儒家思想，具有一定的历史局限性。

孟子哲学思想继承了孔子的天命思想，把天想象成为具有道德属性的精神实体。他说：“诚者，天之道也。”孟子把诚这个道德概念规定为天的本质属性，认为天是人性固有的道德观念本原。孟子的思想体系，包括他的政治思想和伦理思想，都是以天这个范畴为基石的。孟子的思想是复杂的，其思想中唯物主义的成分居多，包含着许多朴素的唯物主义思想。

4. 墨子及其思想

墨子，名翟（dí），春秋末期至战国初期宋国人，一说鲁阳人，一说滕国人，墨家学派创始人，也是战国时期著名的思想家、教育家、科学家、军事家。

墨子是中国历史上唯一一个农民出身的哲学家，墨子创立了墨家学说，在先秦时期影响很大，与儒家并称“显学”。他提出了“兼爱”“非攻”“尚贤”“尚同”“天志”“非命”“非乐”“节葬”“节用”等观点。以兼爱为核心，以节用、尚贤为支点。墨子在战国时期创立了以几何学、物理学、光学为突出成就的一整套科学理论。在当时的百家争鸣，有“非儒即墨”之称。

墨子的思想包括学说思想、哲学政治思想、管理思想和教育思想。墨子主张“非攻”，主张“兼爱”，其实质是“爱利百姓”，以“兴天下大利，除天下之害”为己任。春秋战国时期，战争频仍，土地荒芜，死者遍野，民不聊生，广大人民群众渴望弥兵息战，休养生息。墨子体察到下层的民情，代表小生产者及广大百姓的利益，提出了“非攻”的主张，就这一点讲，是有积极意义的。所谓“兼爱”，包含平等与博爱的意思。墨子要求君臣、父子、兄弟都要在平等的基础上相互友爱，“爱人若爱其身”，并认为社会上出现强执弱、富侮贫、贵傲贱的现象，是因天下人不相爱所致。

墨子宗教哲学中的天赋人权与制约君主的思想，是墨子哲学中的一大亮点。“尚同”是要求百姓与天子皆上同于天志，上下一心，实行义政。“尚贤”则包括选举贤者为官吏，选举贤者为天子国君。墨子认为，国君必须选举国中贤者，而百姓理应在公共行政上对国君有所服从。墨子要求上面了解下情，因为只有这样才能赏善罚恶。墨子要求君上能尚贤使能，即任用贤者而废抑不肖者。墨子把尚贤看得很重，以为是政事之本。他特别反对君主用骨肉之亲，对于贤者则应不拘出身，提出“官无常贵，民无终贱”的主张。节用是墨家非常强调的一种观点，他们抨击君主、贵族的奢侈浪费，尤其反对儒家看重的久丧厚葬之俗。

墨子重视环境和教育对于人性形成的重要作用。他提出了著名的“素丝说”，认为人性如素丝，“染于苍则苍，染于黄则黄”。以素丝和染丝为喻，形象地说明环境、教育对人性形成的重要性。在教育内容方面，墨子除了主张进行政治和道德教育、文史知识教育之外，还特别重视科学技术知识教育和思维能力的教育。与儒家主张“六艺”教育相比，这是墨子在教育内容方面的一个重要创造。在教育原则和方法上，墨子主张应该积极主动地去说教。他也重视实践在教育中的作用。他还注意到施教过程中应顾及学生的知识水平，做到“深其深，浅其浅，益其益，尊其尊”。他是中国教育史上最早明确提出量力而行原则的教育家[①]。

5. 管子及其思想

管子（前 723—约前 645），名夷吾，又名敬仲，字仲，春秋时期齐国著名的政治家、军事家，法家代表人物，颍上（今安徽颍上）人。管仲被称为“春秋第一相”，执政四十年，因势制宜，分设各级官吏，选拔士子，赏勤罚惰；征赋税，统一铸造，管理钱币，制定捕鱼，煮盐之法；对外采取“尊王攘夷”的外交策略。

管仲帮助齐桓公以“尊王攘夷”相号召，使之成为春秋时第一霸主。他在齐国实行改革，分国都为十五士乡和六工商乡，分鄙野为五属，设各级官吏管理；并以士乡的乡里组织为军事编制；主张按土地好坏分等征税，适当征发力役，禁止掠夺家畜；用官府力量发展冶铁、铸造和渔盐及商业，调剂物价，促进经济增长。特许在民中选士，予以破格提升。著有《管子》一书，有丰富的经济思想。

管仲注重经济，反对空谈主义，主张改革以富国强兵，他说：“国多财则远者来，地辟举则民留处，仓廪实而知礼节，衣食足而知荣辱。”齐桓公尊管仲为“仲父”，授权让他主持一系列政治和经济改革，使齐国实力大增，为齐国称霸奠定基础。对外，管仲提出“尊王攘夷”，联合北方邻国，抵抗山戎族南侵。这一外交战略也获得成功。后来孔子感叹说：“微管仲，吾披发左衽矣！”[②]

6. 韩非子及其思想

韩非子（约前 280—前 233），战国时期韩国都城新郑（今河南省郑州市新郑市）人，杰出的思想家、哲学家和文学家。

韩非子创立的法家学说，为中国第一个统一专制的中央集权制国家的诞生提供了理论依据，被誉为最得老子思想精髓的人之一。韩是法家思想的集大成者，其将老子的辩证法、朴素唯物主义与法融为一体；著有《韩非子》，共五十五篇，十万余字。在先秦诸子散文中独树一帜，呈现他极为重视唯物主义与效益主义思想，积极倡导君主专制主义理论，为专制君主提供富国强

---

① 参见李小龙译注：《墨子》，中华书局 2011 年版。
② 参见《国学典藏书系》丛书编委会：《管子》，吉林出版社 2010 年版。

兵的思想。

韩非子主要思想主张：其一，封建专制。韩非子在国家政体方面主张建立统一的中央集权的封建专制国家，其“法”“术”“势”相结合的政治思想，是封建专制主义思想的重要内容。韩非子还继承了荀子关于封建专制的一些思想，并进一步理论化和系统化，从而成为封建专制主义思想的倡导者。其二，中央集权。韩非子继承和总结了战国时期法家的思想和实践，提出了君主专制中央集权的法家实践理论。他主张“事在四方，要在中央；圣人执要，四方来效”（《韩非子·物权》），国家的大权，要集中在君主（“圣人”）一人手里，君主必须有权有势，才能治理天下，“万乘之主，千乘之君，所以制天下而征诸侯者，以其威势也”（《韩非子·人主》）。韩非子还主张改革和实行法治，强调制定了“法”，就要严格执行，任何人也不能例外，做到“法不阿贵”“刑过不避大臣，赏善不遗匹夫”（《韩非子·有度》）。他还认为只有实行严刑重罚，人民才会顺从，社会才能安定，封建统治才能巩固。

韩非的这些主张，反映了新兴封建地主阶级的利益和要求。秦始皇统一中国后采取的许多政治措施，就是韩非理论的应用和发展。

韩非子反对天命思想，主张天道自然。他认为“道”是万物发生发展的根源，“道”先天地而存在。韩非子的认识论继承了先秦哲学中的唯物主义的思想传统。他提出的反对“前识”和“因参验而审言辞”的观点，在中国哲学史上占有重要的一页。

韩非子的思想中还有不少辩证法的因素。看到事物不断地变化着，指出“定理有存亡，有生死，有盛衰。夫物之一存一亡，乍死乍生，初盛而后衰者，不可为常”（《解老》）。他在中国哲学史上第一次提出了“矛盾论”的概念。他所讲的矛与盾的故事，对人们分析问题、表达思想至今仍有着深刻的启发作用①。

7. 庄子及其思想

庄子，姓庄，名周，字子休（亦说子沐），宋国蒙人，关于蒙的现代地理位置有多种说法，包括河南商丘说、安徽蒙城说、山东东明说等。庄子是

① 参见《国学典藏书系》丛书编委会：《韩非子》，三秦出版社2009年版。

战国中期著名的思想家、哲学家和文学家，是继老子之后，道家学派的代表人物之一。庄子不但是中国哲学史上一位著名的思想家，同时也是中国文学史上一位杰出的文学家。无论在哲学思想方面，还是文学语言方面，他都给予了中国历代的思想家和文学家以深刻的、巨大的影响，在中国思想史、文学史上都有极重要的地位。

庄周因崇尚自由而不应楚威王之聘，生平只做过宋国地方的漆园吏。史称“漆园傲吏”。庄子最早提出“内圣外王”思想，对儒家影响深远；庄子洞悉易理，深刻指出“《易》以道阴阳”；庄子“三籁”思想与《易经》三才之道相合。他的代表作品为《庄子》，其中的名篇有《逍遥游》《齐物论》等。与老子齐名，合称为“老庄”。

庄子的想象力极为丰富，语言运用自如，灵活多变，能把一些微妙难言的哲理说得引人入胜。庄子的散文在先秦诸子中独具风格，大量采用并虚构寓言故事，想象奇特，形象生动。此外，还善于运用各种譬喻，活泼风趣，睿智深刻。文章随意流出，汪洋恣肆，奇趣横生。总体来说，庄子散文极具浪漫主义风格，在古代散文中罕有其比，赢得无数文人学士的仰慕。他的作品被人称为“文学的哲学，哲学的文学”。

在庄子的哲学中，“天”是与“人”相对立的两个概念，“天”代表着自然，而“人”指的就是“人为”的一切，与自然相背离的一切。“人为”两字合起来，就是一个“伪”字。庄子主张顺从天道，而摒弃“人为”，摒弃人性中那些“伪”的杂质。顺从“天道”，从而与天地相通的，就是庄子所提倡的“德”。

作为道家学派始祖的老庄哲学是在中国哲学思想中唯一能与儒家和后来的佛家学说分庭抗礼的古代伟大学说。它在中国思想发展史上占有的地位绝不低于儒家和佛家。

庄子在哲学上，继承发展了老子的思想，认为“道”是客观真实的存在，把“道”视为宇宙万物的本源。他说：“道之真以修身，其绪余以为国家，其土苴以为天下。”（《庄子·让王篇》）意思是，大道的真髓、精华用以修身，它的余绪用以治理国家，它的糟粕用以教化天下。又说：“无以人灭天，无以故灭命，无以得殉名，谨守而勿失，是谓友其真。”（《庄子·秋水篇》）意思是，不要为了人工而毁灭天然，不要为了世故去毁灭性命，不要为了贪得去身殉名利，谨守天道而不离失，这就是返璞归真。

庄子认为人活在世上须旷达，处之泰然，认为人生应该追求自由。《庄子·养生主》：“吾生也有涯，而知也无涯，以有涯随无涯，殆（危险）已！”因此，他主张“保身全生”。

庄子和儒墨有一点很大的不同，儒家墨家推崇圣人，而道家则反对推崇圣贤。另外，庄子反对儒家的等级观念，儒家说“君君臣臣父父子子”，庄子认为“道通为一”，认为道在万物，万物平等。

游世思想是庄子思想中一个重要的部分。《庄子》三十三篇中，大多数篇章都涉及这个以游戏态度解脱人生痛苦的主题，尤其以内七篇谈得深入集中。庄子一方面是以故意的玩世不恭态度，继承了隐者传统的心情灰暗的主题叙述，即以轻视现实和躲避矛盾，来保护一种弱意义的生存欲求；另一方面，庄子又认为在这样黑暗的存在背景中，隐者传统意义的个人出路是根本不可能的。

8. 其他著名人物及其思想

列子，名寇，又名御寇（又称“圄寇”“国寇”），相传是战国前期的道家人物，郑国（今河南郑州新郑市）人，与郑缪公同时。其学本于黄帝老子，主张清静无为。《列子》又名《冲虚经》，是道家重要典籍。列御寇所著，年代不详，大体是春秋战国时代。该书按章节分为《天瑞》《黄帝》《周穆王》《仲尼》《汤问》《力命》《杨朱》《说符》等八篇，每一篇均由多个寓言故事组成，寓道于事。

惠施，宋（今河南商丘）人，生于公元前 370 年（或公元前 380 年），相传卒于公元前 310 年，战国中期宋国著名学者，名家鼻祖，与庄子为友，曾做过魏（梁惠王）的相国。惠施才思敏捷，博学善辩，长于雄辩与逻辑推理，曾与桓团、公孙龙等辩者掀起了名辩的高潮，故有“惠施以之辩给，万石以之讷慎”之说。

张仪，魏国（今河南开封市）人，战国时著名的纵横家。于魏惠王时入秦，秦惠文君以为客卿。公元前 328 年，秦使张仪、公子华伐魏，魏割上郡于秦。当年，张仪为秦相。惠文君于十三年（前 325）称王，并改次年为更元元年（前 324）。更元二年（前 323），张仪与齐、楚、魏之执政大臣在啮桑相会，随即免相。次年，张仪相于魏，更元八年（前 317），又相于秦。十二年（前 313），张仪相于楚，后又归秦。

许行，鲁国人，亦为先秦诸子农家的代表人物，为神农之言者。许行主张依据产品的长短、大小等数量、质量规定价格。

二、现象及原因简析

从前列人物及其思想可发现一个现象：春秋战国时期淮河流域名人及其思想基本可以说是诸子百家诞生地、百家争鸣源地。所以，本文说此地是中华思想源地，是名副其实的。

诸子百家是后世对先秦学术思想人物和派别的总称。春秋后期已出现颇有社会影响的法家、道家、儒家、墨家、阴阳家等不同学派，而至战国中期，学派纷呈，学说丰富多彩，为中国文化发展奠定了宽广的基础，中国术语上把这一时期称为诸子百家或百家争鸣时期。据《汉书・艺文志》的记载，诸子百家数得上名字的一共有 189 家，4324 篇著作。但流传较广、影响较大、最为著名的不过几十家而已，而只有 12 家发展成学派。诸子百家之中流传最为广泛的是法家、道家、墨家、儒家、阴阳家、名家、杂家、农家、小说家、纵横家、兵家、医家。

诸子“百家”按照“百家姓”的“姓”以“子”为称呼为代表的思想家，主要人物有老子、孔子、孟子、墨子、荀子、庄子、管子、列子、韩非子、商鞅、申不害、许行、告子、杨子、公孙龙、惠子、孙武、孙膑、张仪、苏秦、田骈、慎子、尹文、邹衍、晏子、吕不韦、鬼谷子等。

在春秋战国时期，各种思想学术流派的成就，与同期古希腊文明相辉映；以孔子、老子、墨子为代表的三大哲学体系，形成诸子百家争鸣的繁荣局面。

诸子百家中，除了兵家、医家等实用学术外，真正流传到后世的只有儒道两家。儒家创始人孔子因继承三代中原文化正统，以致儒家学说不仅在诸子百家中地位显著，而且还成为传统文化的主流、核心内容，对中民民族精神形成产生了无与伦比的影响。并在世界上形成了所谓的儒家文化圈，儒家对世界文化也产生了一定影响。而道家对中华文化的影响仅次于儒家，首先，古代中国的盛世往往出现在道家治国时期，其次，道家“因俗而治”和崇尚“简”“平”的法律观成为后世制定法律的规范之一；至于军事、科技、文艺、中医、武术、茶道等方面，几乎就是道家的天下，相比之下，儒家的影响就小了许多。道家对西方文化的影响很大，据西方学者统计，迄今出版的各种西文版的《道德经》已有250多种，如今几乎每年都有一两种新的译本问世。又据联合国教科文组织的统计，在被译成外国文字发行量最大的世界文化名著中，《道德经》排名第二，仅次于《圣经》。

诸子百家所以说是政治学派的总称，是因为其各家的基本宗旨大都是为国君提供政治方略，如儒家主张以德化民，道家主张无为而治，法家主张信赏必罚；墨家主张兼爱尚同，名家主张去尊偃兵。汉代以后，墨家和名家成为绝学，农家独立成一门技术性学科，阴阳家演化为神秘的方术。因此对后来大一统王朝政治产生影响的只有儒、道、法。

笔者以为，先秦时期淮域名人辈出、思想涌现的主要原因有：

其一，王权衰落，思想相对自由。

春秋战国时代，王权衰落，诸侯争霸，为了壮大自己的实力，各国开放政权以延揽人才，打破了本来的贵族政治体制，使得原本几乎没有资格参与政治的庶民可以发表自己的政见并参与政治决策。这一时期有思想的知识分子，面对现实的社会问题、人生问题等，提出了解决的办法和思想。个人利害与国家之间的利害交互运用，相互影响，标新立异。各种学说、思想纷纷出现。并且，西周以前“学在官府”，东周以后，“学”逐步走向民间。

西周灭亡，促使人们更多地转向对天下兴亡的思考，打破了“庶人不议”的观念，取而代之的是“处士横议”的活跃风气。在对人、事及社会的广泛探讨中，人们不再崇信“天道”，进而在如何统一天下、治理国家、教化民众等方面形成了各种不同的学派。这些学派的创立者和代表人物被合称为“诸子”，“诸子百家”则指这些学派。各学派的人物针对一些社会问题或四处游说，推行自己的政治主张，或著书立说。人们的思想空前活跃，在中国文化史上形成了一个百家争鸣的空前繁荣局面。

德国历史学家雅斯贝尔斯在《人的历史》中曾将公元前800年到公元前

200年这600年间的历史，称为整个人类文化史的“轴心时代”①。他认为，在这段时间中，人类的精神基础同时或者独立地在中国、印度、波斯、巴勒斯坦和希腊开始奠定，直到今天人类仍然附着在这种基础上。中国思想文化史上的春秋战国时期正是这样的轴心时代，当时正处于中国历史上的第一个大分裂时期。春秋战国时期虽然名义上仍有周王的存在，但王权式微，诸侯并起，社会结构和典章制度都在发生着巨大的变化，处于除旧布新的格局，营造了思想史上人文奇观——百家争鸣的诸子时代，学术思想异常活跃。在这个时代，人们思想头脑中没有固定的模式，没有独尊的权威。

庄子是自由者显例。当时诸侯混战，争霸天下，庄子不愿与统治者同流合污，便辞官隐居，潜心研究道学。他大大继承和发展了老聃的思想，与老子并称“道家之祖”。他把“贵生”“为我”引向“达生”“忘我”，归结为天然的“道”“我”合一。

其二，淮河流域是相对发达文化区。

淮河文化非常古老，早在中华文明起始的最初阶段，淮河两岸就已经生活着先民夷族了。淮河流域的先民被称为“淮夷”，《诗经》《春秋》《左传》都有关于淮夷的记载，淮夷部落人英勇、强悍、善射。夏、商、周朝都与淮夷部落发生过交往与战争。被称为中华人文之祖、上古“三皇”之一的伏羲从渭水之滨来到淮河流域，并在淮阳建立都城；另一位“三皇”神农氏也曾在泗水之畔的曲阜建都。东夷文明是华夏文明的一个有机组成部分，有人认为后李文化，历经北辛文化、大汶口文化、龙山文化、岳石文化，都是东夷文明，东夷族创造出了灿烂辉煌的文明；同西方戎羌各部文明、南方苗族各部文明，一同构成了整个华夏文明初始的系统体系，是黄河文明乃至整个华夏文明的主体和渊源之一。在东夷族的历史上，最为著名的部落首领有太昊、伏羲、蚩尤、少昊、大舜等。

在漫长的史前阶段，东夷族各部人民靠他们聪颖智慧的心灵和勤劳灵巧的双手，制造出了精美实用的石器、骨器、玉器等生产工具和生活用品；编织出了布纹细、密度高的纺织品；发明了冶铜术、原始历法和昌乐骨刻文字。在原始农业的基础上，东夷族各部还兴起了家禽饲养业和酿酒业。早在龙山

① （德）雅斯贝尔斯著，李雪涛等译：《大哲学家》，社会科学文献出版社2010年修订版。

文化时期，东夷族各部就已经进入阶级社会，并出现了国家，标志着文明社会的开始。弓箭是东夷族人最先发明的。弓箭的发明是远古人类的一个重要的创造，它使得狩猎经济有一个飞跃的发展，使人类在征服自然的过程中有一个质的进步。从后李文化、北辛文化遗址中，都发现了骨质和蚌质的箭镞。在大汶口文化的早期阶段，海岱地区彩陶纹中多见的圆点和圆圈，已经透露出清醒的太阳文化意识。大汶口文化中期阶段，盛行于海岱各地的镂孔装饰中的标准圆形，也被视为太阳或星体的模拟。古夷族各部以象征太阳文化的皞或昊字为族群的名号，应起源于大汶口文化时期海岱居民的太阳崇拜习俗。鸟图腾崇拜，最有名的是少昊部落的鸟崇拜，而且这种图腾所体现的特殊风俗和文化，在许多东夷部族进入文明社会以后，长久地保留下来。著名的例子如商人、秦人等部族的鸟生始祖传说。在周穆王时代，东夷各部族的势力中心逐渐转移到了淮河流域。淮夷成为夷族的代称，其中徐最为强大。徐是嬴姓，渊源于以鸟为图腾的少昊集团，分布在淮水中下游，也就是泗洪县附近。直至春秋时代，徐依然是淮夷中的大国。徐偃王深得东夷的民心，传世的徐国文物很多，表明当时徐国青铜铸造技术与铭文都比较成熟，接近中原诸侯的水平。

春秋战国时期，淮河流域社会经济发展加速，各大流派思想于此滋生并相互激荡，在我国思想文化史上作出了重要贡献。春秋时期，由于西周以来分封于淮河流域各国的迅速发展，特别是西楚、东吴的扩张，淮夷的力量已大为萎缩。淮夷各国之间也矛盾重重，部族的凝聚力已大不如前，但淮夷仍是不可忽视的力量。春秋前期，淮夷的武力仍能够“病杞”“病鄫”，连春秋第一霸主齐桓公面对淮夷“病杞”事件也不得不暂避其锋锐，率领诸侯将杞国异地迁徙以求平安。直到春秋末年，淮夷还不止一次参加诸侯大会，仍然活跃于政治舞台。

程妮娜在《中国地方史纲》中指出，东夷人在礼仪规范上有自己的“礼”[①]。相传周公在制礼作乐时，曾借鉴了夷礼。《说文解字》段注称“夷俗仁，仁者寿，有君子不死之国”。西周征服者来到东夷之地后，为了加强统治，不得不考

① 程妮娜:《中国地方史纲》，吉林大学出版社 2007 年版，第 80 页。

虑对夷人礼俗采取相应对策。齐国太公曾“因其俗，简其礼”[1]，鲁公伯禽为了推行周礼，则“变其俗，革其礼”[2]。这说明夷人的礼俗涉及社会生活的许多方面，而且与周礼有很大的差别。在夷人旧地建立起来的一些诸侯国中，夷人的礼俗在一定程度上长久地保持着，足见其礼仪内涵生命力之强大。

正如有的学者所说的那样，史前时期的淮夷文化在中华文明史上具有极其重要的地位，对中华民族的形成做出了积极的贡献，“史前东夷文化是中华远古文化中灿烂的明珠之一，而且东夷民族在由野蛮走向文明的历程中，有一个相当长的时期在黄河、长江诸流域中居于领先的地位……史前东夷族在与外界的相互影响和融合中，对其他原始民族的进步起了不可低估的作用”[3]。

其三，多种文化在此地的碰撞交融。

淮河流域具有多种文化交汇相融的特点，其在中华文明形成过程中地位独特。李修松先生认为：早在原始社会，淮河流域已是人类重要的发祥地及文化交汇区，在中华文明形成过程中地位独特；夏商周时期，淮河流域是中央王朝青铜及铜原料等战略物资中转的重要地区，该流域国族的向背直接关乎王朝的安危；春秋战国时期，淮河流域社会经济发展加速，各大流派思想于此滋生并相互激荡，在我国思想文化史上作出了重要贡献[4]。特别是战国以后，拥有长江中下游和淮河流域绝大部分疆土的楚国，其在战国后期先后将都城迁至淮河流域的陈（今河南淮阳）和寿春（今安徽寿县），即以淮河中游作为其政治、军事、经济、文化重心。这足以说明淮河流域此时由于经济快速发展而获得的重要政治地位。

在经济快速发展的基础上，又由于淮河流域位于北方中原文化、东北齐鲁文化、西南楚文化、东南吴越文化的交汇地带，因此春秋战国时期，该流域文化相当发达。管子、老子、孔子、孟子、庄子、墨子等大思想家都诞生成长于淮河流域，先秦学术流派最具影响的四大家中的儒、道、墨学派都产生于该流域；法家的思想渊源，也与该流域管子、邓析子等思想家有关，法

① 《史记》卷三二《齐太公世家二》。

② 《史记》卷三三《鲁周公世家三》。

③ 王震中：《史前东夷族的历史地位》，《中国社会科学院研究生院学报》1988 年第 6 期。

④ 李修松：《先秦时期淮河流域历史文化的主要特征》，《安徽广播电视大学学报》2007 年第 4 期。

家的集大成者韩非亦为淮北（新郑）之人。以许行为首的神农学派也主要活动于淮河流域。特别是道家和墨家学派，其主要骨干多为淮河流域之人。以道家为例，老子为今河南鹿邑人（一说安徽涡阳人），关尹为郑（河南新郑）人，壶子为陈（河南淮阳）之壶丘人，文子为城父（今属安徽亳州）人，庚桑楚（亢仓子）为陈人，环渊（蜎子）为楚之淮北人，庄子为蒙（一说河南商丘，一说安徽蒙城）人等，都在淮河流域。各大流派思想在这里相互激荡，共同发展。

李霞认为：生命观念是道家文化的核心观念，道家生命观的形成与楚淮文化的影响密不可分。道家发源地淮河流域独特的自然环境决定了老子等道家奠基者特有的理论兴趣和致思方向，这就是对生命的产生和存在颇为关注，从而为其生命观的形成提供了必要的土壤。从文化背景来看，淮河流域在春秋战国时期属于楚文化圈。楚淮文化的根本特征之一是具有浓厚的生命意蕴，这在其宗教信仰、风俗习尚和文化特质中均有明显反映。这种文化的长期浸染使得老子等道家代表人物具有浓烈的生命关怀，由此促进了道家生命观念的形成[①]。

生命观念是道家文化的核心观念，道家生命观既是古老的历史文化传统积淀的产物，也是特定的自然环境和文化背景的产物。就其自然环境来说，道家生命观是在淮河流域这块特定的土壤中产生的；就其文化背景来说，它植根于楚文化之中。

传说中我国原始古人类分为三大集团，即华夏集团、东夷集团和苗蛮集团。淮河流域地处三大集团之间，有其特殊的地理位置。淮河以北的河南西北部属于华夏集团势力范围，淮河以南的豫南和皖西大部分地区属于苗蛮集团，其余地区均属东夷集团。道家发源地属于东夷集团的势力范围。春秋以前，淮河流域诸侯国林立。春秋时期，楚国势力北扩，淮河两岸许多地区为楚国占领。战国时，楚国的都城北迁至淮河岸边的寿春（今安徽寿县）。所以，道家文化的发源地从大的地理位置来说是在淮河流域，属于东夷文化；从国别来说是在楚国，是楚文化的重要组成部分。楚文化滥觞于中原，楚王族最初是从黄河流域的中原地区迁徙到南方江汉一带的。楚族的祖居地在今河南濮阳，此地正处于华夏集团和东夷集团的交界地。在承受了华夏、东夷文化

① 李霞:《论楚淮文化对道家生命观形成的影响》，《安徽大学学报（哲学社会科学版）》2005 年第 4 期。

的多方滋养后，楚文化又南迁江汉，与苗蛮文化融合。

楚文化在南方发展壮大、孕育成熟之后，又向北扩展，与东夷文化相融合，并在春秋战国时期成为淮河流域的主体文化。道家文化产生的背景文化称为“楚淮文化”。在宗教信仰方面，楚淮文化盛行“太一”崇拜。楚人和东夷人尊“太一”为最高神，又称其为“东皇太一”。“太一神”在楚淮文化的原始信仰里应指日神。老子生活于楚淮地区，又有强烈的崇古意识，他接受该地的传统信仰，以“太一神”为原型进行理性抽象，概括出“道”范畴，是极有可能的。太阳的自然特性一是永恒运动，二是动有规律，即东升西落，周而复始。这两大特性在老子之“道”中全部得到体现：“道”也是永恒运动的，所谓“周行而不殆”；“道”的运动也有规律，也是周而复始，所谓“反者道之动”。这表明，老子之“道”与楚淮文化中的“太一神”即日神崇拜确有不解之缘。

其四，淮河流域自然环境因素。

从自然环境和条件来看，淮河流域的特点之一是支流众多、湖泊罗布、温泉无数、雨水充足。这一特点与生命的孕育和成长息息相关，它使得生活在淮河流域的人们对水的特性与作用及其同生命的密切关系有着特别的关注。水与生命有着天然的联系，它可以是生命的孕育者和滋养者，也可以是生命的威胁者。对于水与生命的这两方面联系，淮河流域的人们都有着切身的体验。一方面，从水对生命的威胁来看，由于特殊的气候条件和地形地貌，淮河流域是我国历史上水灾最严重的地区。严重的水灾对人民的生命构成极大威胁，每当灾害来临，无数生灵转眼之间便为洪水所吞噬。在强大的洪水面前，生命显得那么脆弱，那么不堪一击，再强硬的生命也抵挡不住洪水的侵袭。但另一方面，水也是生命之源、生命之本。没有水，任何生命都不可能产生，更不可能存在。是水孕育了生命、滋养了生命，生命自始至终都离不开水。对水的这两种特性和作用，生活于淮水之滨的老子同样有着深刻的体认。前者引起了他的感叹：水看起来那么柔弱，却有那样大的力量！他说：“天下莫柔弱于水，而攻坚强者莫之能胜。”后者引起了老子对水的赞美：“上善若水。水善利万物而不争，处众人之所恶，故几于道。”将水看作是“上善”，可见老子是尚水的。综观老子之论水，其尚水的原因不外乎两点：第一，水善利万物而不争。他认为，水既有利物之功，又有不争之性。而水的不争之性之所以为“上善”，实因其“善利万物”。所谓水善利万物，是指其善于滋孕、养育万物，成为万物生长的必要条件；指其能将自己的生命力灌注到万物之中，使万物获得生机。这表明，老子之尚水，既是贵尚其不争之性，也是推崇其利物之功，包含着对水作为生命之源的价值肯定。第二，水有柔韧之力，能以柔克刚。水的柔力之所以为老子所崇尚，是因为在他看来，柔力与生命是紧密相连的，它属于“生之徒”，即生命之力，所谓“人之生也柔弱，其死也坚强；草木之生也柔脆，其死也枯槁”。可见老子尚水，乃是对水的柔弱不争之性中所蕴含的顽强生命力的崇尚。当然，老子尚水，绝不意味着他对水对人类生命构成的威胁持认可态度。在他看来，水之所以对人类造成危害，是因为人类没有因水之性而引导它；若能顺水的自然之性，则可化害为利。

淮河流域自然环境的第二大特点是地势平坦，土地肥沃，气候温和，这一自然条件决定了这一地区的经济以农业为主。生活在以农业经济为主的淮河流域的人们，对土地的旺盛生命力及其对作物生长和人类生活的决定性影响有着深切体认。曾盛赞水为万物之本源的管子对土地的作用也有充分认识，说“地者，万物之本原，诸生之根菀也”。淮河流域水原文化不仅激发了管子对水地生命力的赞誉，也同样启迪着老子对水地生命力的玄思。所以，老子既尚水，也崇地，主张“人法地”，一个重要方面是从地的生命力上着眼的，是要人从地的生命力中受到启示。淮河流域独特的自然环境决定了老子等道家奠基人物特有的理论兴趣和致思方向。

淮河流域平旷开阔、连南接北，族群上夷夏交互、战争融合的环境为早期形成以道、儒两家为代表的学术流派创造了条件。孕育于淮河流域的儒家、道家文化构成了中国历史文化的基本层面，这种影响不仅渗透到社会、历史、生活的方方面面，而且又与中原文化、楚文化相互交融，共同构成了华夏文化的源头。

淮域先贤的许多思想给后代留下了深刻的启示。如儒家的“仁政”“己所不欲，勿施于人”的“恕道”，孟子的古代民主思想，道家的辩证法，墨家的科学思想，法家的唯物思想等，在今天依然闪烁光芒。我们应借鉴儒家的刚健有为精神，来激励自己发愤图强；借鉴儒家的公忠为国精神，来培育自己的爱国情怀；借鉴儒家的“以义制利”精神，来启示自己正确对待物质利益；借鉴儒家的仁爱精神，来培育自己热爱人民的高尚情操；借鉴儒家的气节观念，来培育自己自尊、自强的独立人格；借鉴墨家的“兼爱”“尚贤”“节用”和道家的“少私寡欲”“道法自然”、法家的“废私立公”，来培育自己的处世情怀。

参考文献

〔唐〕尹知章注：《管子》，《四部丛刊》本。

《诸子集成》，清嘉庆十九年汪继培笺影印本，河北人民出版社1986年版。

〔宋〕鲍彪注：《战国策》，《四部丛刊》本。

〔晋〕郭璞注：《尔雅》，清嘉庆六年刻本。

胡奇光、方环海：《尔雅译注》，上海古籍出版社2004年版。

〔清〕洪亮吉：《春秋左传诂》，中华书局1987年版。

黄公渚选注，朱经农编：《周礼》，商务印书馆1936年版。

夏纬瑛：《夏小正经文校释》，农业出版社1981年版。

山东省文物考古研究所：《曲阜鲁国故城》，齐鲁书社1982年版。

程俊英：《诗经译注》，上海古籍出版社2004年版。

陈成：《山海经译注》，上海古籍出版社2012年版。

〔汉〕刘向：《战国策》，齐鲁书社2005年版。

〔汉〕刘安：《淮南子》，岳麓书社2015年版。

〔战国〕孟轲著，杨伯峻译注：《孟子译注》，中华书局1960年版。

〔战国〕吕不韦编，（汉）高诱注，（清）毕沅校：《吕氏春秋》，上海古籍出版社2014年版。

〔战国〕韩非著，高华平译注：《韩非子》，中华书局2010年版。

〔战国〕庄周著，方勇译注：《庄子译注》，中华书局2010年版。

〔战国〕荀子著，安继民译注：《荀子》，中州古籍出版社2006年版。

黎翔凤：《管子校注》，中华书局2004年版。

李民、王健：《尚书译注》，上海古籍出版社2012年版。

〔战国〕左丘明著，（三国吴）韦昭注，胡文波校点：《国语》，上海古籍出版社 2015 年版。

周魁一：《二十五史河渠志注释》，中国书店 1990 年版。

赵光勇、王建域：《〈傅子〉〈傅玄集〉辑注》，陕西师范大学出版 2014 年版。

〔汉〕赵晔著，张觉译注：《吴越春秋全译》，贵州人民出版社，2008 年版。

〔汉〕韩婴著，周廷寀校注：《韩诗外传》（附补逸校注拾遗），中华书局 1993 年版。

吕友仁：《周礼译注》，中州古籍出版社，2004 年版。

〔晋〕陆云：《陆云集》，中华书局 1988 年。

〔北周〕庾信撰，（清）倪璠注：《庾子山集注》，中华书局 1980 年版。

〔宋〕洪适著，张元济撰；《隶释》，上海书店 1935 年版。

〔唐〕陆广微撰，曹林娣校注：《吴地记》，江苏古籍出版社 1986 年版。

〔战国〕墨翟著，毕沅校注：《墨子》，上海古籍出版社 2014 年版。

杨伯峻：《论语译注》，岳麓书社 2009 年版。

〔清〕孙希旦：《礼记集解》，中华书局 1989 年版。

杨明照：《文心雕龙校注拾遗补正》，江苏古籍出版社 2001 年版。

〔清〕王先谦：《荀子集解》，中华书局 2013 年版。

黄建军：《列子译注》，商务印书馆 2015 年版。

〔汉〕司马迁：《史记》，中华书局 1973 年点校本。

〔汉〕班固：《汉书》，中华书局 1962 年点校本。

〔南朝宋〕范晔著，李贤等注：《后汉书》，中华书局 2001 年版。

〔汉〕仲长统：《昌言》，［清］王仁俊辑，《玉函山房辑逸书续编》。

〔晋〕陈寿著，（宋〕裴松之注：《三国志》，中华书局 1982 年版。

〔唐〕房玄龄等：《晋书》，中华书局 1974 年点校本。

〔北魏〕郦道元著，陈桥驿注释：《水经注》，浙江古籍出版社 2001 年版。

〔南朝梁〕沈约：《宋书》，中华书局 1974 年点校本。

〔唐〕姚思廉：《梁书》，中华书局 1973 年点校本。

〔南朝梁〕萧子显：《南齐书》，中华书局 1972 年点校本。

〔唐〕姚思廉：《陈书》，中华书局 1972 年点校本。

〔北齐〕魏收：《魏书》，中华书局 1974 年点校本。

〔晋〕阚骃：《十三州志》，《丛书集成初编》本。

〔唐〕魏徵等：《隋书》，中华书局 1973 年点校本。

〔后晋〕刘昫等：《旧唐书》，中华书局 1975 年点校本。

〔宋〕欧阳修、宋祁：《新唐书》，中华书局 1975 年点校本。

〔唐〕杜佑：《通典》，中华书局 1984 年点校本。

〔唐〕李林甫等撰，陈仲夫点校：《唐六典》，中华书局 1992 年版。

〔宋〕王溥：《唐会要》，中华书局 1955 年版。

〔清〕董诰等辑：《全唐文》，中华书局 1982 年影印版。

〔清〕彭定求辑：《全唐诗》，中华书局 1960 年版。

〔唐〕李吉甫：《元和郡县图志》，中华书局 1983 年《中国古代地理总志丛刊》本。

〔元〕脱脱等：《宋史》，中华书局 1977 年点校本。

〔宋〕司马光：《资治通鉴》，中华书局 1956 年点校本。

〔宋〕李焘：《续资治通鉴长编》，中华书局 1985 年点校本。

〔明〕冯琦：《宋史纪事本末》，中华书局 1955 年点校本。

〔清〕徐松辑：《宋会要辑稿》，中华书局 1957 年据 1935 年影印本缩印本。

〔宋〕王应麟：《玉海》，江苏古籍出版社 1987 年版，据〔清〕嘉庆刻本。

〔宋〕李心传：《建炎以来系年要录》，中华书局 1988 年点校本。

〔宋〕欧阳修：《欧阳文忠公文集》，《四部丛刊》本。

〔宋〕苏舜钦：《苏舜钦集》（《苏学士集》），中华书局 1961 年排印本。

〔宋〕苏辙：《栾城集》，《四部丛刊》本。

〔宋〕苏轼：《东坡七集》，《四部备要》本。

〔宋〕秦观：《淮海集》，《四部丛刊》本。

〔宋〕司马光：《涑水记闻》，《学海类编》本。

〔宋〕陆游：《老学庵笔记》，中华书局 1979 年排印本。

〔宋〕孟元老：《东京梦华录》，《四库全书》本。

佚名：《两朝纲目备要》，《永乐大典》辑出，《四库全书》本。

〔宋〕王溥：《五代会要》，上海古籍出版社 1978 年版。

〔宋〕薛居正：《旧五代史》，中华书局 1976 年点校本。

〔宋〕乐史撰，王文楚等点校：《太平寰宇记》，中华书局 2007 年版。

〔宋〕李昉：《太平御览》，中华书局 1960 年影印本。

〔元〕脱脱：《金史》，中华书局 1975 年点校本。

〔金〕王鹗：《汝南遗事》，《四库全书》本。

〔明〕宋濂等：《元史》，中华书局 1976 年点校本。

〔元〕元好问：《中州集》，《四部丛刊》本。

〔明〕陈邦瞻：《元史纪事本末》，王树民点校本，中华书局 1979 年版。

〔元〕苏天爵：《元朝名臣事略》，《四库全书》本。

〔元〕司农司：《农桑辑要》，《四库全书》本。

〔明〕潘季驯：《河防一览》，《四库全书》本。

〔明〕黄汴：《天下水陆路程》，杨正泰校注本，山西人民出版社 1992 年版。

〔明〕肖鸾：《杏庄太音补遗》，中国书店 2007 年版。

〔明〕冯梦龙编，〔清〕蔡元放修订，陈先行、李梦生校点：《东周列国志》，上海古籍出版社 2012 年版。

〔清〕张廷玉等：《明史》，中华书局 2004 年版。

〔清〕谷应泰：《明史纪事本末》，中华书局 1977 年版。

〔清〕胡渭，邹逸麟整理：《禹贡锥指》，上海古籍出版社 1996 年版。

〔明〕徐光启：《农政全书》，《四库全书》本。

〔明〕吴世济：《太和县御寇始末》，四川图书馆藏。

〔明〕傅凤翔：《皇明诏令》，明刻本。

〔明〕万恭著，朱更翎整编：《治水筌蹄》，水利电力出版社 1985 年版。

〔清〕顾炎武：《天下郡国利病书》，《四部丛刊三编》景印昆山图书馆藏原稿本。

〔清〕顾炎武：《日知录》，商务印书馆，1934 年铅印本。

〔清〕康基田：《河渠纪闻》，《中国水利要籍丛编》第二辑，台北文海出版社。

〔清〕顾祖禹：《读史方舆纪要》，中华书局 1957 年重印原刊本。

〔清〕郑廉：《豫变纪略》，三怡堂丛书。

〔清〕靳辅：《治河方略》，《中国水利珍本丛书》第二辑。

〔清〕田文镜撰，张民服点校：《抚豫宣化录》，中州古籍出版社1995年版。

〔清〕傅泽洪：《行水金鉴》，商务印书馆，《万有文库国学基本丛书》本。

〔清〕黎世序等：《续行水金鉴》，《中国水利要籍丛编》第二辑，台北文海出版社。

〔民国〕武同举：《再续行水金鉴》，《中国水利要籍丛编》第三辑，台北文海出版社。

〔民国〕武同举：《淮系年表》，民国十七年铅印本。

《清代淮河流域洪涝档案史料》，中华书局1988年版。

〔民国〕赵尔巽等：《清史稿》，中华书局1977年点校本。

韩广峰：《山海经易读》，上海古籍出版社2015年版。

董楚平：《楚辞译注》，上海古籍出版社2016年版。

吕思勉：《读史札记》，译林出版社2016年版。

徐宗元：《帝王世纪辑存》，中华书局1964年版。

〔明〕于慎行：《兖州府志》，明万历二十四年刻本，齐鲁书社1984年版。

〔明〕弘治《中都志》，嘉靖三十年补刊本。

〔明〕天启《凤阳新书》，天启元年刻本。

〔明〕嘉靖《宿州志》，《天一阁藏明代方志选刊》，上海古籍书店影印原刊本，1982年。

〔明〕正德《颍州志》，《天一阁藏明代方志选刊》，上海古籍书店影印原刊本，1982年。

〔明〕嘉靖《夏邑县志》，《天一阁藏明代方志选刊》，上海古籍书店影印原刊本，1982年。

〔明〕嘉靖《兰阳县志》，《天一阁藏明代方志选刊》，上海古籍书店影印原刊本，1982年。

〔明〕嘉靖《许州志》，《天一阁藏明代方志选刊》，上海古籍书店影印原刊本，1982年。

〔明〕嘉靖《寿州志》，《天一阁藏明代方志选刊》，上海古籍书店影印原刊本，1982年。

〔明〕嘉靖《通许县志》，《天一阁藏明代方志选刊续编》，上海书店1990年版。

〔明〕嘉靖《太康县志》，《天一阁藏明代方志选刊续编》，上海书店1990年版。

〔明〕嘉靖《怀远县志》，《天一阁藏明代方志选刊续编》，上海书店1990年版。

〔明〕嘉靖《沈丘县志》，《天一阁藏明代方志选刊续编》，上海书店1990年版。

〔明〕嘉靖《永城县志》，《天一阁藏明代方志选刊续编》，上海书店1990年版。

〔明〕嘉靖《颍州志》，《天一阁藏明代方志选刊续编》，上海书店1990年版。

〔明〕嘉靖《归德志》，《天一阁藏明代方志选刊续编》，上海书店1990年版。

〔明〕嘉靖《沛县志》，《天一阁藏明代方志选刊续编》，上海书店1990年版。

〔明〕嘉靖《真阳县志》，《天一阁藏明代方志选刊续编》，上海书店1990年版。

〔明〕嘉靖《鄢陵县志》，《天一阁藏明代方志选刊续编》，上海书店1990年版。

〔清〕康熙《蒙城县志》，康熙十五年刻本。

〔清〕康熙《上蔡县志》，康熙二十九年刻本。

〔清〕雍正《怀远县志》，中国书店1992年影印本。

〔清〕乾隆《灵璧县志略》，江苏古籍出版社1998年版。

〔清〕乾隆《泗州志》，江苏古籍出版社1998年版。

〔清〕乾隆《杞县志》，乾隆五十三年刻本。

〔清〕乾隆《江南通志》，《四库全书》本。

〔清〕乾隆《颍州府志》，乾隆十七年刻本。

〔清〕乾隆《凤阳县志》，光绪二年刻本。

〔清〕嘉庆《怀远县志》，1937 年铅印本。
〔清〕道光《阜阳县志》，江苏古籍出版社 1998 年版。
〔清〕光绪《亳州志》，江苏古籍出版社 1998 年版。
〔清〕光绪《凤台县志》，江苏古籍出版社 1998 年版。
〔清〕同治《颍上县志》，江苏古籍出版社 1998 年版。
〔清〕同治《徐州府志》，同治十三年刻本。
〔清〕同治《中牟县志》，同治九年刻本。
〔清〕光绪《江苏通志》，光绪三十二年铅印本。
〔清〕光绪《泗虹合志》，江苏古籍出版社 1998 年版。
〔清〕光绪《宿州志》，光绪十五年刻本。
〔清〕光绪《重修五河县志》，光绪二十年刻本。
〔清〕光绪《续修睢州志》，光绪十八年刻本。
〔清〕光绪《祥符县志》，光绪二十四年刻本。
《马克思恩格斯选集》，人民出版社 1972 年版。
恩格斯：《自然辩证法》，人民出版社 1971 年版。
《国学典藏书系》丛书编委会，吉林出版社 2010 年版。
李伟：《中国旅游文化》，清华大学出版社 2013 年版。
王大有：《三皇五帝时代》，中国社会出版社 2000 年版。
肖东发：《两淮之风·两淮文化特色与形态》，现代出版社 2015 年版。
王子初：《中国音乐考古学》，福建教育出版社 2003 年版。
谭其骧：《长水集》（上），人民出版社 1987 年版。
谭其骧：《黄河史论丛》，复旦大学出版社 1986 年版。
史念海：《唐代历史地理研究》，中国社会科学出版社 1998 年版。
史念海：《中国古都和文化》，中华书局 1998 年版。
邹逸麟：《黄淮海平原历史地理》，安徽教育出版社 1993 年版。
邹逸麟：《中国历史人文地理》，科学出版社 2001 年版。
冀朝鼎著，朱诗鳌译：《中国历史上的基本经济区与水利事业的发展》，中国社会科学出版社 1981 年版。
姚大力：《追寻“我们”的根源：中国历史上的民族与国家意识》，三联书店2018年版。

王鑫义：《淮河流域经济开发史》，黄山书社2001年版。

马俊亚：《被牺牲的“局部”：淮北社会生态变迁研究（1680—1949）》，台湾大学出版中心2010年版。

吴春梅：《近代淮河流域经济开发史》，科学出版社2010年版。

李修松：《淮河流域历史文化研究》，黄山书社2001年版。

吴海涛:《淮北的盛衰: 成因的历史考察》,社会科学文献出版社2005年版。

晁福林、罗新慧：《先秦秦汉时期的中华民族精神》，广东人民出版社2015年版。

程妮娜：《中国地方史纲》，吉林大学出版社2007年版。

何兹全:《中国古代社会及其向中世社会的过渡》,商务印书馆2013年版。

朱继平：《从淮夷族群到编户齐民——周代淮水流域族群冲突的地理学视察》，人民出版社2011年版。

林惠祥：《中国民族史》，商务印书馆1937年版。

徐少华：《周代南土历史地理与文化》，武汉大学出版社1994年版。

沈长云、杨善群：《战国史与战国文明》，上海科学技术文献出版社2012年版。

杜正胜：《编户齐民——传统政治社会结构之形成》，联经出版社事业公司1990年版。

周昕：《中国农具通史》，山东科学技术出版社2010年版。

朱锡禄：《武氏祠汉画像石》，山东美术出版社1986年版。

徐喜辰、斯维至：《中国通史》，上海人民出版社1980年版。

王健：《史学新探》，江苏人民出版社2008年版。

李可可：《水文化研究生读本》，中国水利水电出版社2015年版。

中国地理学会历史地理专业委员会、《历史地理》编辑委员会:《历史地理》第5辑，上海人民出版社1987年版。

张文华：《汉唐时期淮河流域历史地理研究》，上海三联书店2013年版。

胡世厚：《河南风物志》，河南人民出版社1985年版。

河海大学《水利大辞典》编辑修订委员会：《水利大辞典》，上海辞书出版社 2015 年版。

刘军等：《水与流域文化》，中国水利水电出版社 2015 年。

安徽省文物局：《安徽省全国重点文物保护单位纵览》，安徽美术出版社 2015 年版。

陈璧显：《中国大运河史》，中华书局 2002 年版。

张学勇主编：《中国民间文化之乡丛书 · 中国文化之乡 · 河南睢阳》，大象出版社 2010 年版。

武汉水利电力学院等：《中国水利史稿》，水利电力出版社 1979 年版。

姚汉源：《中国水利史纲要》，水利电力出版社 1987 年版。

陈业新：《明至民国时期皖北地区灾害环境与社会应对研究》，上海人民出版社 2008 年版。

胡惠芳：《淮河中下游地区环境变动与社会控制（1912–1949）》，安徽人民出版社 2008 年版。

唐元海等：《淮河水利简史》，水利电力出版社 1990 年版。

唐元海等：《淮河综述志》，科学出版社 2000 年版。

马茂棠：《安徽航运史》，安徽人民出版社 1991 年版。

张秉伦、王成兴：《淮河和长江中下游旱涝灾害年表与旱涝规律研究》，安徽教育出版社 1997 年版。

张宁等：《阜阳通史》，黄山书社 1998 年版。

孟昭华：《中国灾荒史》，中国社会科学出版社 1999 年版。

葛剑雄等：《中国移民史》，福建人民出版社 1997 年版。

葛剑雄：《西汉人口地理》，人民出版社 1986 年版。

韩昭庆：《黄淮关系及其演变过程研究》，复旦大学出版社 1999 年版。

宋豫秦等:《淮河流域可持续发展战略初论》,化学工业出版社 2003 年版。

程民生：《河南经济简史》，中国社会科学出版社 2005 年版。

王玉德、张全明:《中华五千年生态文化》,华中师范大学出版社 1999 年版。

陈正祥：《中国文化地理》，三联书店 1983 年版。

金其铭：《中国人文地理概论》，陕西人民教育出版社 1990 年版。

中国社会科学院考古研究所编：《新中国的考古发现与研究》，文物出版社 1984 年版。

中国社会科学院考古研究所编：《新中国考古五十年》，文物出版社 1999 年版。

张文彬：《简明河南史》，中州古籍出版社 1996 年版。

张秉伦等：《安徽科学技术史稿》，安徽科学技术出版社 1990 年版。

吴德增：《汉代画像石》，文物出版社 1984 年版。

邓云特：《中国救荒史》，上海书店 1984 年版。

萧正洪：《环境与技术选择》，中国社会科学出版社 1998 年版。

鲁西奇：《区域历史地理研究：对象与方法》，广西人民出版社 2000 年版。

王育民：《中国历史地理概论》，人民教育出版社 1985 年版。

复旦大学中国历史地理研究所：《历史地理研究》，复旦大学出版社 1990 年版。

丘刚：《开封考古发现与研究》，中州古籍出版社 1998 年版。

河南省交通厅交通史志编审委员会：《河南航运史》，人民交通出版社 1989 年版。

中国古都学会：《中国古都研究》，浙江人民出版社 1985 年版。

周宝珠：《宋代东京研究》，河南大学出版社 1992 年版。

中国科学院南京地理研究所湖泊室：《江苏湖泊志》，江苏科学技术出版社 1982 年版。

耿占军：《中国历史地理学》，西安地图出版社 2000 年版。

陆勤毅、李修松：《安徽通史·秦汉魏晋南北朝卷》，安徽人民出版社 2011 年版。

应岳林、巴兆祥：《江淮地区开发探源》，江西教育出版社 1997 年版。

［美］夏含夷：《古史异观》，上海古籍出版社 2005 年版。

梅新林：《中国文学地理形态与演变》，上海人民出版社 2014 年版。

孟繁清：《中国古代环渤海地区与其他经济区比较研究》，河北人民出版社 2004 年版。

车安宁：《人类与水》，中国水利水电出版社 2016 年版。

马俊亚：《区域社会经济与社会生态生活》，三联书店 2013 年版。

尹荣方：《洪水神话的文化阐释》，上海人民出版社 2016 年版。

姚进忠：《经典南阳》，河南大学出版社 2011 年版。

曹天生、朱光耀：《淮河文化导论》，合肥工业大学出版社 2011 年版。

王秋生、杨玉彬、胡天生：《阜阳文化史》，合肥工业大学出版社 2016 年版。

钟兆华：《元刊全相平话五种校注》，巴蜀书社 1990 年版。

吴福桢：《中国的飞蝗》，上海永祥印书馆 1951 年版。

余谋昌：《文化新世纪——生态文化的理论阐释》，东北林业大学出版社 1996 年版。

陈学恂主编：《中国教育史研究・明清分卷》，华东师范大学出版社 2009 年版。

余英：《中国东南系建筑区系类型研究》，中国建筑工业出版社 2001 年版。

胡泽学：《中国农业文物宝典》，中国农业出版社 2013 年版。

张芳、王思明：《中国农业科技史》，中国农业科学出版社 2011 年版。

李宗新、吴宗越：《淮河的治理与开发》，上海译文出版公司 1990 年版。

Elizabeth J.Perry， Rebels and Revolutionaries in North China， 1845—1945， Stanford University Press Stanford， California 1980.